Microsoft Excel 2010
Aufbauwissen

Excel 2010 für fortgeschrittene Anwender
einschließlich VBA-Einführung

Verlag:
BILDNER Verlag GmbH
Neuburger Straße 108
94036 Passau

http://www.bildner-verlag.de
info@bildner-verlag.de

Tel.: +49 851-6700
Fax: +49 851-6624

ISBN: 978-3-8328-0041-3

Covergestaltung:
Christian Dadlhuber

Lektorat:
Inge Baumeister, MMTC Multi Media Trainingscenter GmbH

Herausgeber:
Christian Bildner

Unsere Bücher werden auf FSC-zertifiziertem Papier gedruckt.

Das FSC-Label auf einem Holz- oder Papierprodukt ist ein eindeutiger Indikator dafür, dass das Produkt aus verantwortungsvoller Waldwirtschaft stammt. Und auf seinem Weg zum Konsumenten über die gesamte Verarbeitungs- und Handelskette nicht mit nicht-zertifiziertem, also nicht kontrolliertem, Holz oder Papier vermischt wurde. Produkte mit FSC-Label sichern die Nutzung der Wälder gemäß den sozialen, ökonomischen und ökologischen Bedürfnissen heutiger und zukünftiger Generationen.

INHALT

Vorwort

Dieses Buch ist als Fortsetzung der Schulungsunterlage "Microsoft Excel 2010 Basiswissen" konzipiert und wendet sich an fortgeschrittene Excel-Anwender. Der Schwerpunkt wurde auf Problemstellungen gelegt, die sich aus der täglichen Arbeit mit Excel ergeben. So werden wichtige und nützliche Funktionen aus den verschiedenen Kategorien erklärt. Sie erfahren, wie Sie die Datenbankfunktionen von Excel gezielt nutzen, Pivot-Tabellen und Diagramme zur Auswertung sicher einsetzen und Makros nicht nur aufzeichnen, sondern auch mit Hilfe von VBA gezielt an Ihre Anforderungen anpassen können. Allerdings stellt die Lektion "Einführung in VBA" keine vollständige Beschreibung der Programmiersprache Visual Basic for Applications dar, sondern soll Ihnen einen ersten Einstieg in die Programmierung vermitteln.

Fortgeschrittene Excel-Anwender

Welche Kenntnisse sollten Sie mitbringen?
Sie sollten über gute Grundlagenkenntnisse von Excel verfügen. Dazu zählen der allgemeine Umgang mit Excel-Arbeitsmappen und Tabellenblättern, Arbeiten mit verschiedenen Zellformatierungen, sowie Erstellen und Bearbeiten einfacher Standarddiagramme. Darüber hinaus sollten Sie Berechnungen mit Formeln und einfachen Funktionen, beispielsweise SUMME durchführen können, und mit relativen und absoluten Zellbezügen in Formeln vertraut sein.

Schreibweise
Befehle, Schaltflächen und die Beschriftung von Dialogfenstern sind zur besseren Unterscheidung in Kapitälchen gesetzt, Beispiel: Register START – Gruppe ZELLEN.

Beachten Sie, dass Excel 2010 die Größe und Anzeige der Schaltflächen im Menüband dynamisch an die Bildschirm-, bzw. Fenstergröße anpasst. Daher kann die Darstellung der Schaltflächen auf Ihrem Computer etwas von den Abbildungen abweichen.

Verwendete Symbole:

i	Dieses Symbol steht für allgemeine und zusammenfassende Informationen.
☞	Wichtige Sachverhalte, die Sie beachten sollten sind mit diesem Symbol gekennzeichnet.
🔍	Die Lupe vermittelt Ihnen detaillierte Informationen sowie besondere Tipps und Tricks.
⚠	Dieses Symbol warnt Sie vor möglichen Fehlern.

Videos:
Zu Inhalten dieses Buchs haben wir für Sie Videos im Internet bereitgestellt. Mit dem QR-Code navigieren Sie schnell zum entsprechenden kostenlosen Lernvideo. Unter dem Code steht die Internetadresse zur Eingabe in den Browser zur Verfügung. Mehr Videos finden Sie auf unserer Lernplattform unter http://www.bildner-online-training.de/, zu der Sie z.B. im Rahmen unseres Angebots 2in1 – Buch und Online Training – Zugriff erhalten.

1. Die Excel-Arbeitsumgebung für Fortgeschrittene

In dieser Lektion lernen Sie

- Eingabe und Fehlerkorrektur von Formeln und Funktionen
- Matrixformeln
- Namen verwenden
- Menüband anpassen

Was Sie für diese Lektion wissen sollten

- Formeln eingeben
- Zellbezüge verwenden

Der allgemeine Umgang mit Excel, sowie der Umgang mit Formeln sind Ihnen vertraut, in dieser Lektion finden Sie weitere Möglichkeiten der Formeleingabe und -korrektur und den grundlegenden Umgang mit Funktionen. Eine nützliche Option ist die individuelle Anpassung des Menübands, dem Sie weitere Register und Gruppen hinzufügen können.

1.1. Eingabe und Syntax von Funktionen

Funktionen eingeben

Zur Eingabe von Funktionen stehen Ihnen mit Excel 2010 folgende Möglichkeiten zur Verfügung:

Funktionsbibliothek

Die FUNKTIONSBIBLIOTHEK im Register FORMELN enthält, nach Kategorien geordnet alle verfügbaren Excel-Funktionen. Eine Liste der dazugehörigen Funktionen erscheint nach einem Mausklick auf den Dropdown-Pfeil.

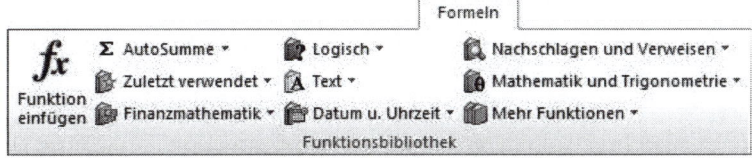

Funktionsassistent

Benötigen Sie schnell eine bestimmte Funktion, die Sie keiner Kategorie zuordnen können, dann verwenden Sie besser die Schaltfläche FUNKTION EINFÜGEN. Die gleiche Schaltfläche befindet sich auch in der Bearbeitungsleiste. Damit öffnet sich das Fenster FUNKTION EINFÜGEN, auch bekannt als Funktionsassistent und Sie können die gewünschte Funktion auch anhand eines Suchbegriffs suchen. Als Alternative zur Suche wählen Sie im Feld KATEGORIE AUSWÄHLEN den Eintrag ALLE. Damit werden unter FUNKTION AUSWÄHLEN alle Funktionen in alphabetischer Reihenfolge aufgelistet.

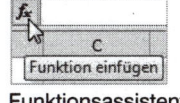

Funktionsassistent öffnen

Wenn Sie nicht sicher sind, ob sich eine Funktion für Ihre Zwecke eignet, dann markieren Sie die Funktion und klicken auf HILFE FÜR DIESE FUNKTION.

Siehe auch S. 13

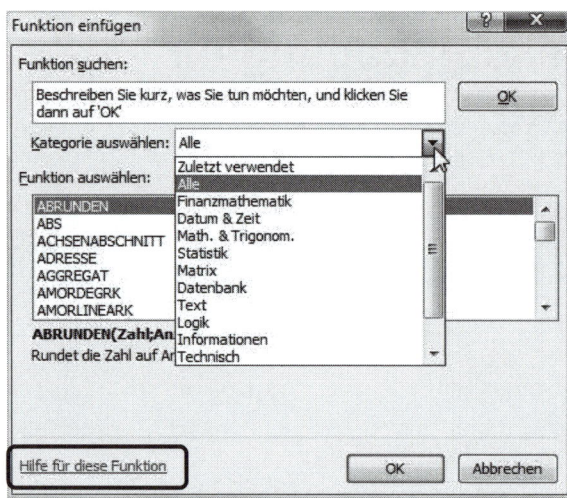

Eingabe über die Tastatur

Funktionen beginnen mit = Zeichen

Als zweite Möglichkeit tippen Sie den Namen der Funktion einfach in die markierte Zelle ein. Nach Eingabe des Gleichheitszeichens und der ersten Zeichen schlägt Excel entsprechende Funktionen vor, mit einem Doppelklick übernehmen Sie die gewünschte Funktion aus der Liste. Anschließend erscheint die Syntax mit den erforderlichen Argumenten, markieren Sie den Zellbereich, bzw. die entsprechenden Zellen für die Sie die Funktion berechnen möchten und schließen Sie mit der Eingabe-Taste ab.

Tipp: Als Alternative können Sie eine Funktion auch mit der Tastatur übernehmen: markieren Sie die Funktion mit der Pfeiltaste nach unten und übernehmen Sie dann die Funktion mit der Tab-Taste.

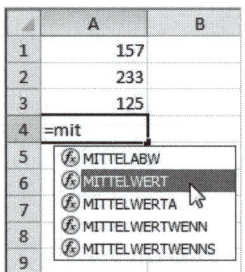

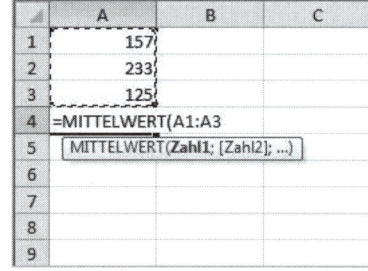

Funktionssyntax

Beachten Sie die Schreibweise

Für den sicheren Umgang mit Funktionen sollten Sie den Aufbau, bzw. die Schreibweise (Syntax) einer Funktion kennen:

=FUNKTIONSNAME(Argument1;Argument2;…)

- Jede Formel und Funktion beginnt mit einem Gleichheitszeichen. Dieses wird automatisch eingefügt, wenn Sie eine Funktion über die Funktionsbibliothek oder den Assistenten eingeben, bei der Eingabe über die Tastatur muss das Gleichheitszeichen mit eingegeben werden.

Text in Anführungszeichen " "

- Funktionen benötigen mit wenigen Ausnahmen zur korrekten Berechnung weitere Angaben, die so genannten Funktionsargumente. Dies können Zellbezüge, Zahlen, Text oder Formeln, bzw. Funktionen sein, Text muss in Anführungszeichen eingeschlossen werden.

- Die Argumente werden in runden Klammern eingeschlossen, mehrere Argumente werden durch Semikolon (;) getrennt. Die Klammern sind auch dann erforderlich, wenn die Funktion keine weiteren Argumente benötigt.

Funktionsreferenz

Die Excel-Hilfe enthält eine Beschreibung aller Funktionen, einschließlich kleiner Beispiele. Dies erleichtert Ihnen die Auswahl der richtigen Funktion. Die allgemeine Excel-Hilfe öffnen Sie über die Schaltfläche EXCEL-HILFE in der oberen rechten Ecke des Anwendungsfensters. Um Hilfe zu einer bestimmten Funktion zu erhalten, geben Sie den Namen der Funktion in das Suchen-Feld ein. Eine Übersicht und Beschreibung aller Funktionen, geordnet nach Kategorien finden Sie in der Funktionsreferenz.

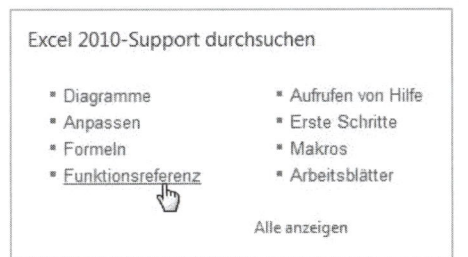

Hilfe zu einer bestimmten Funktion erhalten Sie auch, wenn Sie bei der Eingabe der Funktion über die Tastatur mit der Maus auf den Namen der Funktion klicken oder im Funktionsassistent eine Funktion markieren und anschließend auf den Link HILFE FÜR DIESE FUNKTION klicken.

Mehrere Funktionen verschachteln

In manchen Fällen benötigen Sie als Argument eine Formel oder eine weitere Funktion. Maximal 64 Ebenen können mit Excel 2010 verschachtelt werden, häufig werden beispielsweise weitere WENN-Funktionen als Argument benötigt, um nacheinander mehrere Bedingungen zu prüfen. Formeln oder Funktionen als Argument erfordern kein Gleichheitszeichen.

Maximal 64 Ebenen können verschachtelt werden

Beispiel Bestellmengen ermitteln: Liegt der aktuelle Lagerbestand unter dem Sollbestand, dann ist eine Nachbestellung erforderlich. Zusätzlich ist noch eine Mindestbestellmenge zu beachten: ist die fehlende Menge kleiner als die Mindestbestellmenge, so gilt die Mindestbestellmenge, andernfalls wird die fehlende Menge nachbestellt.

Mit der Funktion WENN prüfen Sie zuerst, ob der Lagerbestand größer ist als der Sollbestand. Trifft dies zu, dann ist keine Nachbestellung erforderlich, der Dann_Wert ist also 0. Als Sonst_Wert benötigen Sie eine weitere WENN-Funktion, mit der Sie prüfen, ob die fehlende Menge kleiner als die Mindestbestellmenge ist. Wenn Sie den Funktionsassistent verwenden, dann klicken Sie im Dialogfenster FUNKTIONSARGUMENTE in die Zeile SONST_WERT und wählen anschließend mit einem Mausklick auf den Dropdown-Pfeil in der Bearbeitungsleiste die nächste WENN-Funktion aus.

Eine weitere Funktion über die Bearbeitungsleiste als Argument einfügen

Wählen Sie die einzufügende Funktion in der Bearbeitungsleiste aus

Funktion in der Bearbeitungsleiste auswählen

Das Dialogfenster FUNKTIONSARGUMENTE zeigt jetzt die Argumente der zweiten Funktion an und Sie können mit der Eingabe der nächsten Funktion beginnen. Um zur ersten Funktion zurückzukehren, klicken Sie in der Bearbeitungsleiste in die erste WENN-Funktion.

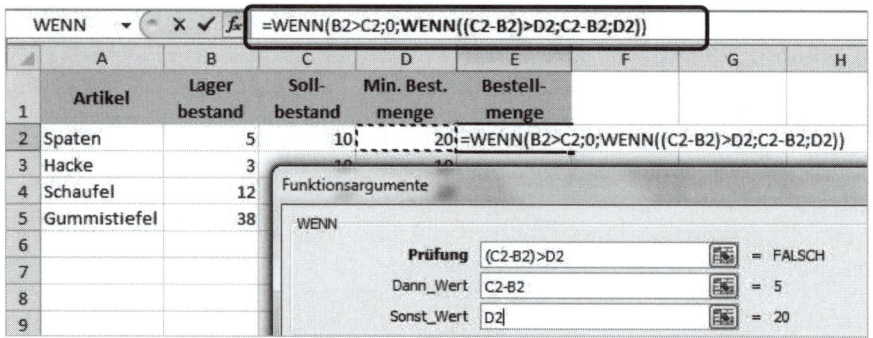

Geben Sie die Argumente der zweiten Funktion ein

Welche Funktion soll bearbeitet werden?

Klicken Sie in der Bearbeitungsleiste einfach in diejenige Funktion, die im Fenster FUNKTIONSARGUMENTE angezeigt oder bearbeitet werden soll.

Sie können natürlich auch alle Funktionen einfach direkt über die Tastatur eintippen, vergessen Sie dann aber nicht, alle Klammern wieder zu schließen!

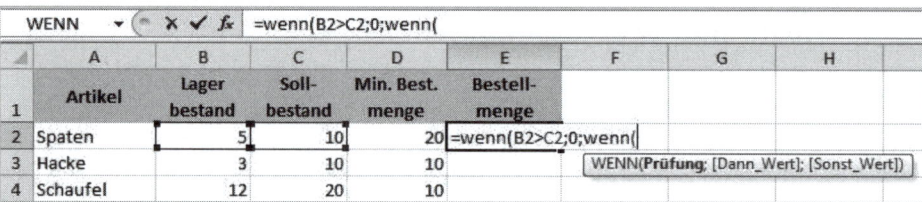

Add-Ins laden

Programmergänzungen laden

Weitere Befehle und Funktionen, wie beispielsweise Solver oder eine Regressionsanalyse stehen als so genannte Add-Ins zur Verfügung. Add-Ins sind Programmergänzungen, die standardmäßig nicht installiert sind, sie müssen daher erst geladen werden.

Zum Laden klicken Sie auf das Register DATEI und auf EXCEL-OPTIONEN. Markieren Sie links die Kategorie ADD-INS. Wählen Sie dann aus der Liste VERWALTEN die EXCEL-ADD-INS und klicken Sie auf GEHE ZU....

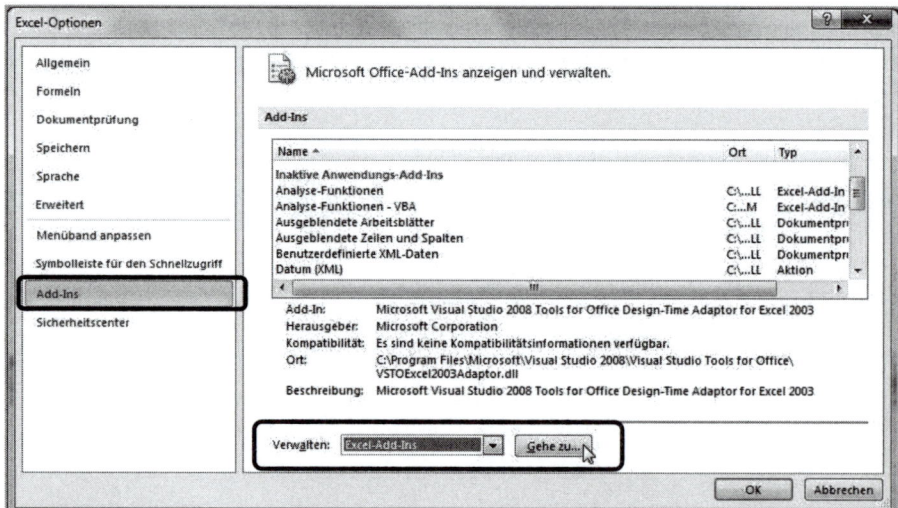

Excel öffnet ein Fenster mit den verfügbaren Add-Ins. Aktivieren Sie das Kontrollkästchen vor dem gewünschten Add-In, beispielsweise ANALYSE-FUNKTIONEN oder SOLVER und bestätigen Sie mit OK. Auf die gleiche Weise können Sie nicht benötigte Add-Ins auch wieder entladen bzw. deaktivieren.

Sie finden die Add-Ins anschließend im Register DATEN in der Gruppe ANALYSE.

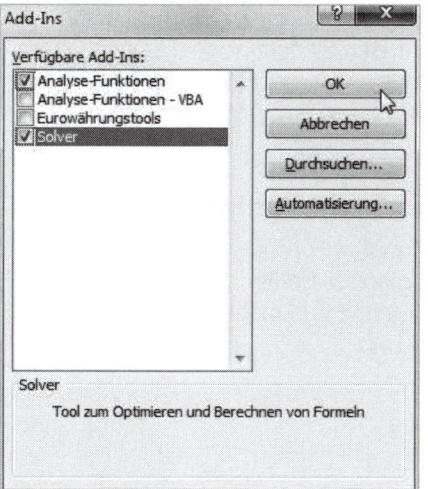

Register DATEN, Gruppe ANALYSE

1.2.   Formeln auf Fehler überprüfen

Fehlerkorrektur

Von Excel erkannte Fehler in Formeln, beispielsweise Division durch Null werden in der Zelle mit dem entsprechenden Fehlerwert angezeigt. Zusätzlich ist die Zelle mit der Formel durch ein grünes Dreieck in der linken oberen Ecke gekennzeichnet und es erscheint ein Smarttag, wenn Sie die Zelle markieren. Ein Mausklick auf den Smarttag blendet die Ursache zusammen mit verschiedenen Optionen ein.

Smarttag zur Formelüberwachung

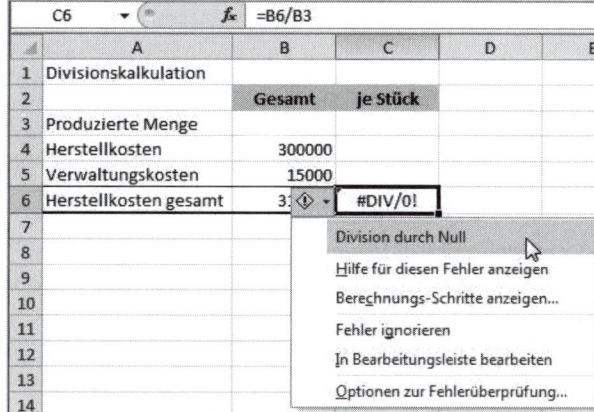

IN BEARBEITUNGSLEISTE BEARBEITEN blendet erneut die Formel anstelle des Ergebnisses ein und Sie können Änderungen vornehmen. Als Alternative können Sie die Formel auch mit Doppelklick oder der Taste F2 bearbeiten. Die Option BERECHNUNGSSCHRITTE ANZEIGEN öffnet das Fenster FORMEL AUSWERTEN in dem Sie die einzelnen Berechnungsschritte kontrollieren können.

Formel mit Doppelklick oder F2 bearbeiten

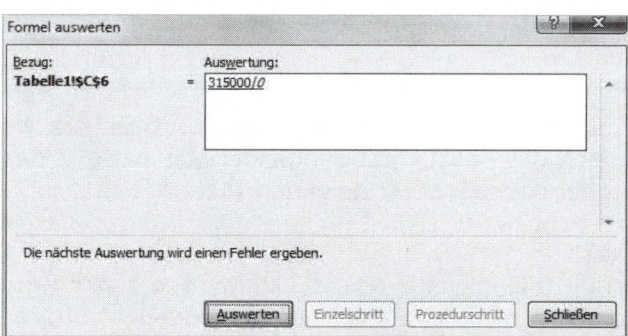

Tabellenblatt auf Fehler prüfen

Mit der Schaltfläche FEHLER ÜBERPRÜFEN im Register FORMELN, Gruppe FORMEL-ÜBERWACHUNG prüft Excel das gesamte Arbeitsblatt auf Fehler und bietet ebenfalls die oben genannten Optionen an.

Formeln kontrollieren

Auf logische Fehler prüfen

Manche Formeln wurden zwar korrekt eingegeben, liefern aber trotzdem aufgrund logischer Fehler nicht die richtigen Ergebnisse. In diesen Fällen finden Sie weitere Hilfen zur Formelüberwachung im Register FORMELN, Gruppe FORMELÜBERWA-CHUNG.

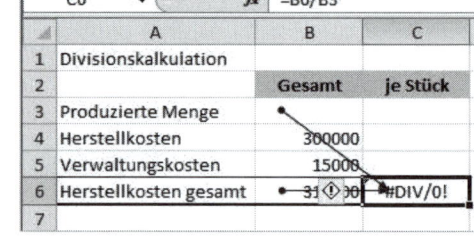

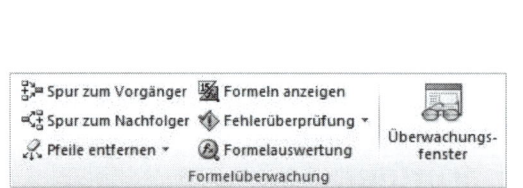

Die Schaltflächen der Formelüberwachung   Spur zum Vorgänger anzeigen

Spuren anzeigen

Die einfachste Möglichkeit der Fehlersuche besteht darin, dass Sie die Zelle mit der fehlerhaften Formel markieren und über die Schaltfläche SPUR ZUM VORGÄNGER Pfeile einblenden, die auf die verwendeten Zellen verweisen (in früheren Excel-Versionen auch als DETEKTIV bezeichnet). Die Schaltfläche PFEILE ENTFERNEN entfernt wieder alle Pfeile aus dem Arbeitsblatt.

Formeln anzeigen

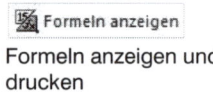

Formeln anzeigen und drucken

Um im gesamten Arbeitsblatt anstelle der Ergebnisse alle Formeln sichtbar zu machen, verwenden Sie die Schaltfläche FORMELN ANZEIGEN. Die eingeblendeten Formeln können anschließend auch gedruckt werden. Mit der gleichen Schaltfläche blenden Sie die Formeln auch wieder aus.

Formeln im Überwachungsfenster kontrollieren

Das Überwachungsfenster ermöglicht die Anzeige einzelner Formeln einschließlich der Ergebnisse in einem gesonderten Fenster. Die Schaltfläche ÜBERWACHUNGSFENSTER finden Sie ebenfalls im Register FORMELN, Gruppe FORMELN ÜBERWACHEN. Um eine Formel in das Überwachungsfenster einzufügen, klicken Sie auf ÜBERWACHUNG HINZUFÜGEN und klicken anschließend auf die Zelle mit der Formel.

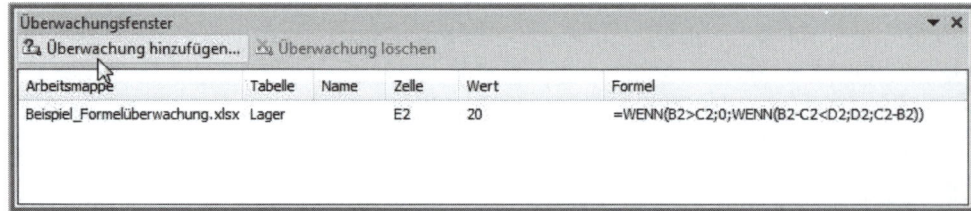

Tipp: Sie können das Überwachungsfenster am oberen Rand des Arbeitsbereichs verankern: ziehen Sie dazu einfach das Fenster mit gedrückter Maustaste in den Bereich der Bearbeitungsleiste oder doppelklicken Sie in den Titel des Fensters.

Einzelschritte prüfen

Formeln schrittweise ausführen

Komplexe Formeln lassen sich im Dialogfenster FORMEL AUSWERTEN schrittweise überprüfen, auch wenn sie von Excel nicht als Fehler erkannt wurden. Auf diese Weise können Sie beispielsweise die Einzelergebnisse verschachtelter WENN-Funktionen kontrollieren.

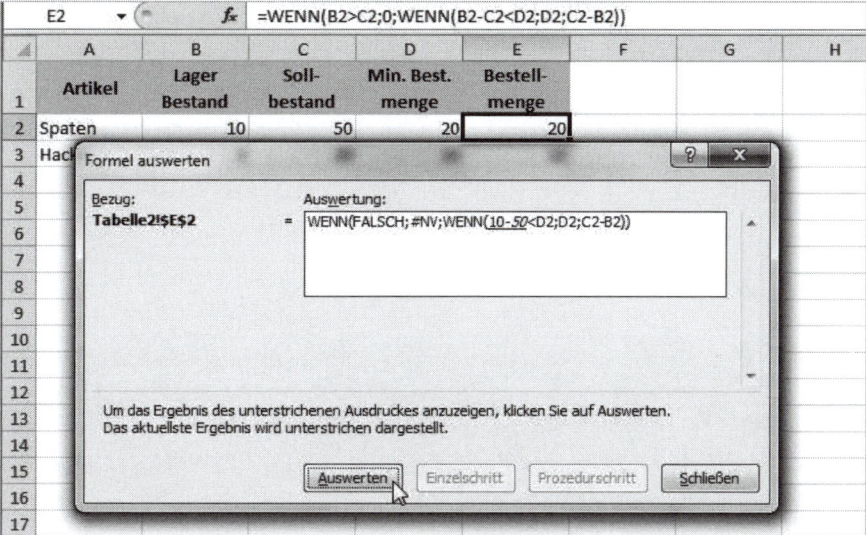

Markieren Sie im Tabellenblatt die Zelle mit der zu überwachenden Formel und klicken Sie auf die Schaltfläche FORMELAUSWERTUNG. Klicken Sie im Dialogfenster FORMEL AUSWERTEN auf die Schaltfläche AUSWERTEN, um das Ergebnis des ersten unterstrichenen Ausdrucks zu kontrollieren. Mit jedem weiteren Mausklick auf die Schaltfläche AUSWERTEN werten Sie den nächsten Schritt der Formel aus. Enthält die Formel oder Funktion einen Bezug auf das Ergebnis einer weiteren Formel, so können Sie über die Schaltfläche EINZELSCHRITT einen neuen Bereich für die Formel öffnen und diese anschließend ebenfalls überprüfen.

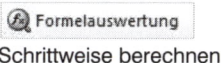

Schrittweise berechnen

1.3. Matrixformeln

Um eine Formel in angrenzende Zellen zu kopieren, verwenden Sie normalerweise die Maus (AutoAusfüllen). In vielen Fällen stellen Matrixformeln eine Alternative zu dieser Vorgehensweise dar, hierbei erfolgt die Eingabe in einen zusammenhängenden Zellbereich in einem einzigen Schritt. Da auch einige Funktionen von Excel das Formelergebnis in einen Zellbereich ausgeben und daher unbedingt als Matrixformel eingegeben werden müssen, wollen wir Matrixformeln genauer betrachten:

Formeln in einen zusammenhängenden Zellbereich eingeben

> Unter einer Matrix versteht man (nicht nur in Excel) eine Tabelle oder einen rechteckigen zusammenhängenden Zellbereich über mehrere Zeilen und/oder Spalten.

Einfache Matrixformeln eingeben

Ein einfaches Beispiel für die Eingabe einer Matrixformel.
Sie möchten jeweils die Werte der Spalten A und B in C miteinander multiplizieren:

Beispiel: Zwei Spalten miteinander multiplizieren

1. Markieren Sie den gesamten Ausgabebereich für die Formel, im abgebildeten Beispiel auf der nächsten Seite sind dies die Zellen C4:C7.

2. Geben Sie anschließend die folgende Formel ein:
    =A4:A7*B4:B7

3. Beenden Sie die Formeleingabe durch Drücken der Tastenkombination
    Strg+Umschalt+Eingabe (Strg+Shift+Enter).

4. In der Bearbeitungsleiste sehen Sie nun die Matrixformel. Sie ist in geschweifte Klammern {} eingeschlossen.

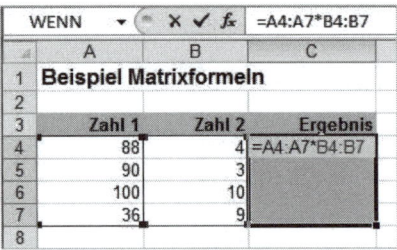

Ausgabebereich für das Formelergebnis markieren   Das Ergebnis

Eingabe mit
Strg+Shift+Enter

Was Sie bei der Verwendung von Matrixformeln beachten müssen:

- Markieren Sie vor der Eingabe den gesamten Ergebnisbereich.

- Schließen Sie die Eingabe von Matrixformeln immer mit der Tastenkombination Strg+Umschalt+Eingabe ab.

- Matrixformeln sind in geschweifte Klammern eingeschlossen, einzelne Formeln innerhalb des Ergebnisbereichs können nicht bearbeitet werden.

Dieses Prinzip funktioniert auch mit zwei verschiedenen Tabellen. Als zweites Beispiel sollen die Werte der ersten Zeile der linken Tabelle (Matrix 1) mit der ersten Zeile der Matrix 2 multipliziert werden, das Gleiche gilt für die zweite Zeile. Die Ergebnisse sollen in A7 bis C8 eingefügt werden.

Beispiel: Zwei Zellbereiche miteinander multiplizieren

1. Markieren Sie den Zellbereich A7:C8 und geben Sie die folgende Formel ein: =A3:C4*E3:G4

2. Schließen Sie die Formeleingabe mit Strg+Umschalt+Eingabe ab.

Zellbezüge in Matrixformeln

Sie kennen sicher die Verwendung von relativen und absoluten Zellbezügen in Formeln. Matrixformeln gehen hier anders vor.

Beispiel: Sie wollen alle Werte der Zeile 5 mit dem Wert in B3 multiplizieren. Die Ergebnisse sollen darunter in Zeile 6 eingefügt werden. Markieren Sie den Zellbereich B6:H6 und geben Sie die Formel ein = B5:H5*B3. Schließen Sie die Formeleingabe wieder mit Strg+Umschalt+Eingabe ab.

In diesem Beispiel multiplizieren Sie eine Matrix mit dem Inhalt einer einzigen Zelle, daher wird jeder Wert des Bereichs B5 bis H5 mit B3 multipliziert. Bei Verwendung einer normalen Formel müssten Sie für B3 einen absoluten Zellbezug, also $B$3 verwenden, um anschließend die Formel zu kopieren.

Nachträglich in eine Matrixformel umwandeln

Eine Formel kann auch nachträglich in eine Matrixformel umgewandelt werden. Dazu markieren Sie den Zellbereich, in den die Matrixformel eingefügt werden soll. Anschließend editieren Sie die Formel mit der Taste F2, korrigieren die Zellbezüge und übernehmen die Formel als Matrixformel mit den Tasten Strg+Umschalt+Eingabe.

Formel mit F2 editieren

1.4. Namen verwenden

Insbesondere in umfangreichen Arbeitsmappen oder Tabellen werden Formeln durch absolute Zellbezüge oder Bezüge auf andere Tabellenblätter schnell unübersichtlich. Abhilfe können hier Namen für Zellen und Zellbereiche schaffen. Sie besitzen innerhalb der gesamten Arbeitsmappe Gültigkeit und können in Formeln anstelle von absoluten Zellbezügen verwendet werden.

Namen anstelle von absoluten Zellbezügen

Ein Name muss mit einem Buchstaben beginnen und darf weder Leerzeichen, Bindestrich, Punkt, Semikolon oder Doppelpunkt enthalten. Unterstrich (_) ist erlaubt. Namen unterscheiden nicht zwischen Groß- und Kleinschreibung, die maximale Länge beträgt 255 Zeichen.

Regeln für Namen

Namen erstellen

Am einfachsten verwenden Sie das Namenfeld in der Bearbeitungsleiste, um Namen zu vergeben.

1. Markieren Sie die Zelle, der Sie einen Namen zuweisen möchten, dies kann auch ein Zellbereich sein.

2. Klicken Sie dann in das Namenfeld und geben Sie den Namen über die Tastatur ein.

3. Schließen Sie mit der Eingabe-Taste ab.

Ein Mausklick auf den Dropdown-Pfeil des Namenfeldes öffnet eine Liste aller in der Mappe vorhandenen Namen, mit einem Mausklick auf einen Namen markiert Excel die entsprechende Zelle oder den Zellbereich.

Geben Sie im Namenfeld einen Namen für die markierte Zelle ein

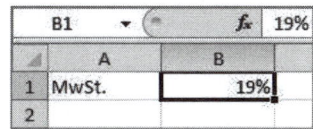
Markieren Sie die Zelle

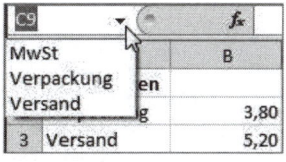
Namen eingeben

Namen anzeigen

Namen aus dem Tabellenblatt übernehmen

Häufig befindet sich im Tabellenblatt bereits eine entsprechende Beschriftung über oder neben den Zellen. In diesen Fällen können Namen auch aus der Beschriftung erstellt werden.

1. Markieren Sie dazu die Zellen zusammen mit der dazugehörigen Beschriftung und klicken Sie im Register FORMELN, Gruppe DEFINIERTE NAMEN auf die Schaltfläche AUS AUSWAHL ERSTELLEN.

2. Ein Dialogfenster erscheint: geben Sie an, wo sich Ihre Beschriftung befindet und bestätigen Sie mit OK.

Namen automatisch erstellen

Aus Auswahl erstellen

Namen verwalten

Namen löschen

Mit der Schaltfläche NAMENS-MANAGER öffnen Sie ein Fenster mit einer Übersicht über alle Namen der Arbeitsmappe und die dazugehörigen Werte. Hier können Namen über eine Schaltfläche ggf. auch wieder gelöscht werden.

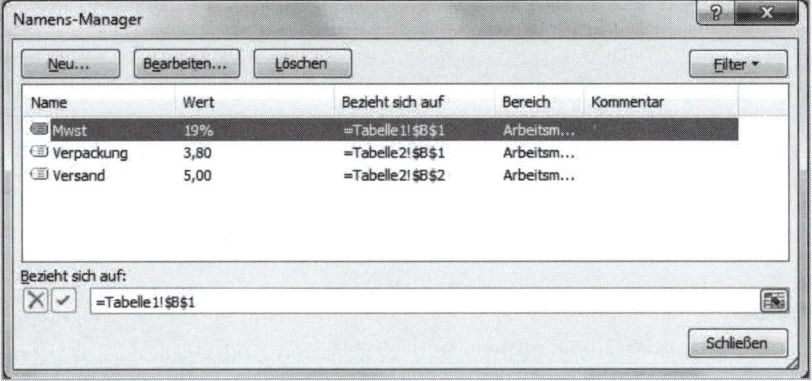

Namen in Formeln verwenden

Namen werden automatisch übernommen

Wenn Sie für eine Zelle einen Namen verge-ben haben, dann fügt Excel bei der Eingabe einer Formel automatisch den Namen in die Formel ein, sobald Sie mit der Maus auf die entsprechende Zelle klicken.

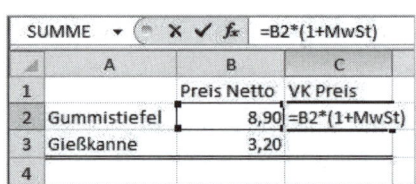

Sie können bei der Formeleingabe Namen auch manuell über die Tastatur eintippen, nach Eingabe der ersten Zeichen erscheint eine Liste entsprechender Namen und Funk-tionen. Zum Übernehmen markieren Sie den Namen und verwenden die Tab-Taste oder doppelklicken Sie auf den Namen.

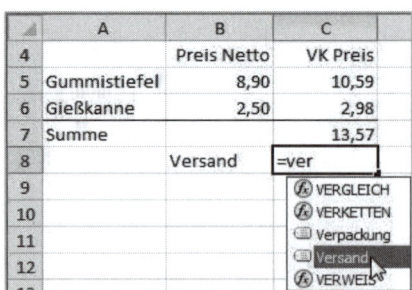

Namen über Schaltflä-che einfügen

Als weitere Möglichkeit zum Einfügen von Namen in eine Formel können Sie die Schaltfläche IN FORMEL VERWENDEN (Register FORMELN, Gruppe DEFINIERTE NAMEN) benut-zen.

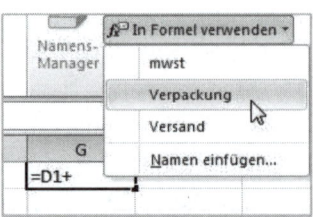

1.5. Menüband anpassen

Ab der Office-Version 2010 können Sie das Menüband an eigene Bedürfnisse anpassen und um häufig benötigte oder nützliche Befehle erweitern. Änderungen am Menüband beziehen sich immer auf das jeweilige Programm und haben keine Auswirkungen auf weitere Office-Anwendungen, beispielsweise Word 2010.

Klicken Sie dazu im Register DATEI auf die Schaltfläche OPTIONEN und auf die Kategorie MENÜBAND ANPASSEN oder klicken Sie mit der rechten Maustaste an eine beliebige Stelle im Menüband und wählen aus dem Kontextmenü den Befehl ME-NÜBAND ANPASSEN....

Optionen oder Kontextmenü

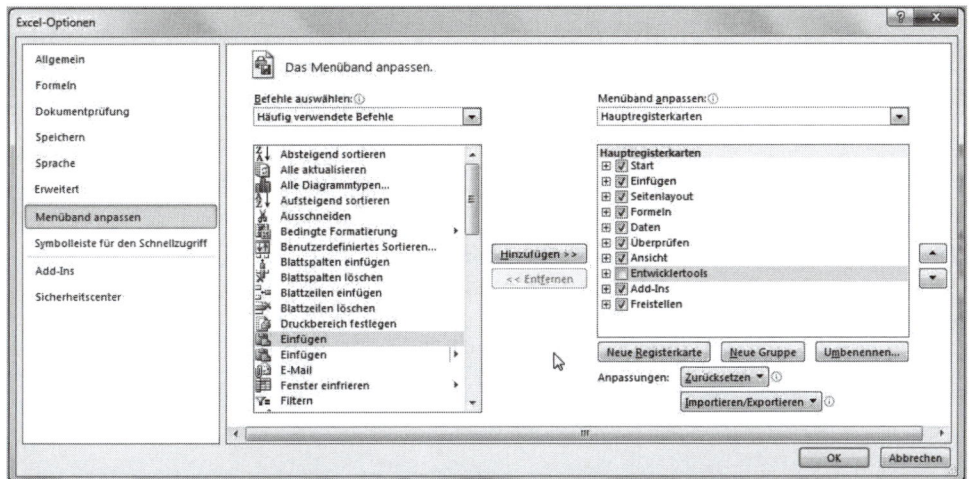

Beachten Sie, dass ausschließlich benutzerdefinierte Gruppen und benutzerdefinierte Registerkarten bearbeitet werden können, d.h. Sie müssen zuerst einem Standardregister eine Gruppe hinzufügen oder ein neues Register mit mindestens einer Gruppe erstellen, bevor Sie Befehle hinzufügen können.

Benutzerdefinierte Gruppen

Register, Gruppen und Befehle hinzufügen

1. Klicken Sie auf die Schaltfläche NEUE REGISTERKARTE. Ein neues Register wird zusammen mit einer neuen Gruppe unterhalb der markierten Registerkarte eingefügt.

2. Markieren Sie die NEUE REGISTERKARTE und klicken Sie auf die Schaltfläche UMBENENNEN. Geben Sie an, unter welchem Namen das Register im Menüband erscheinen soll und verwenden Sie ggf. die Pfeilschaltflächen, um die Position der neuen Registerkarte im Menüband zu ändern.

Position ändern

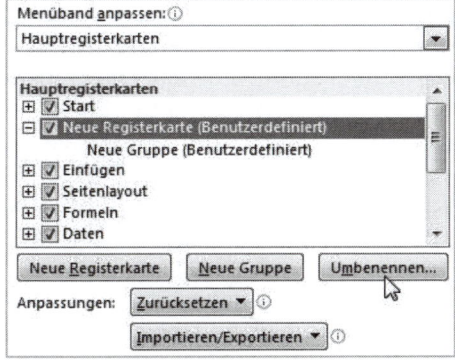

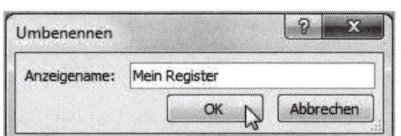

3. Markieren Sie anschließend die benutzerdefinierte NEUE GRUPPE und klicken Sie auf ebenfalls UMBENENNEN. Geben Sie einen Namen für die Gruppe ein.

4. Weitere Gruppen fügen Sie über die Schaltfläche NEUE GRUPPE hinzu.

Befehle hinzufügen

5. Ziehen Sie nun aus der Liste der Befehle die gewünschten Befehle, bzw. Schaltflächen mit gedrückter Maustaste in die Gruppe oder markieren Sie einen Befehl und klicken auf die Schaltfläche HINZUFÜGEN.

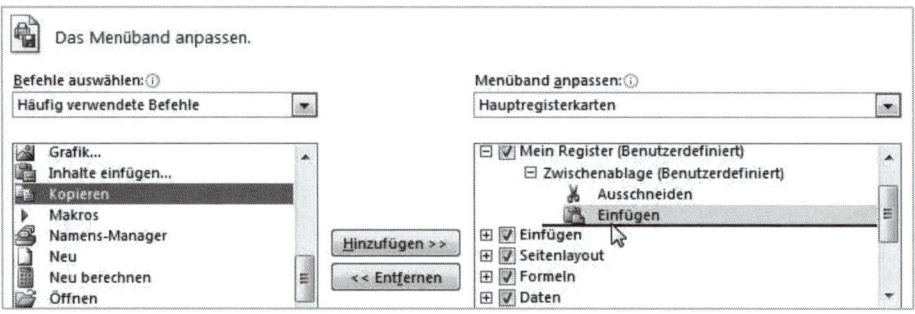

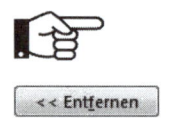

Registerkarten, Gruppen und Befehle entfernen

Sie können ausschließlich benutzerdefinierte Registerkarten und Gruppen wieder löschen, sowie Schaltflächen aus benutzerdefinierten Gruppen entfernen. Markieren Sie dazu den Befehl, die Gruppe oder die Registerkarte und klicken Sie auf die Schaltfläche ENTFERNEN.

Weitere Befehle anzeigen

Tipp: Zeichen für die Formeleingabe

Standardmäßig listet Excel im linken Bereich nur die häufig verwendeten Befehle auf. Möchten Sie Befehle hinzufügen, die nicht fester Bestandteil des Menübands sind, dann klicken Sie unter BEFEHLE AUSWÄHLEN auf den Dropdown-Pfeil und wählen NICHT IM MENÜBAND ENTHALTENE BEFEHLE. Hier finden Sie beispielsweise nützliche Schaltflächen, über die Sie bei der Formeleingabe Gleichheitszeichen und Operanden per Mausklick anstelle über die Tastatur einfügen können. Allerdings sollten Sie für diese Schaltflächen zunächst eine eigene Gruppe erstellen.

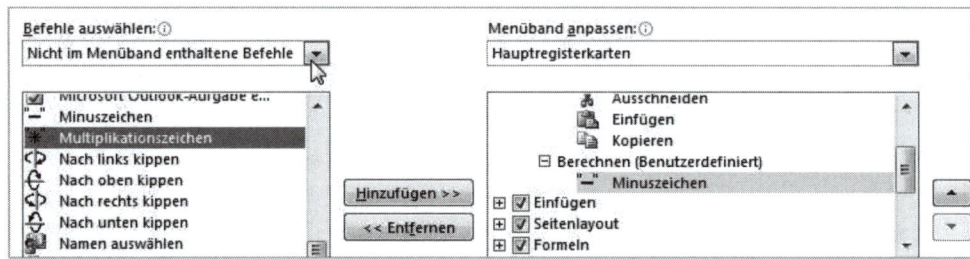

Standardregister erweitern

Wenn Sie den Standardregistern Befehle hinzufügen möchten, dann benötigen Sie dazu ebenfalls zuerst eine benutzerdefinierte Gruppe. Markieren Sie eine der Hauptregisterkarten und klicken Sie auf die Schaltfläche NEUE GRUPPE. Klicken Sie dann auf UMBENENNEN. Anschließend können Sie die gewünschten Schaltflächen in die Gruppe ziehen.

Standardgruppen können nicht geändert werden!

Die Befehle einer Standardgruppe, die nicht geändert werden kann sind grau gekennzeichnet. Benutzerdefinierte Gruppen sind mit dem Zusatz (BENUTZERDEFINIERT) gekennzeichnet, dieser erscheint jedoch nicht im Menüband.

Sie sollten auch berücksichtigen, dass in umfangreichen Registerkarten unter Umständen die Größe des Anwendungsfensters nicht ausreicht, um alle Schaltflächen vollständig anzuzeigen. In diesen Fällen erscheint als Symbol der Gruppe ein grüner Kreis. Wenn Sie stattdessen ein anderes Symbol verwenden möchten, dann markieren Sie die entsprechende Gruppe und klicken auf UMBENENNEN. Wählen Sie ein Symbol aus.

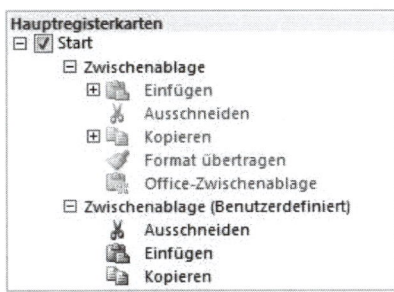

Standardgruppe und benutzerdefinierte Gruppe

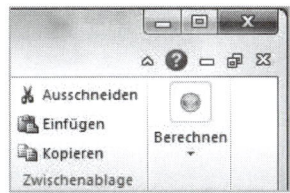

Grüner Kreis

Registerkarten ein- und ausblenden

Sie können nicht benötigte Registerkarten auch vorübergehend ausblenden, mit einem Mausklick in das Kontrollkästchen links von der Registerkarte aktivieren oder deaktivieren Sie die Anzeige.

Register ausblenden

So ist beispielsweise die Registerkarte ENTWICKLERTOOLS standardmäßig deaktiviert. Sie wird zum Aufzeichnen von Makros benötigt und kann hier über das Kontrollkästchen eingeblendet werden.

Siehe Lektion 8
Makros

1.6.   Zusammenfassung

- Bei der Auswahl und Eingabe von Funktionen unterstützt Sie der Funktionsassistent. Sind Ihnen Aufbau und die erforderlichen Argumente bekannt, dann können Sie eine Funktion auch einfach direkt über die Tastatur eingeben. Achten Sie bei der Tastatureingabe darauf, dass Argumente in Klammern gesetzt und unbedingt mit Semikolon (;) getrennt werden müssen. Als Argumente können nicht nur Zellbezüge, sondern auch Formeln oder weitere Funktionen verwendet werden, man bezeichnet dies als verschachtelte Funktionen.

- Formeln und Funktionen können auch als Matrixformeln in einen größeren Zellbereich eingegeben werden, anschließendes Kopieren der Funktion entfällt. Vor der Eingabe von Matrixformeln markieren Sie den gesamten Ergebnisbereich und beenden die Eingabe mit der Tastenkombination Strg+Umsch+Eingabe. Matrixformeln sind immer in geschweifte Klammern {} eingeschlossen, diese Klammern werden bei der Eingabe automatisch erzeugt. Matrixformeln sind nicht zu verwechseln mit Matrixfunktionen!

- Anstelle von absoluten Zellbezügen können für Zellen und Zellbereiche auch Namen vergeben werden. Namen besitzen in der gesamten Arbeitsmappe Gültigkeit und sorgen vor allem bei Zellbezügen auf andere Tabellenblätter für übersichtlichere Formeln. Die Schaltflächen zum Erstellen und Verwalten von Namen finden Sie im Register FORMELN, Gruppe DEFINIERTE NAMEN.

- Über die Schaltfläche OPTIONEN oder das Kontextmenü zum Menüband können Sie ab Excel 2010 das Menüband anpassen und um benutzerdefinierte

Register und Gruppen erweitern. Ausschließlich benutzerdefinierten Gruppen können bearbeitet werden, indem Sie Schaltflächen hinzufügen oder entfernen. Wenn Sie einem der Standardregister Befehle hinzufügen möchten, dann müssen Sie zuerst eine neue Gruppe erstellen.

Bemerkungen:

_____

_____

_____

_____

_____

_____

_____

2. Nützliche Funktionen für Fortgeschrittene

- Logikfunktionen und wichtige Statistische Funktionen
- Beispiele für Nachschlage- und Verweisfunktionen
- Umgang mit finanzmathematischen Funktionen
- Funktionen für Berechnungen mit Datum und Uhrzeit
- Textfunktionen
- Funktionen zur Fehlervermeidung

- Syntax von Funktionen
- Eingabe von Matrixformeln
- Relative und absolute Zellbezüge verwenden

Die wichtigsten Funktionen von Excel, nämlich SUMME, MITTELWERT dürften allen Anwendern geläufig sein. Excel stellt jedoch mit seiner umfangreichen Funktionsbibliothek zahlreiche weitere Funktionen auch für komplexe Berechnungen bereit. Diese Lektion enthält keine Beschreibung aller Excel-Funktionen, sondern stellt einige wichtige und nützliche Funktionen aus allen Kategorien vor und soll Ihnen helfen, die passende Funktion für Ihre Zwecke zu finden.

2.1. Logikfunktionen

WENN

Die wichtigste Logikfunktion stellt die WENN-Funktion dar. Diese Funktion erlaubt eine Berechnung, die vom Ergebnis der Prüfung einer vorgegebenen Bedingung abhängig ist. Der allgemeine Aufbau der Funktion:

Macht die Berechnung von einer Prüfung abhängig

=WENN(Zu überprüfende Bedingung;Dann_Wert;Sonst_Wert

Beispiel: Ab einem Bestellwert von mindestens 200 Euro werden keine Versandkosten berechnet. Liegt der Bestellwert darunter, betragen die Versandkosten 7,50 Euro. In der Syntax der WENN-Funktion ausgedrückt, lautet dieser Sachverhalt:

=WENN(Bestellwert größer oder gleich 200;Dann Versand=0;sonst Versand=7,50)

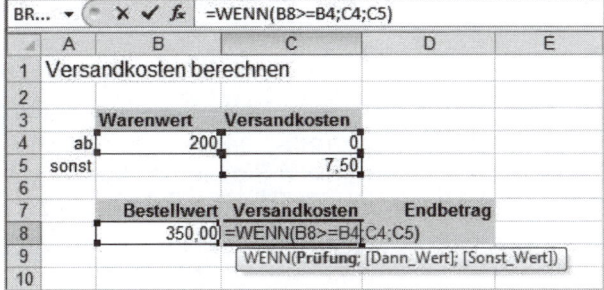

Keinen Wert anzeigen

Tipp: Unter Umständen wird eines der beiden Argumente Sonst_Wert, bzw. Dann_Wert nicht benötigt und kann somit entfallen. In diesem Fall liefert die WENN-Funktion das Ergebnis der Prüfung, also WAHR oder FALSCH. Sollen diese Werte nicht als Formelergebnis angezeigt werden, dann geben Sie als Argument entweder die Zahl 0 an oder zwei Anführungszeichen (""), wenn die Zelle leer bleiben soll.

Mehrere Bedingungen verwenden

WENN-Funktionen verschachteln

Siehe Lektion 1.1
Funktionen verschachteln

www.
bildner-verlag.de/video01

Sind gleich mehrere Bedingungen zu prüfen, dann kann eine zweite WENN-Funktion als Argument verwendet werden. Beispielsweise wenn Rabatte gestaffelt nach Umsätzen vergeben werden. Bei einem Umsatz unter 100 € beträgt der Rabatt 2%, bei einem Umsatz unter 200 € beträgt der Rabatt 3% und darüber 5%. Als Argument Sonst_Teil prüft die zweite WENN_Funktion den verbleibenden Rest, also alle Umsätze über 100 € auf eine weitere Bedingung, nämlich ob der Umsatz unter 200 € liegt.

`=WENN(Umsatz<100;2%;WENN(Umsatz<200;3%;5%))`

Bedingungen mit UND und ODER verknüpfen

WAHR oder FALSCH

Die Logikfunktionen UND und ODER sind keine eigenständigen Funktionen, sondern stellen eine Möglichkeit zum Verknüpfen mehrerer Bedingungen dar. Beide Funktionen liefern als Ergebnis WAHR oder FALSCH. Verknüpfen Sie zwei oder mehr Bedingungen mit UND, so erhalten Sie nur dann das Ergebnis WAHR, wenn alle Bedingungen erfüllt sind. Bei einer ODER-Verknüpfung dagegen genügt es, wenn mindestens eine der Bedingungen erfüllt ist.

Funktion	Beispiel	Ergebnis
UND(Bedingung1;Bedingung2)	=UND(8 > 5;7 > 5)	WAHR
	=UND(10 > 5;3 > 5)	FALSCH
ODER(Bedingung1;Bedingung2)	=ODER(2 > 5;8 > 5)	WAHR
	=ODER(1 > 5;2 > 5)	FALSCH

Beispiel: Ab einem Bestellwert von mindestens 300 Euro **oder** einer Entfernung unter 75 km erfolgt die Lieferung kostenlos. Für alle anderen Lieferungen werden Versandkosten in Höhe von 10 Euro berechnet. Die entsprechende Funktion:

`=WENN(ODER(Bestellwert>=300;Entfernung<75);0;10)`

H2	▼	fx	=WENN(ODER(F2>=$B$2;G2<$B$3);$C$3;$C$4)					
	A	B	C	D	E	F	G	H
1			Versandkosten		Kunde	Bestellwert	Entfernung	Versandkosten
2	Bestellwert ab	300,00 €			Schulze	254,00	56	0,00
3	oder Entfernung unter km	75	0,00		Hinzpeter	785,00	123	0,00
4	sonst		10,00		Wiesendörfer	69,00	92	10,00
5					Wagerl	348,00	189	0,00
6								

2.2. Werte runden

Berechnungen erfolgen mit allen Dezimalstellen

Standardmäßig bezieht Excel zur Berechnung von Formeln alle Nachkommastellen einer Zahl ein, unabhängig davon, mit wie vielen Stellen Sie die Anzeige formatiert haben. Dies kann daher bei Nachberechnungen mit der angezeigten Anzahl Dezimalstellen zu abweichenden Ergebnissen, den Rundungsfehlern führen. Runden Sie dagegen Zahlen mit einer Funktion, so erfolgen alle weiteren Berechnungen mit der angegebenen Anzahl Dezimalstellen. Zum Runden von Werten stehen

Ihnen in der Kategorie MATHEMATIK UND TRIGONOMETRIE die folgenden Funktionen zur Verfügung.

Zahlen runden

- Die Funktion RUNDEN rundet eine Zahl kaufmännisch auf eine genau festgelegte Anzahl Dezimalstellen.

- Die Funktion KÜRZEN schneidet Dezimalstellen bis auf die angegebene Anzahl einfach ab. Die Zahl wird dabei nicht gerundet!

- Mit der Funktion GANZZAHL wird eine Zahl auf die nächstkleinere ganze Zahl abgerundet.

- Die Funktion AUFRUNDEN rundet eine Zahl auf die angegebene Anzahl Dezimalstellen auf. Im Gegensatz zur Funktion RUNDEN wird immer aufgerundet.

- Die Funktion ABRUNDEN rundet eine Zahl immer auf die angegebene Anzahl Stellen ab.

Hier eine Übersicht über die Ergebnisse, wenn Sie die Zahl 12,14709315 mit den verschiedenen Funktionen runden (zum besseren Vergleich sind alle Ergebnisse mit 5 Nachkommastellen angegeben).

Syntax	Beispiel	Ergebnis
=RUNDEN(Zahl;Anzahl_Stellen)	=RUNDEN(12,14709315;2)	12,15000
=KÜRZEN(Zahl;Anzahl_Stellen)	=KÜRZEN(12,14709315;1)	12,10000
=GANZZAHL(Zahl)	=GANZZAHL(12,14709315)	12,00000
=AUFRUNDEN(Zahl;Anzahl_Stellen)	=AUFRUNDEN(12,14709315;1)	12,20000
=ABRUNDEN(Zahl;Anzahl_Stellen)	=ABRUNDEN(12,14709315;2)	12,14000

2.3. Statistikfunktionen

Die Statistikfunktionen finden Sie im REGISTER Formeln, Gruppe FUNKTIONSBIBLIOTHEK über die Schaltfläche MEHR FUNKTIONEN.

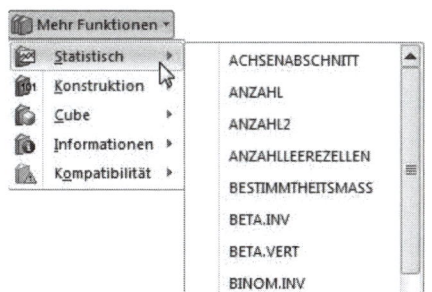

Mittelwert und Standardabweichung

Die Funktion MITTELWERT dürfte allen Excel-Anwendern geläufig sein. Sie berechnet das arithmetische Mittel aus einer Reihe von Werten. Der Mittelwert wird verwendet, um Rückschlüsse auf die Grundgesamtheit zu ziehen, sagt aber noch nichts über die Streuung der Einzelwerte aus. Nehmen wir das Beispiel Schulnoten. Ein Mittelwert von 3,0 kann beispielsweise bedeuten, alle Prüfungsteilnehmer haben die gleiche Note, nämlich 3 erzielt. Den gleichen Mittelwert 3,0 erhalten Sie aber auch, wenn sich die Einzelnoten aus einerseits sehr guten und andererseits sehr schlechten Noten zusammensetzen. Daher wird häufig als zweites Maß auch noch die Streuung einbezogen. Die wichtigste Funktion, um die Streuung zu berechnen, ist die Standardabweichung.

MITTELWERT
arithmetisches Mittel

STABW
Maß für die Streuung
der Einzelwerte

Zwei Methoden

Im Gegensatz zu früheren Versionen verfügt Excel 2010 über zwei Methoden zur Berechnung. STABW.S ist identisch mit STABW und wird zur Berechnung anhand einer Stichprobe verwendet. STABW.N sollte dagegen verwendet werden, wenn die Werte die Grundgesamtheit bilden. Umfasst der Bereich sehr viele Werte, dann liefern beide Funktionen etwa gleiche Ergebnisse. Beide Funktionen verwenden die gleiche Syntax wie die Funktionen MITTELWERT, ANZAHL oder SUMME.

Im nebenstehenden Beispiel liefert die Funktion MITTELWERT für beide Reihen das Ergebnis 3,0. Erst die Standardabweichung lässt Rückschlüsse auf die Verteilung der Einzelwerte zu. So deutet eine Standardabweichung von 2,5 auf eine sehr breite Streuung hin, im Gegensatz dazu liefert die Standardabweichung für die zweite Datenreihe das Ergebnis 0.

		B12	▼	*fx*	=STABW.S(B4:B10)

⊿	A	B	C
1	Beispiel Mittelwert und Standardabweichung		
2			
3		Note	Note
4		1	3
5		1	3
6		1	3
7		1	3
8		5	3
9		6	3
10		6	3
11	Mittelwert	3,0	3,0
12	Standardabweichung	2,5	0,0
13			

Mittelwertwenn

Mit Bedingung verknüpfen

Die Funktion MITTELWERTWENN berechnet den Mittelwert von Zellen, die bestimmten Kriterien oder Bedingungen entsprechen. Die Syntax:

=MITTELWERTWENN(Bereich;Kriterien;Mittelwert_Bereich)

Vergleichsoperatoren in " " angeben

Im unten abgebildeten Beispiel wird die durchschnittliche Punktzahl für Männer (m) und Frauen (w) ermittelt. Das Argument Bereich legt fest, welcher Zellbereich die vorgegebenen Kriterien enthält, hier das Geschlecht, das Argument Mittelwert_Bereich gibt den Zellbereich an, für den der Mittelwert berechnet werden soll, also die erzielte Punktezahl. Als Kriterien können Sie Text, Zahlen, oder Vergleichsoperatoren verwenden, beachten Sie, dass Text und Vergleichsoperatoren in Anführungszeichen stehen müssen.

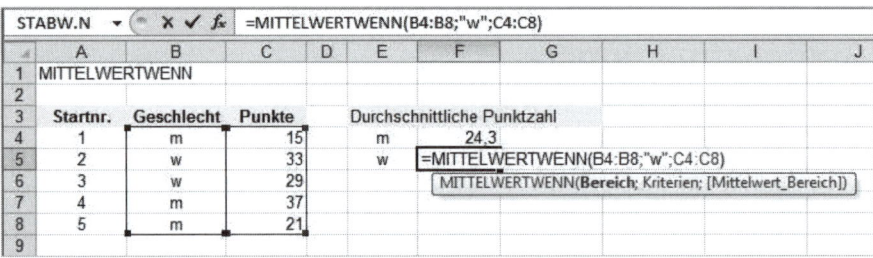

	STABW.N	▼	✗ ✓ *fx*	=MITTELWERTWENN(B4:B8;"w";C4:C8)

⊿	A	B	C	D	E	F	G	H	I	J
1	MITTELWERTWENN									
2										
3	Startnr.	Geschlecht	Punkte			Durchschnittliche Punktzahl				
4	1	m	15			m	24,3			
5	2	w	33			w	=MITTELWERTWENN(B4:B8;"w";C4:C8)			
6	3	w	29				MITTELWERTWENN(**Bereich**; Kriterien; [Mittelwert_Bereich])			
7	4	m	37							
8	5	m	21							
9										

Beispiel: Mittelwert ohne Nullwerte berechnen

Mit dieser Funktion lässt sich auch der Mittelwert für eine Zahlenreihe berechnen, ohne die Nullwerte (0) zu berücksichtigen.

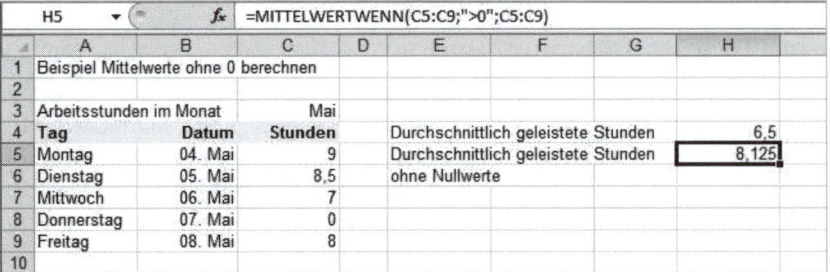

	H5	▼	*fx*	=MITTELWERTWENN(C5:C9;">0";C5:C9)

⊿	A	B	C	D	E	F	G	H
1	Beispiel Mittelwerte ohne 0 berechnen							
2								
3	Arbeitsstunden im Monat		Mai					
4	Tag	Datum	Stunden		Durchschnittlich geleistete Stunden			6,5
5	Montag	04. Mai	9		Durchschnittlich geleistete Stunden			8,125
6	Dienstag	05. Mai	8,5		ohne Nullwerte			
7	Mittwoch	06. Mai	7					
8	Donnerstag	07. Mai	0					
9	Freitag	08. Mai	8					
10								

Median

Neben dem arithmetischen Mittel kennt die Statistik noch weitere Mittelwerte. Als Beispiel die Funktion MEDIAN: der Median halbiert die Verteilung aller Werte. Unterhalb und oberhalb des Median befinden sich also exakt gleich viele Werte. Die Funktion MEDIAN besitzt die gleiche Syntax wie die Funktion MITTELWERT.

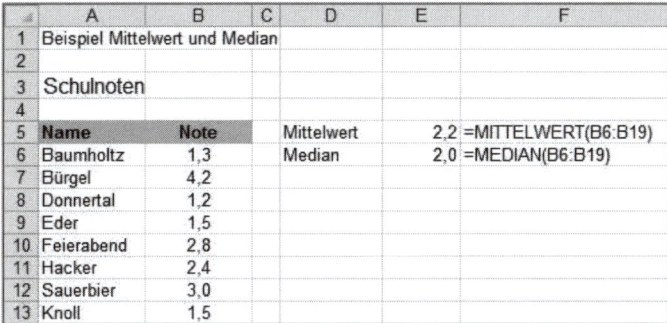

	A	B	C	D	E	F
1	Beispiel Mittelwert und Median					
2						
3	Schulnoten					
4						
5	**Name**	**Note**		Mittelwert	2,2	=MITTELWERT(B6:B19)
6	Baumholtz	1,3		Median	2,0	=MEDIAN(B6:B19)
7	Bürgel	4,2				
8	Donnertal	1,2				
9	Eder	1,5				
10	Feierabend	2,8				
11	Hacker	2,4				
12	Sauerbier	3,0				
13	Knoll	1,5				

Beispiel Mittelwert und Median

Anzahl ermitteln

Die Funktion ANZAHL ermittelt die Anzahl der Werte eines Zellbereichs. Sie sollten wissen, dass diese Funktion ausschließlich Zahlenwerte, einschließlich Datumswerte berücksichtigt, nicht aber Text. Somit liefert im abgebildeten Beispiel unten die Funktion ANZAHL für den Zellbereich C6:C11 als Anzahl der lagernden Modelle das Ergebnis 4. Würden Sie dagegen versuchen, mit der Funktion ANZAHL anhand der Modellnummern die Anzahl aller Modelle zu ermitteln, so erhalten Sie das Ergebnis 0, da die Modellnummern keine Zahlenwerte sind. Dazu benötigen Sie die Funktion ANZAHL2.

Anzahl der Zahlenwerte eines Zellbereichs

ANZAHL2

Die Funktion ANZAHL2 ermittelt die Zahl aller nichtleeren Zellen eines Zellbereichs. Im Gegensatz zur Funktion ANZAHL berücksichtigt ANZAHL2 sowohl Text als auch Zahlen. Mit dieser Funktion können Sie auch anhand von Text, beispielsweise der Modellnummer im Bereich A6:A11 die Anzahl der Modelle insgesamt ermitteln.

ANZAHL2 berücksichtigt auch Text

	A	B	C	D	E	F	G
1	Beispiel Anzahl berechnen						
2							
3	Lagerübersicht						
4							
5	**Modell**	**Produziert**	**Lagernd**		Anzahl Modelle insgesamt	6	=ANZAHL2(A6:A11)
6	XY-123	1000	800		Anzahl Modelle produziert	5	=ANZAHL(B6:B11)
7	XY-245	2000	1800		Anzahl Modelle lagernd	4	=ANZAHL(C6:C11)
8	AB-300	200	nicht vorhanden				
9	AD-428	1500	nicht vorhanden				
10	FG-333	-	2500				
11	JK-401	3000	230				
12							

Die Funktionen ANZAHL und ANZAHL2

Zählenwenn

Die Funktion ZÄHLENWENN ermittelt aus einem Zellbereich die Anzahl der nichtleeren Zellen, deren Inhalt mit einem Suchkriterium oder einer Bedingung übereinstimmt. Damit lässt sich feststellen, wie oft ein bestimmter Wert, beispielsweise das Geschlecht M oder W innerhalb eines Zellbereichs vorkommt, um etwa die Anzahl der Männer oder Frauen zu ermitteln. Die Syntax der Funktion:

Anzahl anhand eines Suchkriteriums ermitteln

=ZÄHLENWENN(Bereich;Suchkriterien)

ZÄHLENWENN kann beispielsweise auch eingesetzt werden, um bei der Berechnung der Anzahl Nullwerte auszuschließen. So erhalten Sie im zweiten Beispiel unten mit der Funktion ANZAHL das Ergebnis 9, da ANZAHL alle Zahlen, also auch Nullwerte berücksichtigt. Sollen dagegen bei der Berechnung Nullwerte nicht

Anzahl ohne Nullwerte

berücksichtigt werden, dann verwenden Sie ZÄHLENWENN und geben als Suchkriterium die Bedingung ">0" an.

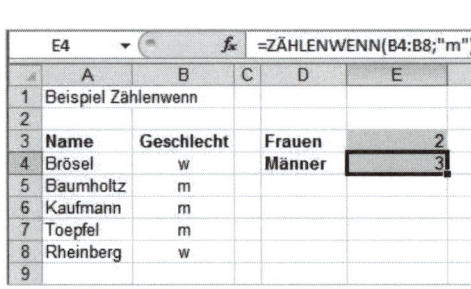

Männer und Frauen zählen

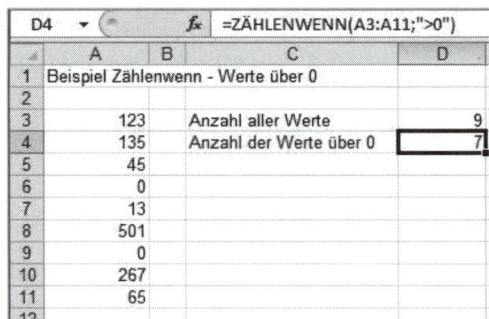

Nullwerte ausschließen

Summewenn

Summe mit Bedingung verknüpfen

Die Funktion SUMMEWENN finden Sie in der Kategorie MATHEMATIK UND TRIGONOMETRIE. Sie besitzt einen ähnlichen Aufbau wie die Funktion MITTELWERTWENN und addiert nur dann die Werte eines Zellbereichs, wenn die Inhalte eines Bereichs mit dem angegebenen Suchkriterium übereinstimmen. Die Syntax lautet:

=SUMMEWENN(Bereich;Suchkriterien;Summe_Bereich)

- Bereich gibt den Zellbereich an, der das angegebene Suchkriterium enthält.

Achten Sie auf die Schreibweise!

- Suchkriterien können entweder Zellbezüge, Zahlen oder Text enthalten. Vergleichsoperatoren müssen in Anführungszeichen (" ") eingeschlossen werden.

- Summe_Bereich ist der Zellbereich, dessen Werte addiert werden sollen.

	A	B	C	D	E	F	G	H	I
1	Beispiele Summewenn								
2									
3	**Artikel**	**Warengruppe**	**Umsatz**		**Umsatzsumme**				
4	Notebook	Computer	120.000		**Computer**	200.000	=SUMMEWENN(B4:B9;E4;C4:C9)		
5	Monitor	Computer	30.000						
6	Drucker	Computer	50.000						
7	Waschmaschine	Hausgeräte	110.000						
8	Geschirrspüler	Hausgeräte	95.000						
9	Mikrowelle	Hausgeräte	36.000						
10									
11	**Summe der Umsätze über**								
12	**50.000**	325.000	=SUMMEWENN(C4:C9;">50000";C4:C9)						
13		325.000	=SUMMEWENN(C4:C9;">" &A16;C4:C9)						
14									

Beispiele für SUMMEWENN

Trendberechnung

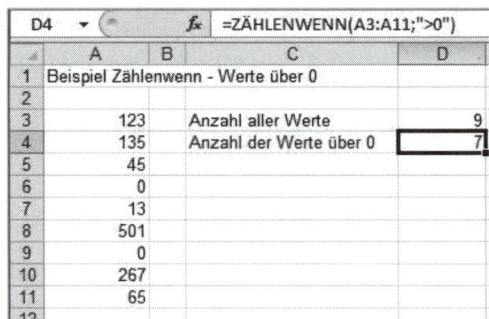

Matrixformel!

Die Funktion TREND berechnet auf der Basis der linearen Regression eine Vorausschätzung für Y-Werte. Beachten Sie, dass die Funktion für mehrere Ergebniszellen berechnet wird und daher als Matrixformel eingegeben werden muss. Die Syntax lautet:

=TREND(Y_Werte;X_Werte;Neue_X_Werte;Konstante)

Y-Werte	Als Y-Werte werden diejenigen Werte bezeichnet, für die der Trend berechnet werden soll.
X-Werte	X-Werte sind optionale, zu den Y-Werten zugehörige Werte. Ohne Angabe von X-Werten werden die Y-Werte einfach durchnummeriert.
Neue-X-Werte	Damit werden für die Trendberechnung weitere X-Werte vorgegeben.

Konstante	Optional, lassen Sie dieses Argument leer, so wird die Ursprungsverschiebung beibehalten.

Beispiel: Vor Ihnen liegen die Verkaufszahlen der letzten 5 Kalenderwochen. Nun wollen Sie einen Trend für die nächsten 3 Kalenderwochen ermitteln.

1. Da die Funktion als Matrixformel eingegeben werden muss, markieren Sie im ersten Schritt den gesamten Zellbereich, in dem der Trend berechnet werden soll, im abgebildeten Beispiel die Zellen B10 bis B12.

2. Anschließend geben Sie die Funktion ein und schließen mit den Tasten Strg+Umschalt+Eingabe ab.

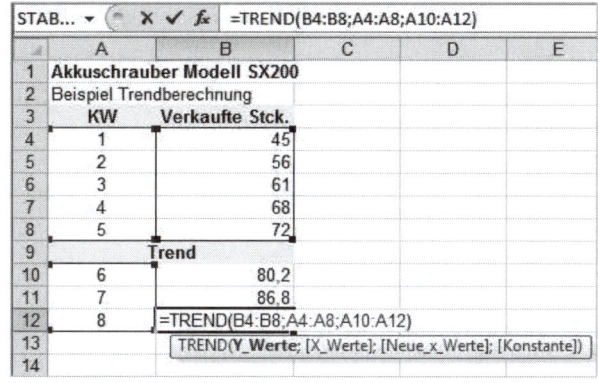

Ergebniszellen markieren   Formeleingabe

Häufigkeit

Die Funktion HÄUFIGKEIT wertet Daten nach der Häufigkeit ihres Vorkommens aus und ordnet sie vorgegebenen Klassen zu. Die Syntax:

Daten in Klassen zuordnen

=HÄUFIGKEIT(Daten;Klassen)

Beispiel: Sie werten Testergebnisse aus und wollen wissen, wie oft eine Punktzahl zwischen 0 und 10, zwischen 11 und 20, usw. erzielt wurde. Für die Funktion HÄUFIGKEIT benötigen Sie eine Ergebnistabelle, die gleichzeitig auch die Klasseneinteilung festlegt.

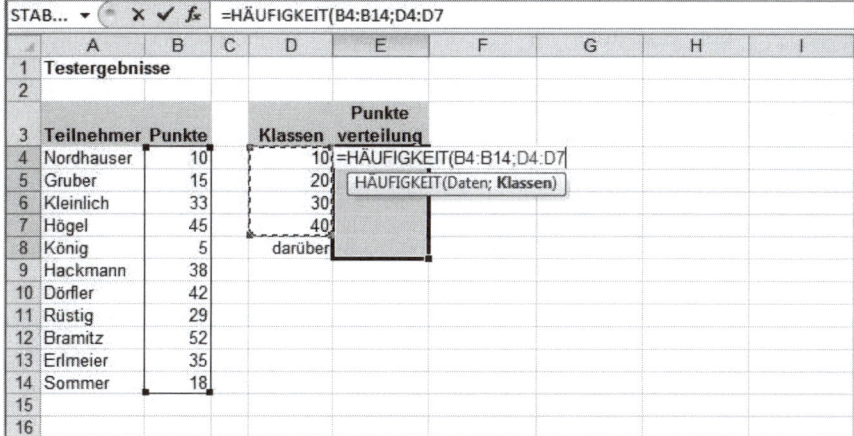

- Als Argument DATEN geben Sie den Zellbereich mit den erzielten Punkten an.

- Das Argument KLASSEN umfasst die Klasseneinteilung in der Auswertungstabelle.

- Die Funktion HÄUFIGKEIT muss als Matrixformel eingegeben werden, Sie müssen daher vor Eingabe der Funktion den gesamten Zellbereich markieren,

Matrixformel!

für den das Ergebnis berechnet werden soll und die Eingabe mit den Tasten Strg+Umschalt+Eingabe abschließen.

Der ersten Klasse (10 Punkte) werden alle Werte zugeordnet, die kleiner oder gleich der angegebenen Klassengrenze sind. Da die Tabelle auch Punktzahlen enthalten kann, die über der höchsten angegebenen Klassengrenze liegen, sollten Sie für die Ergebnisse eine zusätzliche Zeile für Werte berücksichtigen, die eventuell über der höchsten Klassengrenze liegen.

2.4. Nachschlage- und Verweisfunktionen

Matrixfunktionen =
Zellbereiche durchsuchen

Die Nachschlage- und Verweisfunktionen von Excel durchsuchen einen Zellbereich (Matrix) und ermitteln bestimmte Inhalte oder die Position eines Inhalts. Sie finden die nachfolgenden Funktionen in der Kategorie MATRIX des Funktionsassistenten oder in der Funktionsbibliothek über die Schaltfläche NACHSCHLAGEN UND VERWEISEN. Matrixfunktionen sollten nicht verwechselt werden mit Matrixformeln!

SVERWEIS und WVERWEIS

SVERWEIS

Der gesuchte Wert
muss sich in der ersten
Spalte befinden

Die Funktion SVERWEIS gehört zu den am häufigsten verwendeten Matrixfunktionen von Excel. SVERWEIS (Senkrecht-Verweis) durchsucht von oben nach unten die erste Spalte einer Tabelle oder Matrix nach dem vorgegebenen Suchkriterium. Beim ersten gefundenen Wert wandert SVERWEIS anschließend um die angegebene Anzahl Spalten nach rechts und liefert als Ergebnis den Wert dieser Zelle. Wird kein Wert gefunden, der dem Suchkriterium entspricht, zeigt Excel den Fehlerwert #NV (nicht verfügbar) an. SVERWEIS verwendet die folgenden Argumente:

Argument	Beschreibung
Suchkriterium	Der Wert, nach dem die erste Spalte der Matrix durchsucht wird
Matrix	Der gesamte, zu durchsuchende Tabellenbereich
Spaltenindex	In der wievielten Spalte rechts von der ersten Spalte befindet sich der gesuchte Wert? z.B. 3 für die dritte Spalte.
Bereich_Verweis	FALSCH: SVERWEIS liefert nur dann ein Ergebnis, wenn in der Matrix ein dem Suchkriterium entsprechender Wert gefunden wurde, ansonsten #NV. WAHR (keine Angabe): wird in der Matrix kein exakt übereinstimmender Wert gefunden, so liefert SVERWEIS als Ergebnis den nächstliegenden Wert aus der darüberliegenden Zeile

Exakte Übereinstimmung oder Bereich?

Beachten Sie: Wenn als Argument Bereich_Verweis WAHR angegeben wird, dann ist keine exakte Übereinstimmung mit dem Suchkriterium erforderlich und SVERWEIS liefert als Ergebnis den nächstgelegenen Wert aus der darüber liegenden Zeile. Daher muss in diesem Fall die Matrix unbedingt nach der ersten Spalte sortiert sein!

Der gesuchte Wert liegt
in einem Bereich

Beispiel 1: Im Beispiel auf der nächsten Seite soll bei der Auswertung von Testergebnissen anhand der Punktzahl die dazugehörige Note aus einer Notentabelle ermittelt werden. Da nicht jede Punktzahl exakt in der Notentabelle vorhanden ist, soll SVERWEIS in diesen Fällen als Ergebnis die nächstgelegene Note aus der Zeile darüber liefern. Daher muss die Notentabelle unbedingt nach Punktzahlen sortiert sein, als Argument Bereich_Verweis geben Sie den Wert WAHR an oder lassen das Argument leer.

| STAB... ▾ | ✕ ✓ *fx* | =SVERWEIS(B4;$F$4:$G$9;2;WAHR) |

	A	B	C	D	E	F	G	H	I
1	Noten								
2									
3	Name	Punkte	Note			ab Punkte	Note		
4	Baumholtz	14	=SVERWEIS(B4;$F$4:$G$9;2;WAHR)			0	6		
5	Bockel	36	SVERWEIS(**Suchkriterium**; Matrix; Spaltenindex; [Bereich_Verweis])						
6	Hofer	55				20	4		
7	Kniffel	43				30	3		
8	Wiesenfeld	32				40	2		
9	Winkler	59				50	1		
10									

Matrix muss nach dem Suchkriterium sortiert sein!

Beispiel 2: Für die monatliche Auswertung der Arbeitszeiten benötigen Sie weitere Informationen aus einer zweiten Tabelle. Alle Mitarbeiter sind mit Personalnummer, Name und Abteilung im Arbeitsblatt PERSONALLISTE gespeichert.

Exakte Übereinstimmung erforderlich

Mit der Funktion SVERWEIS können Sie im Tabellenblatt Kostenstellen anhand der Personalnummer als Suchkriterium Name und Abteilung des jeweiligen Mitarbeiters ermitteln. Da sich der Name in der zweiten Spalte der Personalliste befindet, muss als Spaltenindex 2 angegeben werden (bzw. 3 für die Abteilung). Mit dem Argument Bereich_Verweis FALSCH liefert SVERWEIS nur dann ein Ergebnis, wenn die Personalnummer in der Personalliste gefunden wird, sonst erhalten Sie den Fehlerwert #NV.

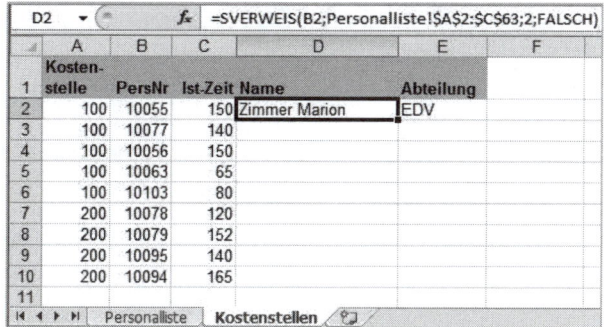

	A	B	C
1	PersNr	Name	Abteilung
2	10050	Zasterwitz Wulfhilde	EDV
3	10051	Hacker Johnny	Zentrale
4	10052	Bechler Gerd	Lager
5	10053	Leppich Petra	Lager
6	10054	Schmidtz Theo	Montage
7	10055	Zimmer Marion	EDV
8	10056	Hirschauer Ulf	EDV
9	10057	Lüppel Ulrike	Kundendienst
10	10058	Kunze Alfons	Kundendienst
11	10059	Steinhäger Maria	EDV
12	10060	Schneider Oliver	Kundendienst

| D2 ▾ | *fx* | =SVERWEIS(B2;Personalliste!$A$2:$C$63;2;FALSCH) |

	A	B	C	D	E	F
1	Kosten-stelle	PersNr	Ist-Zeit	Name	Abteilung	
2	100	10055	150	Zimmer Marion	EDV	
3	100	10077	140			
4	100	10056	150			
5	100	10063	65			
6	100	10103	80			
7	200	10078	120			
8	200	10079	152			
9	200	10095	140			
10	200	10094	165			
11						

Tabelle Personalliste   Tabelle Kostenstellen

WVERWEIS

Die Funktion WVERWEIS besitzt den gleichen Aufbau wie SVERWEIS. Der Unterschied liegt darin, dass WVERWEIS (Waagrecht-Verweis) die erste Zeile einer Matrix nach dem Suchkriterium durchsucht und den dazugehörigen Wert aus der angegebenen Zeile (=Zeilenindex) liefert. Im abgebildeten Beispiel unten verwendet die Funktion WVERWEIS den gewünschten Termin "16. Juni" als Suchkriterium und liefert aus der darüber liegenden Tabelle mit dem Zeilenindex 2 den Preis für das Hotel "Bella Vista".

WVERWEIS durchsucht die erste Zeile

| STAB... ▾ | ✕ ✓ *fx* | =WVERWEIS(B8;B3:F5;2) |

	A	B	C	D	E	F	G	H
1	Hotelpreise pro Woche							
2		ab						
3	Hotel	30. Apr.	31. Mai.	31. Aug.	30. Sep.	10. Nov.		
4	Bella Vista	180	220	175	150	120		
5	Mare & More	250	320	300	280	260		
6								
7	Preis ermitteln							
8	gewünschter Termin	16. Jun.						
9	Hotel Bella Vista	=WVERWEIS(B8;B3:F5;2)						
10	Hotel Mare & More	WVERWEIS(Suchkriterium; Matrix; Zeilenindex; [Bereich_Verweis])						
11								

Hinweis: Dieses Beispiel erfordert Datumswerte!

INDEX und VERGLEICH

Nicht immer befindet sich das Suchkriterium in der ersten Spalte und nicht immer steht eindeutig fest, in welcher Spalte sich der gesuchte Wert befindet. Dann bietet sich die Verwendung der Funktionen VERGLEICH und INDEX an.

VERGLEICH

Position des gesuchten Wertes ermitteln

Die Funktion VERGLEICH liefert im Gegensatz zu SVERWEIS als Ergebnis die relative Position des gesuchten Wertes entweder innerhalb einer Spalte oder einer Zeile. Die allgemeine Syntax:

=VERGLEICH(Suchkriterium;Suchmatrix;Vergleichstyp)

Beispiel: Sie wollen aus einer, nach Mengen gestaffelten Preistabelle anhand von Artikelnummer und Menge den dazugehörigen Preis ermitteln. Der Preis findet sich am Schnittpunkt der gesuchten Zeile mit der gesuchten Spalte. Sie benötigen daher die Funktion VERGLEICH gleich zweimal.

- Mit der ersten Funktion in B12 ermitteln Sie, in welcher Zeile sich die gesuchte Artikelnummer befindet. Suchkriterium ist die Artikelnummer in B10, der Bereich A4 bis A7 stellt die Suchmatrix dar. Das erste Element im Bereich entspricht dem Suchkriterium, daher lautet das Ergebnis 1.

- Die zweite Funktion in B13 ermittelt anhand der Menge, in welcher Spalte sich der gesuchte Wert befindet. Suchkriterium ist also die Menge in B11, Suchmatrix der Bereich B3 bis F3. Das Ergebnis für die Spalte lautet 2.

B13	▼	fx	=VERGLEICH(B11;B3:F3)			
	A	B	C	D	E	F	G
1	Preistabelle						
2				Menge kg			
3	Artikel Nr.	10	20	30	40	50	
4	100	5,00 €	9,00 €	13,50 €	16,00 €	20,00 €	
5	200	4,50 €	8,20 €	12,80 €	17,00 €	22,00 €	
6	300	10,00 €	18,00 €	26,00 €	34,00 €	42,00 €	
7	400	1,20 €	2,00 €	3,40 €	4,10 €	5,00 €	
8							
9	Gesuchter Artikel						
10	Artikel Nr.	100					
11	Menge kg	20					
12	Zeile	1	=VERGLEICH(B10;A4:A7)				
13	Spalte	2	=VERGLEICH(B11;B3:F3)				
14							

Das Argument Vergleichstyp ist optional und steuert die Art der Suche:

- Vergleichstyp 1 (oder keine Angabe) liefert den größten Wert, der kleiner oder gleich dem Suchkriterium ist. Die Werte in der Suchmatrix müssen dazu aufsteigend sortiert sein. Eine gesuchte Menge von 35 kg würde das Ergebnis 3 (Spalte 3 = 30 kg) liefern, da es keine genaue Überstimmung gibt.

- Vergleichstyp 0 liefert den ersten Wert, der dem Suchkriterium exakt entspricht, die Werte können in beliebiger Reihenfolge angeordnet sein.

- Vergleichstyp -1 gibt den kleinsten Wert zurück, der größer als das Suchkriterium ist, die Werte der Suchmatrix müssen dazu absteigend sortiert sein.

INDEX

Erfordert als genaue Positionsangabe Zeilen- und Spaltenindex

Mit den Ergebnissen der Funktion VERGLEICH erhalten Sie leider noch nicht die gewünschte Angabe, den Preis, sondern nur die relative Position in der Matrix. Daher benötigen Sie auch noch die Funktion INDEX. Die Funktion INDEX existiert in zwei Versionen, als Matrix- und als Bezugsfunktion, für dieses Beispiel benötigen Sie die Matrixfunktion. INDEX liefert den Inhalt einer Zelle aufgrund der genauen Positionsangabe in Form von Zeilen- und Spaltenindex. Die Syntax:

=INDEX(Matrix;Zeilenindex;Spaltenindex)

| B14 | ▼ | *fx* | =INDEX(B4:F7;B12;B13) |

	A	B	C	D	E	F	G
1	Preistabelle						
2				Menge kg			
3	Artikel Nr.	10	20	30	40	50	
4	100	5,00 €	9,00 €	13,50 €	16,00 €	20,00 €	
5	200	4,50 €	8,20 €	12,80 €	17,00 €	22,00 €	
6	300	10,00 €	18,00 €	26,00 €	34,00 €	42,00 €	
7	400	1,20 €	2,00 €	3,40 €	4,10 €	5,00 €	
8							
9	Gesuchter Artikel						
10	Artikel Nr.	100					
11	Menge kg	20					
12	Zeile	1	=VERGLEICH(B10;A4:A7)				
13	Spalte	2	=VERGLEICH(B11;B3:F3)				
14	Preis:	9,00 €	=INDEX(B4:F7;B12;B13)				
15							

Im nächsten Schritt müssen Sie daher das Beispiel oben um die Funktion INDEX ergänzen. Natürlich ist dies auch in einer einzigen Formel möglich.

| B12 | ▼ | *fx* | =INDEX(B4:F7;VERGLEICH(B10;A4:A7);VERGLEICH(B11;B3:F3;1)) |

	A	B	C	D	E	F	G
1	Preistabelle						
2				Menge kg			
3	Artikel Nr.	10	20	30	40	50	
4	100	5,00 €	9,00 €	13,50 €	16,00 €	20,00 €	
5	200	4,50 €	8,20 €	12,80 €	17,00 €	22,00 €	
6	300	10,00 €	18,00 €	26,00 €	34,00 €	42,00 €	
7	400	1,20 €	2,00 €	3,40 €	4,10 €	5,00 €	
8							
9	Gesuchter Artikel						
10	Artikel Nr.	100					
11	Menge kg	20					
12	Preis	9,00 €	=INDEX(B4:F7;VERGLEICH(B10;A4:A7);VERGLEICH(B11;B3:F3;1))				
13							

Zellbereiche mit BEREICH.VERSCHIEBEN anpassen

Sie kennen sicher das folgende Problem: Sie möchten mit einer Funktion eine Liste auswerten, allerdings soll der Zellbereich dynamisch sein, also automatisch um nachträglich am Ende der Liste angefügte Zeilen erweitert werden. Eine einfache Möglichkeit zur Lösung dieses Problems stellen dynamische Listen dar, wie sie in der nächsten Lektion beschrieben werden. Wo dies nicht möglich ist, stellt die Funktion BEREICH.VERSCHIEBEN eine Alternative dar, damit Sie den Datenbereich nicht nach jeder Änderung manuell anpassen müssen.

Siehe auch dynamische Listen, Lektion 3.5

BEREICH.VERSCHIEBEN ist keine eigenständige Funktion, sie verschiebt oder vergrößert einen Zellbereich um die angegebene Anzahl Spalten und/oder Zeilen und wird ausschließlich als Argument überall dort eingesetzt, wo Sie Bezüge auf Zellen oder Zellbereiche benötigen. BEREICH:VERSCHIEBEN gehört zur Kategorie MATRIX und verwendet die folgenden Argumente:

Keine eigenständige Funktion

Argument	Beschreibung
Bezug	Bezug gibt den Ausgangspunkt des zu verschiebenden Bereichs an, hier genügt die linke obere Ecke des Zellbereichs.
Zeilen	Anzahl der Zeilen, um die der Bezug nach unten verschoben werden soll, negative Werte verschieben den Bereich nach oben.
Spalten	Anzahl der Spalten, um die der Bezug nach rechts verschoben werden soll, negative Angaben verschieben nach links.
Höhe	Anzahl der Zeilen des neuen Bereichs; wenn nichts angegeben ist, wird die ursprüngliche Höhe verwendet.
Breite	Anzahl der Spalten des neuen Bereichs; wenn nichts angegeben ist, wird die ursprüngliche Breite verwendet.

Beispiel Börsenkurse: Die Börsenkurse in Spalte B werden täglich aktualisiert, es kommen also jeden Tag neue Werte hinzu. Der Mittelwert soll aber immer nur für die letzten fünf Tage berechnet werden.

- Dazu verwenden Sie in der Funktion MITTELWERT anstelle eines festen Zellbereichs die Funktion BEREICH. VERSCHIEBEN. Als Argument Bezug geben Sie die linke obere Ecke des zu verschiebenden Bereichs an, also B4.

- Als nächstes benötigen Sie die Anzahl der Zeilen, um die der Bezug nach unten verschoben werden soll. Verwenden Sie dazu die Funktion ANZAHL, diese ermittelt die Anzahl der nicht leeren Zellen im angegebenen Bereich. Diese Funktion berücksichtigt ausschließlich Zahlen, Sie können also als Bereich die gesamte Spalte B (B:B) angeben. Da immer nur die letzten fünf Werte des Zellbereichs benötigt werden, müssen Sie vom Ergebnis noch 5 Zeilen subtrahieren.

E3	▼	fx	=MITTELWERT(BEREICH.VERSCHIEBEN(B4;ANZAHL(B:B)-5;0;5))			
	A	B	C	D	E	F	G
1	Börsenkurs der XY AG						
2				Mittelwert			
3	Datum	Kurs/5 €		Mittelwert der letzten 5 Tage	8,672		
4	14.04.	12,230					
5	15.04.	12,560					
6	16.04.	11,090					
7	17.04.	10,890					
8	18.04.	9,200					
9	19.04.	8,650					
10	20.04.	8,940					
11	21.04.	9,340					
12	22.04.	9,970					
13	23.04.	7,200					
14	24.04.	7,910					
15							

- Da der Zellbereich nur um Zeilen verschoben wird, geben Sie als Argument Spalten 0 an.

- Als Höhe des neuen Bereichs geben Sie 5 (Zeilen) an, dies kann entfallen, wenn Sie unter Bezug bereits einen Zellbereich aus 5 Zeilen angegeben haben. Das Argument Breite wird in diesem Beispiel nicht benötigt.

Die Funktion lautet also

`=MITTELWERT(BEREICH.VERSCHIEBEN(B4;ANZAHL(B:B)-5;0;5))`

oder

`=MITTELWERT(BEREICH.VERSCHIEBEN(B4:B8;ANZAHL(B:B)-5;0))`

🔍 Formelauswertung
Siehe Lektion 1.2
Formeln kontrollieren

Tipp: Mit Hilfe des Dialogfensters FORMELAUSWERTUNG können Sie die einzelnen Berechnungsschritte dieses Beispiels kontrollieren.

Namen mit der Funktion BEREICH.VERSCHIEBEN definieren
Die Funktion BEREICH.VERSCHIEBEN kann auch in Zusammenhang mit Bereichsnamen verwendet werden. So gehen Sie vor, wenn Sie die Funktion BEREICH.VERSCHIEBEN anstelle eines festen Zellbereichs bei der Definition von Namen verwenden möchten:

📋 Namen definieren ▾

- Klicken Sie im Register FORMELN, Gruppe DEFINIERTE NAMEN auf die Schaltfläche NAMEN DEFINIEREN ...

- Geben Sie einen Bereichsnamen ein und tragen Sie dann im Feld BEZIEHT SICH AUF anstelle fester Zellbezüge die Funktion ein.

Tipp: Damit Ihnen die Syntax-Hilfe zur Verfügung steht, geben Sie die Funktion am besten zunächst in eine beliebige, leere Zelle ein, eventuell mit Hilfe des Funktionsassistenten und kopieren die Funktion anschließend über die Zwischenablage (Strg+C und Strg+V) in das Dialogfenster NEUER NAME.

Für das unten abgebildete Beispiel benötigen Sie die folgende Funktion:

`=BEREICH.VERSCHIEBEN(Rohdaten!$A$1;;;ANZAHL2(Rohdaten!$A:$A);ANZAHL2(Rohdaten!$1:$1))`

	A	B	C	D	E	F	G	H
1	Jahr	Kunden-Nr	Firma	Land	Modell-Nr	Auftragsmenge	Umsatz	
2	2007	45	Hügli & Brettschneider	Schweiz	300	9	509,00	
3	2008	233	ELCOG	Deutschland	450	25	535,00	
4	2006	971	BRAIN	Österreich	100	22	312,00	
5	2005	233	ELCOG	Deutschland	100	17	307,00	
6	2008	971	BRAIN	Österreich	100	24	314,00	
7	2007	1019	WGT GmbH	Deutschland	450	34	544,00	
8	2008	233	ELCOG	Deutschland	209	3	1022,00	
9	2005	45	Hügli & Brettschneider	Schweiz	200	12	75,50	
10	2008	1019	WGT GmbH	Deutschland	100	14	304,00	
11	2006	45	Hügli & Brettschneider	Schweiz	300	3	503,00	
12	2005	233	ELCOG	Deutschland	304	7	627,00	
13	2008	971	BRAIN	Österreich	304	6	626,00	
14	2006	233	ELCOG	Deutschland	304	33	653,00	
15	2007	971	BRAIN	Österreich	200	17	80,50	
16	2005	971	BRAIN	Österreich	209	3	1022,00	
17	2005	971	BRAIN	Österreich	209	9	1028,00	
18	2008	1019	WGT GmbH	Deutschland	100	12	302,00	
19	2007	233	ELCOG	Deutschland	200	2	65,50	
20	2006	971	BRAIN	Österreich	200	89	152,50	
21	2008	45	Hügli & Brettschneider	Schweiz	450	2	512,00	
22	2006	233	ELCOG	Deutschland	100	1	291,00	
23	2005	45	Hügli & Brettschneider	Schweiz	304	56	676,00	
24	2008	1019	WGT GmbH	Deutschland	200	100	168,00	
25								
26	Datenbereich	=BEREICH.VERSCHIEBEN(Rohdaten!$A$1;;;ANZAHL2(Rohdaten!$A:$A);ANZAHL2(Rohdaten!$1:$1))						

Rohdaten

Als Bezug oder Ausgangspunkt kann die linke obere Ecke des Bereichs verwendet werden, in diesem Beispiel A1, bzw. $A$1 da der Zellbereich ja nicht verschoben, sondern vergrößert oder verkleinert wird. Aus diesem Grund werden auch die beiden Argumente Zeilen und Spalten hier nicht benötigt und bleiben leer. Dafür müssen Sie die Höhe des neuen Bereichs ermitteln, dies geschieht mit der Funktion ANZAHL2, da diese alle nicht leeren Zellen in Spalte A berücksichtigt. Die Breite des neuen Bereichs ermitteln Sie ebenfalls mit der Funktion ANZAHL2 für die Zeile 1.

Siehe ANZAHL2

2.5. Finanzmathematische Funktionen

Für finanzmathematische Berechnungen finden Sie in der Kategorie FINANZMATHEMATIK eine Reihe von Funktionen. Hier ein Beispiel zur Zinsberechnung, beachten Sie, dass diese Funktionen ausschließlich die Verzinsung berechnen, Gebühren, Provisionen, usw. werden nicht berücksichtigt.

Beispiel Zinsberechnungen

Zum Rechnen mit Krediten und Zinsen verwendet Excel die folgenden Ausdrücke. Diese sind als Funktionen verfügbar, bezeichnen aber gleichzeitig auch die jeweils erforderlichen Argumente.

Argument	Beschreibung
Zins	Ein fester Zinssatz. Da dieser normalerweise jährlich angegeben ist, müssen Sie den Zins bei monatlichen Zahlungen ebenfalls in Monaten angeben, also Zins / 12.
Zzr	Zahlungszeitraum. Über welchen Zeitraum sollen die Zahlungen erfolgen? Beachten Sie, dass Sie auch hier einheitliche Angaben benötigen. Bei monatlichen Zahlungen und einer Laufzeit von beispielsweise 5 Jahren müssen Sie auch die Laufzeit in Monate umrechnen, also Jahre * 12.
Rmz	Regelmäßige Zahlung. Dies ist ein konstanter, meist monatlicher Betrag, den Sie entweder zur Rückzahlung oder als Sparbetrag aufwenden. **Achtung**: Von Ihnen aufgewendete Beträge müssen mit negativem Vorzeichen eingegeben werden, da sonst das Ergebnis mit einem Minus als Vorzeichen angezeigt wird!
Bw	Barwert. Dies ist der aktuelle Gesamtwert zu Beginn der Zahlungen.

Zw	Zinswert. Dies ist der Endwert (verzinste Wert) einer Investition.
F	Fälligkeit 1 bedeutet zu Beginn des Monats, 0 oder keine Angabe bedeutet am Ende des Monats.

RMZ: regelmäßige Zahlung

Beispiel: Wie hoch ist die monatliche Belastung bei der Rückzahlung eines Kredits in Höhe von 10.000 Euro, einer Laufzeit von 3 Jahren und einem jährlichen Zins von 6,5%? Zur Berechnung verwenden Sie die Funktion RMZ.

Als Barwert (Bw) geben Sie den Kreditauszahlungsbetrag, also 10.000 an. Zw dagegen ist der Zinswert, also der Wert, der am Ende der Rückzahlung erreicht werden soll. Tragen Sie hier 0 ein, wenn am Ende der Kredit abbezahlt sein soll.

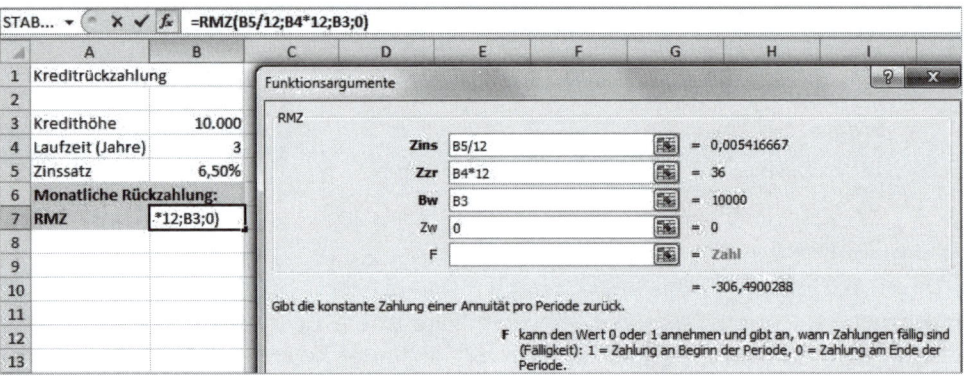

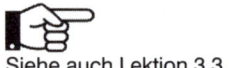
Siehe auch Lektion 3.3

Hinweis: Ein weiteres Beispiel zur Zinsberechnung finden Sie in Zusammenhang mit einer Mehrfachoperation.

2.6. Datum und Uhrzeit

Allgemeine Datumsfunktionen

Aktuelles Datum ermitteln

Alle Datumswerte, die nach dem 01.01.1900 liegen, sind für Excel serielle (fortlaufende) Zahlen, die als Datum formatiert sind. Berechnungen mit Datumswerten sind daher sowohl in Formeln als auch mit Funktionen problemlos möglich. Über die Schaltfläche DATUM UND UHRZEIT stehen Ihnen in der Funktionsbibliothek des Registers FORMELN verschiedene Funktionen zur Verfügung.

Aktuelles Datum/ Uhrzeit

Die beiden Funktionen HEUTE() und JETZT() benötigen keine weiteren Argumente und liefern das aktuelle Datum (Systemdatum), mit einem kleinen Unterschied:

Funktion	Beschreibung	Beispiel
=HEUTE ()	liefert das aktuelle Datum, diese Funktion sollte für reine Datumsberechnungen verwendet werden.	11.11.2011
=JETZT ()	liefert Datum und Uhrzeit	11.11.2011 15:46

F9 aktualisieren

Tipp: Beide Datumswerte werden beim Öffnen der Excel-Arbeitsmappe automatisch aktualisiert. Um die Uhrzeit in einer geöffneten Mappe zu aktualisieren, klicken Sie im Register FORMELN, Gruppe BERECHNUNG auf die Schaltfläche NEU BERECHNEN oder verwenden die Funktionstaste F9.

Teil des Datums als Zahl

Teil eines Datums ermitteln

Die folgenden Datumsfunktionen geben einen Teil eines Datums als Zahl zurück und werden benötigt, wenn es beispielsweise darum geht, eine Tabelle nach Monaten zu sortieren oder zu filtern:

Funktion	Beschreibung	Beispiel	Ergebnis
TAG(Datum)	Liefert aus einem Datum den Tag als Zahl	=TAG(23.01.2011)	23
MONAT(Datum)	Liefert aus einem Datum den Monat als Zahl	=MONAT(23.01.2011)	1
JAHR(Datum)	Liefert aus einem Datum das Jahr als Zahl	=JAHR(23.01.2011)	2011

Datumswert zusammensetzen

Die Funktion DATUM erlaubt es umgekehrt, ein Datum aus Zahlen zusammenzusetzen. Die Syntax:

Datum aus Zahlen

=DATUM(Jahr;Monat;Tag).

Beispiel: die Werte der Spalten A, B und C zu einem Datum zusammenfügen:

BR... ▾	×	✓	fx	=DATUM(C2;B2;A2)	
	A	B	C	D	E
1	Tag	Monat	Jahr	Datum	
2	15	1	2008	=DATUM(C2;B2;A2)	
3	18	1	2008	DATUM(Jahr; Monat; Tag)	
4	21	1	2008	21.01.2008	

Wochentag ermitteln

Die Funktion WOCHENTAG liefert aus einem Datum den Wochentag als Zahl.

Mit welchem Tag beginnt die Zählung?

=WOCHENTAG(Datum;Typ)

Das Argument Typ legt fest, mit welchem Wochentag die Woche beginnt. Sie müssen hier 2 angeben, da Excel die Zählung sonst mit dem Sonntag beginnt.

	A	B	C	D	E	F
1	05.01.2011	=WOCHENTAG(A1;				
2		WOCHENTAG(Zahl; [Typ])				
3			1 - Zahlen 1 (Sonntag) bis 7 (Samstag)			
4			2 - Zahlen 1 (Montag) bis 7 (Sonntag)			
5			3 - Zahlen 0 (Montag) bis 6 (Sonntag)			
6			11 - Zahlen 1 (Montag) bis 7 (Sonntag)			
7			12 - Zahlen von 1 (Dienstag) bis 7 (Montag)			
8			13 - Zahlen von 1 (Mittwoch) bis 7 (Dienstag)			
9			14 - Zahlen von 1 (Donnerstag) bis 7 (Mittwoch)			
10			15 - Zahlen von 1 (Freitag) bis 7 (Donnerstag)			
11			16 - Zahlen von 1 (Samstag) bis 7 (Freitag)			
12			17 - Zahlen 1 (Sonntag) bis 7 (Samstag)			

Kalenderwoche

In vielen Fällen benötigen Sie auch noch die Information, zu welcher Kalenderwoche ein bestimmtes Datum gehört. Dazu verwenden Sie die Funktion KALENDERWOCHE. Diese Funktion verwendet zwei unterschiedliche Systeme zur Berechnung.

Kalenderwoche aus Datum

System	1. Kalenderwoche	Beispiel
1	Die Woche, in die der 1. Januar fällt	1. Jan. 2010 = KW 1
2	Die Woche mit dem ersten Donnerstag des Jahres	1. Jan. 2010 = KW 53

Wenn die Zählung der europäischen Wochennummerierung entsprechen soll, dann müssen Sie für das Argument Zahl_Typ den Wert 21 angeben.

Europäische Norm

=KALENDERWOCHE(Datum;Zahl_Typ)

Beispiel: Für das aktuelle Datum die Kalenderwoche als Zahl ermitteln:

=KALENDERWOCHE(HEUTE();21)

Monat oder Wochentag als Text

Teil eines Datums als Text

Um anstelle eines Datums den Wochentag oder Monat als Text anzuzeigen, gibt es zwei Möglichkeiten:

- **Als Datum formatieren**
  Als einfachste Möglichkeit formatieren Sie ein Datum einfach mit dem benutzerdefinierten Zahlenformat TTTT (Wochentag) oder MMMM (Monat).

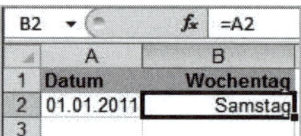

Klicken Sie dazu im Register START, Gruppe ZAHL auf den DropDown-Pfeil des Feldes, anschließend auf MEHR... und markieren im Register ZAHLEN die Kategorie BENUTZERDEFINIERT. Geben Sie hier das Format ein.

Funktion TEXT wandelt eine Zahl in Text um

- **In Text umwandeln**
  Die Funktion TEXT wandelt eine Zahl im angegebenen Format in Text um und kann ebenfalls verwendet werden. Der allgemeine Aufbau:

=TEXT(Wert;Textformat)

Das Argument Textformat steuert die Anzeige. Beachten Sie, dass Monatsformate stets mit Großbuchstaben ("M") angegeben werden müssen, Kleinbuchstaben ("m") stehen für das Uhrzeitformat Minuten.

Textformat	Ergebnis	Beispiel
"TTTT"	Wochentag, z.B. Freitag	=TEXT(A1;"TTTT")
"MMMM"	Monat, z.B. Januar	=TEXT(A2;"MMMM")

Datumsberechnungen

Differenz in Tagen berechnen

Keine negativen Datumswerte!

Um die Differenz zwischen zwei Datumswerten in Tagen zu berechnen, genügt eine einfache Formel. Achten Sie darauf, stets das kleinere Datum vom größeren Datum zu subtrahieren, da Excel keine negativen Datumswerte darstellen kann.

Beispiel: Wie viele Tage noch bis Weihnachten?
Wenn Sie in einer Formel das aktuelle Datum vom 24.12. des Jahres subtrahieren, dann gilt die Berechnung ausschließlich für das jeweils angegebene Jahr.

=24.12.2011 – HEUTE()

Wenn Sie in der Formel den 24.12. des jeweils aktuellen Jahres berücksichtigen möchten, dann setzen Sie mit der Funktion DATUM das Weihnachtsdatum aus dem 24.12. und dem aktuellen Jahr zusammen. Die Formel lautet dann:

=DATUM(JAHR(HEUTE());12;24) – HEUTE()

Mit Jahren rechnen

Differenz in Jahren berechnen
Die Funktion BRTEILJAHRE berechnet die Differenz zwischen zwei Datumswerten in Bruchteilen von Jahren. Die Syntax:

BRTEILJAHRE(Anfangsdatum; Enddatum; Basis)

Das Argument Basis ist optional. Wird die Funktion zur Berechnung der Zinstage benötigt, dann können Sie damit angeben, auf welcher Basis die Tage gezählt werden sollen.

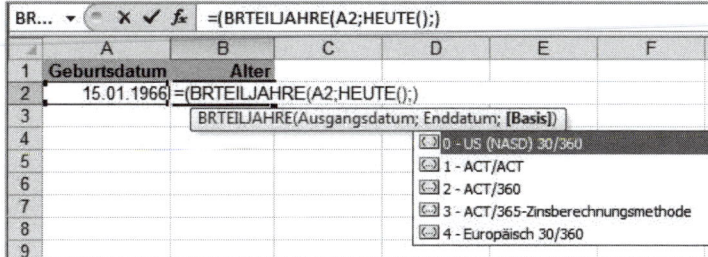

Beispiel Alter berechnen: Mit dieser Funktion lässt sich aus dem Geburtsdatum und dem aktuellen Datum auch das Alter berechnen. Allerdings dürfen Sie das Ergebnis nicht einfach ohne Dezimalstellen formatieren, da sonst gerundet wird. Verwenden Sie die Funktion KÜRZEN zum Abschneiden der Dezimalstellen.

Siehe Lektion 2.2
Werte runden

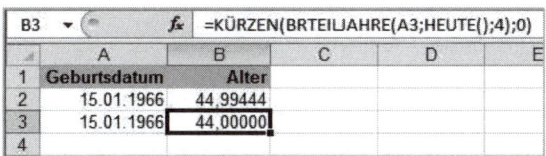

Differenz in Arbeitstagen berechnen

In vielen Fällen sollen bei der Berechnung der Datumsdifferenz in Tagen ausschließlich Arbeitstage berücksichtigt werden, nicht aber Samstag und Sonntag, sowie Feiertage, zum Beispiel bei der Berechnung von Urlaubstagen. Dann verwenden Sie dazu die Funktion NETTOARBEITSTAGE.

NETTOARBEITSTAGE

Hinweis: Im Gegensatz zu älteren Versionen verfügt Excel 2010 über zwei Funktionen zur Berechnung der Nettoarbeitstage. NETTOARBEITSTAGE.INTL berechnet die Anzahl der vollen Arbeitstage zwischen zwei Datumsangaben, wobei im Gegensatz zur älteren Funktion NETTOARBEITSTAGE angegeben werden kann, welche und wie viele Tage auf Wochenenden fallen. Die Schreibweise:

Definition der Wochenendtage

=NETTOARBEITSTAGE.INTL(Ausgangsdatum;Enddatum;Wochenende;Freie_Tage)

Ausgangs- und Enddatum werden in die Berechnung mit einbezogen, wählen Sie als Argument Wochenende einen Parameter aus der Liste aus (in diesem Beispiel 1), unter Freie_Tage geben Sie einen Verweis auf eine Liste von Feiertagen an.

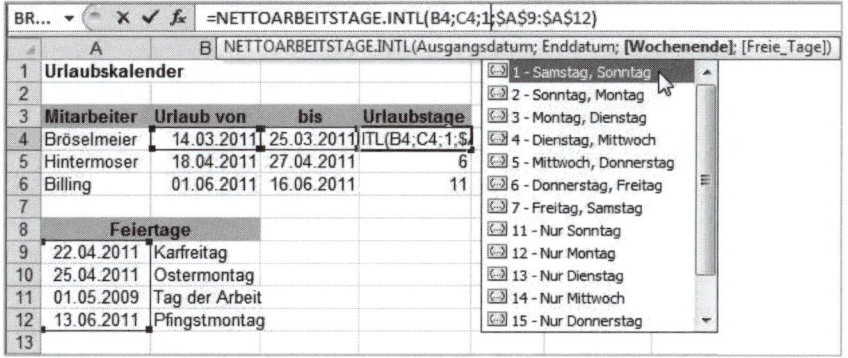

Die Funktion DATEDIF

Mit dieser Funktion kann die Differenz zwischen zwei Datumswerten in Jahren, Monaten oder Tagen berechnet werden. Sie ist allerdings nicht dokumentiert, somit auch nicht im Katalog der Excel-Funktionen enthalten und muss daher vollständig über die Tastatur eingegeben werden Die Schreibweise:

Differenz berechnen

Nicht dokumentierte Funktion!

=DATEDIF(Ausgangsdatum;Enddatum;Einheit)

Die erforderlichen Argumente:

Ausgangsdatum	Das Startdatum, beispielsweise das Geburtsdatum
Enddatum	Das Enddatum des Zeitraums, beispielsweise das aktuelle Datum
Einheit	Wie soll die Differenz berechnet werden: "Y"　　in vollständigen Jahren "M"　　in Monaten "D"　　in Tagen

2.7.　Textfunktionen

Text in Zahl umwandeln

Beim Import aus anderen Anwendungen kann es vorkommen, dass Zahlen, die Sie eigentlich zur Auswertung benötigen, als Text gespeichert sind. Dann müssen Sie die Inhalte in Zahlen umwandeln.

Smarttags beachten

- Im einfachsten Fall sind Zellen, die als Text gespeicherte Zahlen enthalten mit einem grünen Dreieck gekennzeichnet und beim Markieren erscheint automatisch ein Smarttag, der Ihnen anbietet, den Inhalt in eine Zahl umzuwandeln. Dann genügt es, wenn Sie einfach die gesamte Spalte markieren und den Befehl IN EINE ZAHL UMWANDELN auswählen.

Funktion WERT: wandelt Text in Zahlen um

- Sollte diese Möglichkeit nicht verfügbar sein, dann verwenden Sie die Funktion WERT. Diese Funktion wandelt ein als Text angegebenes Argument oder den Inhalt einer Zelle in eine Zahl um. Am einfachsten geschieht dies in einer zusätzlichen Hilfsspalte.

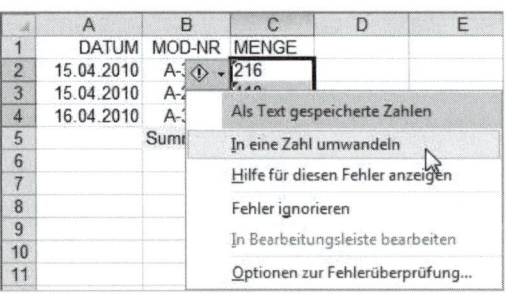

Text in eine Zahl umwandeln

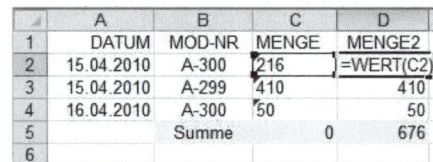

Funktion WERT

Zeichenfolgen aus Text

Manchmal enthalten Zellinhalte gleich mehrere Informationen. So können beispielsweise Artikelnummern aus Modell, Warengruppe und Farbe zusammengesetzt sein. Um nach einem dieser Merkmale zu sortieren oder zu filtern, müssen Sie die benötigen Informationen zunächst herausziehen. Dazu stellt Excel die Textfunktionen LINKS, RECHTS und TEIL zur Verfügung.

LINKS(Text;Anzahl_Zeichen)	liefert die angegebene Anzahl Zeichen beginnend mit dem ersten **linken** Zeichen
RECHTS(Text;Anzahl_Zeichen)	liefert die angegebene Anzahl Zeichen beginnend mit dem ersten **rechten** Zeichen
TEIL(Text;Erstes_Zeichen;Anzahl_Zeichen)	liefert die angegebene Anzahl Zeichen, beginnend ab der angegebenen Position

FINDEN(Suchtext;Text;Erstes_Zeichen)	Liefert die Position des gesuchten Zeichens innerhalb einer Zeichenfolge.

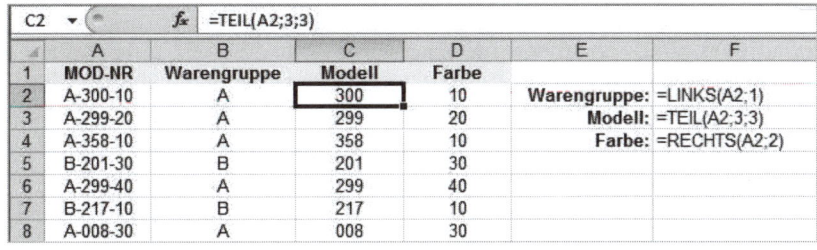

C2	▼		f_x	=TEIL(A2;3;3)		
	A	B	C	D	E	F
1	MOD-NR	Warengruppe	Modell	Farbe		
2	A-300-10	A	300	10	Warengruppe:	=LINKS(A2;1)
3	A-299-20	A	299	20	Modell:	=TEIL(A2;3;3)
4	A-358-10	A	358	10	Farbe:	=RECHTS(A2;2)
5	B-201-30	B	201	30		
6	A-299-40	A	299	40		
7	B-217-10	B	217	10		
8	A-008-30	A	008	30		

Beispiel Textfunktionen

Tipp: Als Alternative kann in manchen Fällen der Inhalt einer Spalte auch über die Schaltfläche TEXT IN SPALTEN aufgeteilt werden.

Siehe Lektion 3.1
S. 45

Position einer Zeichenfolge ermitteln

Die Funktionen LINKS, RECHTS und TEIL lassen sich nur einsetzen wenn, wie im Beispiel oben Warengruppe, Modellnummer und Farbe exakt die gleiche Länge haben. Ist dies nicht der Fall, dann benötigen Sie noch die Funktion FINDEN, um die Position eines bestimmten Zeichens, in diesem Beispiel den Bindestrich zu ermitteln. Die Funktion lautet: =FINDEN("-";A2;1) und liefert das Ergebnis 2, bzw. 6 wenn ab dem dritten Zeichen gesucht wird.

FINDEN
Eine Zeichenfolge
finden

Zeichenfolgen aneinanderfügen

Mit Hilfe der Funktion VERKETTEN lassen sich umgekehrt auch mehrere Zeichen-folgen zu einer einzigen Zeichenfolge verbinden. Die Syntax:

Zeichenfolgen anei-nanderfügen

=VERKETTEN(Text1;Text2;...)

2.8. Fehler mit Hilfe von Funktionen vermeiden

Fehlerwerte unterdrücken

Nicht immer lassen sich Fehlerwerte bei Berechnungen vermeiden. So erscheint beispielsweise bei der Berechnung des Mittelwertes der Fehlerwert #DIV/0 (Divi-sion durch Null), wenn eine Tabelle zwar eine Formel, aber noch keine Werte ent-hält. Um die Anzeige solcher Fehler zu unterdrücken, stellt Excel in der Kategorie LOGIK die Funktion WENNFEHLER zur Verfügung. Mit Hilfe dieser Funktion können Sie prüfen, ob das Ergebnis einer Formel ein Fehlerwert ist und anstelle des Feh-lers einen beliebigen Wert als Ergebnis ausgeben lassen. Berücksichtigt werden alle Fehlerwerte wie #DIV/0, #NV, #WERT, #BEZUG.

WENNFEHLER

C13	▼		f_x	=MITTELWERT(C9:C11)
	A	B	C	D
1	Fehler mit Funktionen vermeiden			
2	1. Quartal			
3		Januar	5.000	
4		Februar	6.000	
5		März	7.500	
6		Summe	18.500	
7		Mittelwert	6.167	
8	2. Quartal			
9		April		
10		Mai		
11		Juni		
12		Summe	0	
13		Mittelwert	#DIV/0!	
14				

BR...	▼		✗ ✓ f_x	=WENNFEHLER(MITTELWERT(C9:C11);0)	
	A	B	C	D	E
1	Fehler mit Funktionen vermeiden				
2	1. Quartal				
3		Januar	5.000		
4		Februar	6.000		
5		März	7.500		
6		Summe	18.500		
7		Mittelwert	6.167		
8	2. Quartal				
9		April			
10		Mai			
11		Juni			
12		Summe	0		
13		Mittelwert	=WENNFEHLER(MITTELWERT(C9:C11);0)		
14			WENNFEHLER(Wert; Wert_falls_Fehler)		
15					

Im oben abgebildeten Beispiel erhalten Sie für das zweite Quartal anstelle des Mittelwerts den Fehlerwert #DIV/0, da hier noch keine Zahlen vorliegen. Verwenden Sie in diesem Fall in C13 die Funktion WENNFEHLER: Wenn die Funktion MITTELWERT einen Fehlerwert liefert, dann wird als Ergebnis das unter Wert_falls_Fehler angegebene Zeichen (in diesem Beispiel 0) angezeigt.

ISTFEHLER

Eine Formel auf Fehler prüfen

Eine andere Möglichkeit stellt die Verwendung der Funktion ISTFEHLER (Kategorie INFORMATION) dar. Diese Funktion prüft, ob das Ergebnis einer Formel ein Fehlerwert ist und liefert WAHR oder FALSCH. Allerdings müssen Sie diese Funktion noch mit einer WENN-Funktion verbinden, für das Beispiel oben wäre die Formel wesentlich komplexer und müsste lauten:

=WENN(ISTFEHLER(MITTELWERT(C9:C11))=WAHR;0;MITTELWERT(C9:C11))

2.9. Zusammenfassung

- Matrixfunktionen stellen verschiedene Möglichkeiten zur Verfügung, eine Matrix (Tabelle) nach bestimmten Kriterien zu durchsuchen. Zu den wichtigsten Matrixfunktionen zählen SVERWEIS, WVERWEIS, INDEX, VERGLEICH, sowie die Möglichkeit, mit BEREICH.VERSCHIEBEN Zellbezüge für Funktionen oder Diagramme dynamisch anzupassen.

- Unter den Datumsfunktionen werden vor allem die Funktionen JAHR, MONAT und TAG häufig benötigt, vor allem, wenn Sie Tabellen nach Monaten oder Jahren zusammenfassen und auswerten wollen. Nicht alle Datumsfunktionen berücksichtigen standardmäßig europäische Normen bei der Ermittlung des Wochentags oder der Kalenderwoche, achten Sie daher auf entsprechende Parameter.

- Häufig werden für statistische Auswertungen Mittelwert und Streuung benötigt. Zur Berechnung dieser Werte stehen in Excel mehrere Funktionen zur Auswahl. Die Funktionen SUMMEWENN, ZÄHLENWENN und MITTELWERT-WENN erlauben die Berechnung statistischer Werte abhängig von einer Bedingung.

- Zu den Logikfunktionen gehört neben den Funktionen UND, ODER, WENN auch die Funktion WENNFEHLER. Diese Funktion können Sie einsetzen, um die Ausgabe von Fehlerwerten, z.B. aufgrund fehlender Werte zu umgehen.

- Verwenden Sie eine Rundungsfunktion, wenn weitere Berechnungen mit einer genau festgelegten Anzahl Dezimalstellen erfolgen sollen. Auf diese Weise vermeiden Sie Rundungsfehler.

- Textfunktionen werden benötigt, wenn Text zur weiteren Berechnung in eine Zahl umgewandelt werden muss oder wenn Sie nur einen Teil aus einer Zeichenfolge benötigen.

Bemerkungen:

_____

_____

_____

_____

3. Datenbankfunktionen

In dieser Lektion lernen Sie

- Datenbank anlegen und Dateneingabe prüfen
- AutoFilter und Spezialfilter einsetzen
- Excel-Listen mit Teilergebnissen auswerten
- Mit dynamischen Listen arbeiten

Häufig werden mit Excel auch größere Datenmengen verwaltet. Excel verfügt über grundlegende Datenbankfunktionen wie Filtern, Sortieren und verschiedene Auswertungsmöglichkeiten. Allerdings unterstützt Excel im Gegensatz zu reinen Datenbankprogrammen, wie beispielsweise Microsoft Access, keinerlei Schutz gegen unbeabsichtigtes Ändern oder Löschen von Daten. Eine Excel-Datenbank kann auch nicht von mehreren Benutzern gleichzeitig bearbeitet werden.

3.1. Eine Datenbank anlegen

Eine Datenbank als zusammenhängender Zellbereich wird von Excel meist automatisch erkannt. Für die meisten Auswertungen ist es daher nicht erforderlich, den gesamten Zellbereich zu markieren, es genügt, wenn eine beliebige Zelle innerhalb der Liste markiert ist. Sie können für Zellbereiche natürlich auch Namen vergeben, sollten aber berücksichtigen, dass beim nachträglichen Hinzufügen neuer Zeilen und/oder Spalten der Namensbereich nicht automatisch erweitert wird.

Zusammenhängende Zellbereiche werden meist automatisch erkannt

Was sollten Sie beim Anlegen einer Datenbank beachten?

- Die erste Zeile muss eindeutige Spaltenüberschriften enthalten (Feldnamen).

- Eine Datenbank darf zwar einzelne leere Zellen, aber keine leeren Spalten oder Zeilen enthalten, da sonst der Bereich nicht automatisch erkannt und daher unter Umständen nicht korrekt sortiert wird. Achten Sie daher beim Löschen darauf, dass keine leeren Zeilen zurückbleiben. Vermeiden Sie auch Leerzeilen zwischen Überschriften und den übrigen Zeilen.

- Die Zeilen einer Liste werden auch als Datensätze bezeichnet. Ein Datensatz darf sich nicht über mehrere Zeilen erstrecken.

Zeile = Datensatz

- Der Inhalt einer Spalte sollte nicht weiter zerlegbar sein. Auf diese Weise können Sie die Tabelle einfacher sortieren und filtern. Sind beispielsweise Vorname und Nachname zusammen in einer einzigen Spalte gespeichert, dann ist eine Sortierung nach Nachnamen nicht möglich.

- Wenn Sie die Datenbank für den Seriendruck mit Microsoft Word benötigen, dann sollten Sie außerdem darauf achten, dass die Datenbank in der ersten Zeile des Arbeitsblattes beginnt oder vergeben Sie einen Bereichsnamen.

Siehe Lektion 1.4 Namen

Text nachträglich in mehrere Spalten aufteilen

Gerade bei importierten Listen kann es vorkommen, dass sich eine Spalte aus zwei oder mehr Werten zusammensetzt und somit eine gezielte Sortierung unmöglich macht. Abhilfe schafft im Register DATEN, Gruppe DATENTOOLS die Schaltfläche TEXT IN SPALTEN mit der sich der Inhalt einer Spalte in mehrere Spalten aufteilen lässt. Erforderlich ist ein eindeutiges Trennzeichen, z.B. Leerzeichen.

Excel bildet aus dem Inhalt der angegebenen Spalte weitere Spalten, im unten abgebildeten Beispiel zwei. Überlegen Sie daher zuvor, wo die Spalten eingefügt werden sollen, ggf. müssen Sie zuerst die entsprechende Anzahl leerer Spalten einfügen (Register START, Gruppe ZELLEN, Schaltfläche EINFÜGEN, Befehl BLATT-SPALTEN EINFÜGEN).

Text in mehrere Spalten aufteilen

1. Markieren Sie dann die aufzuteilende Spalte und klicken Sie im Register DATEN, Gruppe DATENTOOLS auf die Schaltfläche TEXT IN SPALTEN um den Text-konvertierungs-Assistent zu starten. Im ersten Schritt wählen Sie die Option GETRENNT und klicken auf WEITER. Im nächsten Schritt geben Sie das verwen-dete Trennzeichen an, in diesem Beispiel Leerzeichen.

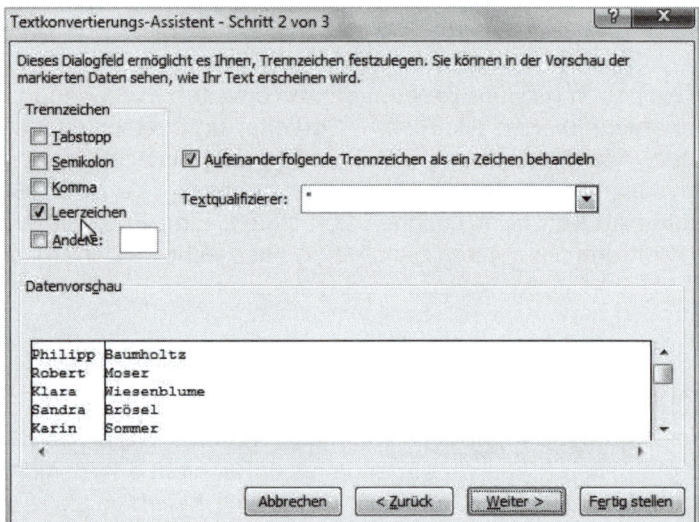

2. Geben Sie im letzten Schritt als Zielbereich diejenige Zelle an, ab der die bei-den neuen Spalten eingefügt werden sollen (in diesem Beispiel C2), optional können Sie auch noch das Format wählen. Klicken Sie auf FERTIGSTELLEN.

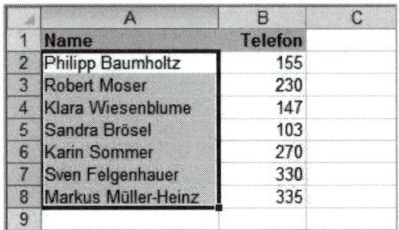

Markieren Sie den Zellbereich

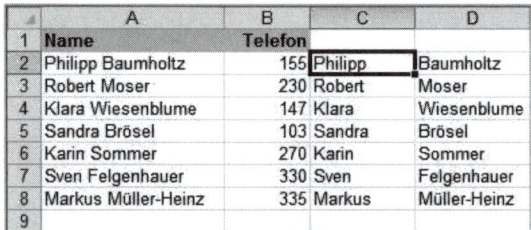

Spalten werden ab der angegebenen Zelle eingefügt

Dateneingabe überprüfen

Eingabe überprüfen

Bei der Speicherung großer Datenmengen ist es wichtig, dass die Daten korrekt eingegeben werden. Excel stellt zur Kontrolle und Steuerung der Dateneingabe die DATENÜBERPRÜFUNG zur Verfügung. Mit ihrer Hilfe lassen sich für jede Spalte einer Tabelle Regeln für Eingaben festlegen.

So gehen Sie bei der Erstellung von Regeln für eine Datenüberprüfung vor:

1. Markieren Sie die Spalte oder den Zellbereich, für den Sie eine Regel erstellen möchten und klicken Sie im Register DATEN, Gruppe DATENTOOLS auf die Schaltfläche DATENÜBERPRÜFUNG.

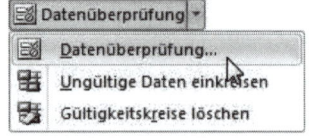

Datentyp festlegen

2. Wählen Sie im Register EINSTELLUNGEN unter ZULASSEN den zulässigen Daten-typ für die Eingabe, beispielsweise Dezimalzahl oder ganze Zahl, Text oder Datum. Geben Sie anschließend den zulässigen Wertebereich an.

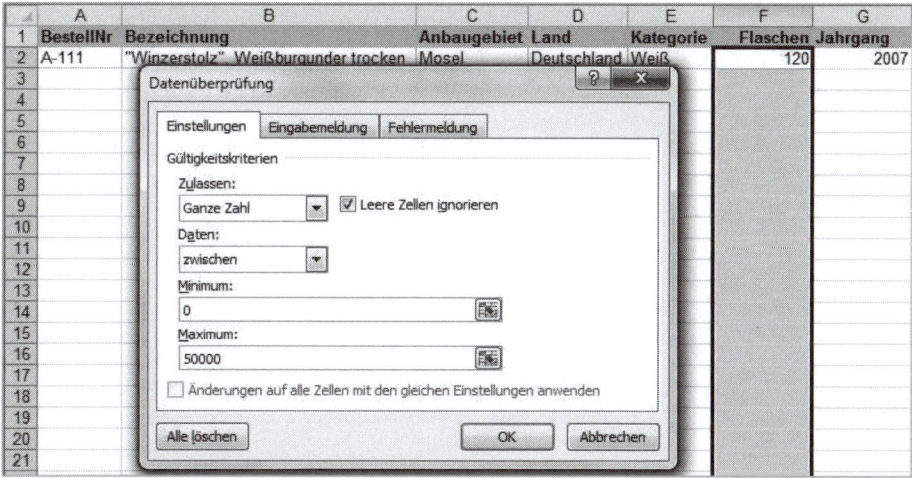

3. Das Kontrollkästchen LEERE ZELLEN IGNORIEREN legt fest, ob eine Zelle auch leer bleiben darf. Ist eine Eingabe unbedingt erforderlich, sollten Sie dieses Kontrollkästchen deaktivieren.

Leere Zellen zulässig?

4. Im Register EINGABEMELDUNG können Sie optional einen kurzen Info-Text formulieren. Diese Meldung erscheint immer, sobald in eine Zelle der Spalte geklickt wird. Im Register FEHLERMELDUNG geben Sie ein, welche Meldung bei einer falschen Eingabe angezeigt wird.

Info-Text und Fehler-meldung

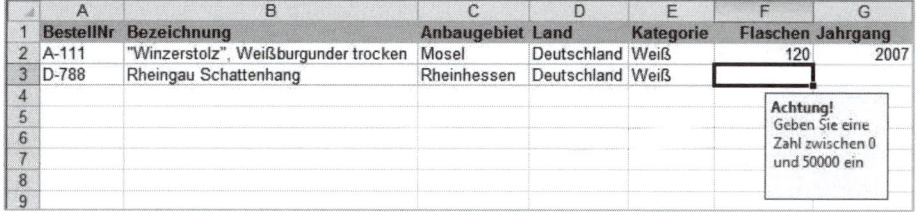

Auswahl aus einer Liste

Sie können die Eingabe auch auf bestimmte Werte einschränken, indem Sie eine Dropdown-Liste vorgeben. Die Werte einer solchen Liste können zusammen mit der Regel eingegeben werden. Sie können jedoch auch Zellbezüge auf eine Liste im gleichen oder in einem gesonderten Arbeitsblatt verwenden. Zum Erstellen einer Liste wählen Sie im Dialogfenster GÜLTIGKEITSPRÜFUNG, Register EINSTELLUNGEN den Eintrag LISTE. Geben Sie anschließend unter QUELLE den entsprechenden Zellbereich an. Falls Sie einen Bereichsnamen verwenden, muss dieser ebenfalls mit einem Gleichheitszeichen eingegeben werden. Möchten Sie dagegen die zulässigen Einträge zusammen mit der Gültigkeitsregel definieren, so geben Sie im Feld QUELLE die Listeneinträge, mit Semikolon (;) getrennt, nacheinander ein.

Dropdown – Auswahl aus einer Liste von Werten

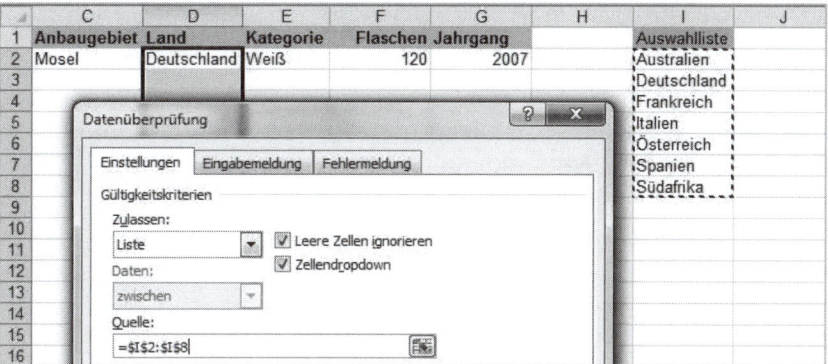

Zulässige Eingaben mit einer Formel berechnen

Sollen die zulässigen Eingaben mit Hilfe einer Formel berechnet werden, so wählen Sie im Dialogfenster GÜLTIGKEITSPRÜFUNG unter ZULASSEN den Eintrag BENUT-

Ergebnis muss ein Wahrheitswert sein

ZERDEFINIERT. Geben Sie die Formel zusammen mit einem Gleichheitszeichen ein und beachten Sie, dass ausschließlich Formeln zulässig sind, die als Ergebnis die Wahrheitswerte WAHR oder FALSCH liefern.

Beispiel: Bei der manuellen Eingabe von Bestellungen soll die jeweilige Mindestbestellmenge berücksichtigt werden. Die Bestellmenge darf nicht kleiner sein als die Mindestbestellmenge.

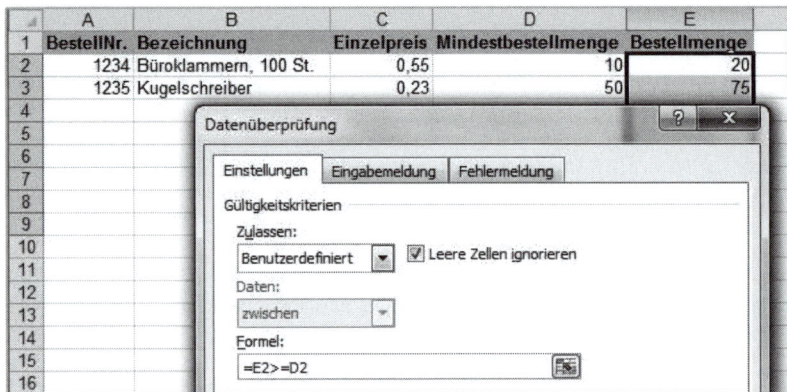

3.2. Listen sortieren

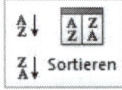

Excel erlaubt eine Sortierung nach Text, Zahlen und Datumswerten. Neben der einfachen Sortierung nach einer einzigen Spalte ist über den Befehl BENUTZERDE-FINIERTES SORTIEREN, sowohl die Verwendung mehrerer Sortierkriterien als auch eine Sortierung nach Farben möglich. Die Schaltflächen dazu finden Sie im Register START, Gruppe BEARBEITEN oder im Register DATEN, Gruppe SORTIEREN UND FILTERN.

Beim Sortieren sollten Sie die folgenden Punkte berücksichtigen:

- Sie können das Sortieren einer Tabelle anschließend wieder rückgängig machen. Ein späteres Wiederherstellen der ursprünglichen Reihenfolge ist nur möglich, wenn eine Spalte mit entsprechenden Merkmalen vorhanden ist, beispielsweise Eingabedatum oder Kundennummer. Ist dies nicht der Fall, dann sollten Sie zuvor eine zusätzliche Spalte mit einer fortlaufenden Nummerierung einfügen.

- Excel erkennt nur eine einzige Überschriftzeile. Enthält die Tabelle mehrere Überschriftzeilen oder bestehen die Spaltenüberschriften aus Zahlen, dann müssen Sie vor dem Sortieren den Tabellenbereich markieren. Dies gilt auch für Ergebniszeilen, die sich unmittelbar unterhalb der letzten Zeile befinden.

Vorsicht beim Markieren einer Spalte!

- Achten Sie beim Markieren darauf, nicht nur eine einzige Spalte zu markieren, da sonst die Datensätze nicht vollständig sortiert werden. In diesem Fall erscheint eine entsprechende Warnung, ignorieren Sie diese, so erfolgt die Sortierung ausschließlich innerhalb der markierten Spalte!

Gleicher Datentyp!

- Spalten die Sie als Sortierschlüssel verwenden, müssen Werte des gleichen Typs enthalten. So muss beispielsweise die Postleitzahl als Sortierschlüssel ausschließlich entweder als Text oder als Zahl gespeichert sein. Gleiches gilt auch für Datumswerte.

Formeln beachten!

- Vorsicht bei Formeln! Wenn die Liste Formeln mit Bezügen auf andere Zeilen enthält, ist unter Umständen keine Sortierung möglich.

Nach einem einzigen Kriterium sortieren

Einfache Listen lassen sich über die Schaltfläche SOR-TIEREN UND FILTERN schnell sortieren. Markieren Sie dazu eine beliebige Zelle innerhalb der Spalte, nach der Sie sortieren möchten und klicken Sie auf die gewünschte Reihenfolge.

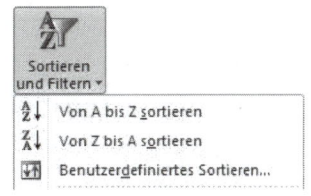

Aufsteigend/absteigend

Mehrere Sortierkriterien verwenden

Benötigen Sie mehrere Sortierkriterien, dann klicken Sie auf die Schaltfläche SOR-TIEREN UND FILTERN und wählen den Befehl BENUTZERDEFINIERTES SORTIEREN...

Benutzerdefiniertes Sortieren

Beispiel: Die unten abgebildete Tabelle soll zuerst nach Ländern und anschließend nach Anbaugebieten sortiert werden. Wählen Sie zuerst die Spalte Land aus, klicken Sie dann unter SORTIEREN NACH auf den Dropdown-Pfeil und wählen WER-TE, zuletzt legen Sie die Sortierreihenfolge fest. Um dann nach einer zweiten Spalte zu sortieren, klicken Sie auf die Schaltfläche EBENE HINZUFÜGEN und wählen hier die Spalte Anbaugebiet aus. Mit der Schaltfläche EBENE LÖSCHEN lässt sich die markierte Sortierung auch wieder entfernen.

Max. 64 Ebenen

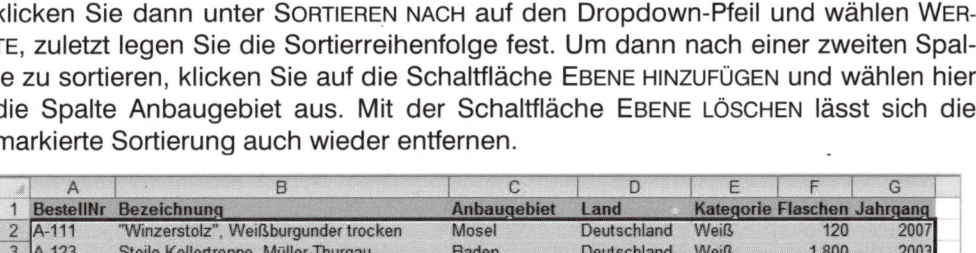
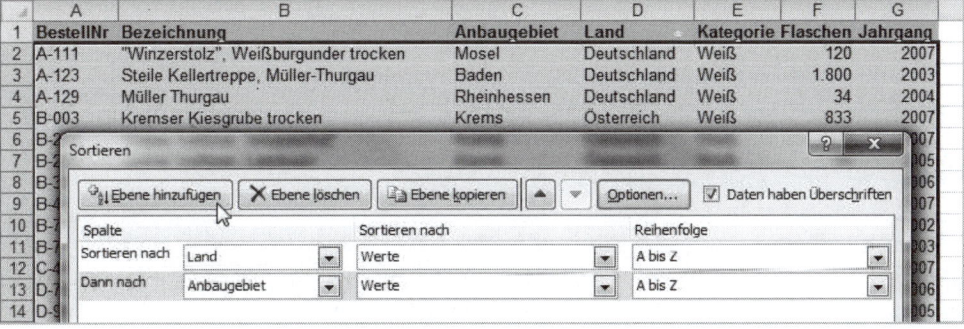

Spalten anstelle von Zeilen sortieren

Um die Spalten anstelle von Zeilen zu sortieren, klicken Sie im Dialogfenster SORTIEREN auf die Schaltfläche OPTIONEN... und wählen unter AUSRICHTUNG die Option SPALTEN SORTIEREN. Auf die oben abgebildete Tabelle angewandt, könnten Sie nun nach den Überschriften der ersten Zeile sortieren. Eine weitere Option ist die Unterscheidung zwischen Groß- und Kleinschreibung.

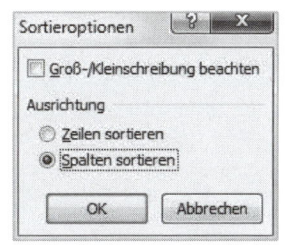

Spalten sortieren

Groß-/Kleinschreibung berücksichtigen

Nach Farbe sortieren

Haben Sie in einer Tabelle Zellen in unterschiedlichen Farben formatiert, dann können Sie mit Excel 2010 auch nach Zellenfarbe oder Schriftfarbe sortieren. Öffnen Sie dazu das Dialogfenster SORTIEREN und wählen Sie zuerst die entsprechende Spalte aus. Klicken Sie dann unter SORTIEREN NACH auf den Dropdown-Pfeil und wählen Sie ZELLENFARBE oder SCHRIFTFARBE, unter REIHENFOLGE können Sie nun die entsprechende Farbe auswählen.

Nach Farbe sortieren

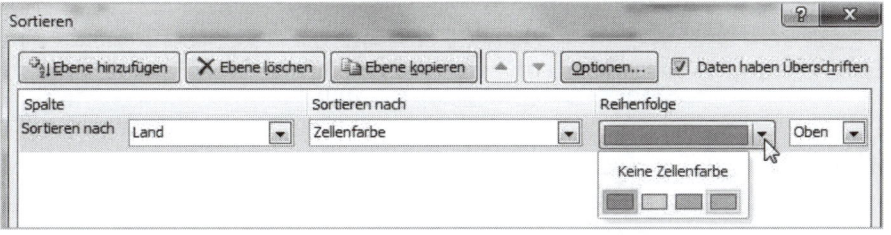

Diese Sortiermöglichkeit kann auch zusammen mit der bedingten Formatierung eingesetzt werden, siehe nächste Lektion.

Siehe Lektion 4.1

3.3. Tabellen filtern

Einfacher Filter/
AutoFilter

Einfache Filter

Zum Filtern einer Liste stehen Ihnen in Excel der einfache oder AutoFilter und der erweiterte Filter (Spezialfilter) zur Verfügung. Den AutoFilter aktivieren Sie, indem Sie eine beliebige Zelle innerhalb der Tabelle markieren und im Register START, Gruppe BEARBEITEN auf die Schaltfläche FILTERN UND SORTIEREN klicken und den Befehl FILTERN wählen. Die Schaltfläche FILTER finden Sie auch noch im Register DATEN. Mit der gleichen Schaltfläche deaktivieren Sie den AutoFilter wieder. Auto-Filter erkennen Sie an den Schaltflächen in den Spaltenüberschriften. Klicken Sie auf den Dropdown-Pfeil der Überschrift derjenigen Spalte, nach der Sie filtern möchten und wählen Sie das gewünschte Kriterium aus. Sie können nacheinander auch mehrere Filterkriterien kombinieren. Zusammen mit dem AutoFilter stehen Ihnen auch die oben beschriebenen Sortiermöglichkeiten zur Verfügung. Spalten mit einem aktiven Filter sind mit einem Filtersymbol gekennzeichnet.

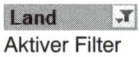

Aktiver Filter

www.
bildner-verlag.de/video02

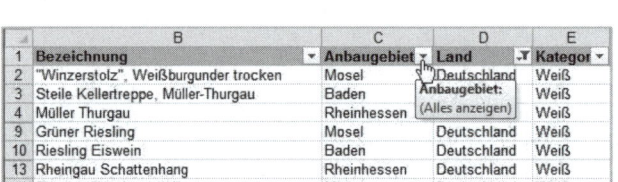

Filtertypen

Abhängig vom Datentyp der Spalte stehen Ihnen mit Textfilter, Zahlenfilter und Datumsfilter noch weitere Möglichkeiten zur Verfügung.

Textfilter

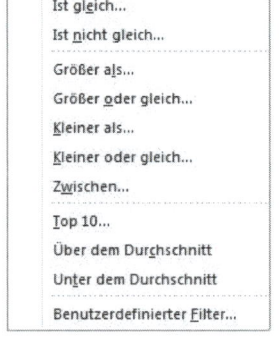

Zahlenfilter

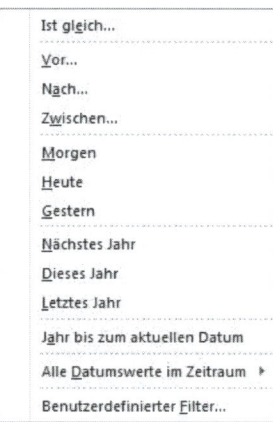

Einige Datumsfilter

Filter löschen aus "Land"

Filter aufheben

Zum Aufheben eines Filters klicken Sie auf den Dropdown-Pfeil der Spalte und auf den Befehl FILTER LÖSCHEN AUS ... oder aktivieren Sie das Kontrollkästchen ALLES AUSWÄHLEN. Mit dem Deaktivieren des AutoFilters über die Schaltfläche FILTERN im Register DATEN heben Sie ebenfalls alle aktiven Filter auf.

Kriterienbereich wird gespeichert

Spezialfilter

Für komplexe Filterkriterien sollten Sie den Spezialfilter verwenden. Im Gegensatz zum AutoFilter werden die Filterkriterien in einem gesonderten Kriterienbereich eingegeben, sie werden zusammen mit der Mappe gespeichert und können somit jederzeit wieder verwendet werden.

Dieser Kriterienbereich sollte sich nicht neben der Liste befinden, da er sonst beim Filtern unter Umständen ausgeblendet wird. Am einfachsten legen Sie den Kriterienbereich in einem zweiten Tabellenblatt an. Er besteht aus mindestens zwei Zeilen, wobei die erste Zeile die Spaltenüberschriften enthält. Da die Spaltenüberschriften im Kriterienbereich exakt mit den Spaltenüberschriften der Liste übereinstimmen müssen, kopieren Sie diese am einfachsten. In der Zeile darunter geben Sie die Filterkriterien an.

Spaltenüberschriften erforderlich

Vergleichsoperatoren und Platzhalter

Filterkriterien können zusammen mit Vergleichsoperatoren und Platzhaltern verwendet werden, im Gegensatz zum einfachen Filter müssen hier die Vergleichsoperatoren eingegeben werden.

>	größer als	<	kleiner als
>=	größer oder gleich	<=	kleiner oder gleich
=	gleich	<>	ungleich, nicht
*	Platzhalter für beliebig viele Zeichen	?	Platzhalter für genau 1 Zeichen

Vergleichsoperatoren

Beispiel: Der unten abgebildete Kriterienbereich filtert alle Weißweine, deren Bestellnummer mit den Buchstaben B beginnt und von denen noch 100 Flaschen oder weniger vorhanden sind. Zum Anwenden des Filters markieren Sie eine beliebige Zelle innerhalb der Liste und klicken im Register DATEN, Gruppe SORTIEREN UND FILTERN auf die Schaltfläche ERWEITERT. Der Listenbereich wird meist von Excel automatisch erkannt, Sie brauchen nur noch den Kriterienbereich angeben.

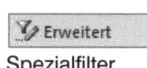

Spezialfilter

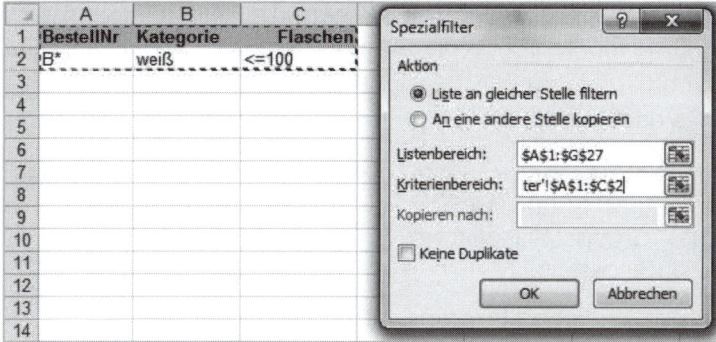

Mit einem Mausklick auf die Schaltfläche LÖSCHEN, Register DATEN, Gruppe SORTIEREN UND FILTERN heben Sie den Filter wieder auf.

Filter aufheben

Mehrere Kriterien verwenden

Bei der Verknüpfung mehrerer Kriterien ist zwischen den folgenden Möglichkeiten zu unterscheiden:

- Befinden sich mehrere Kriterien in einer einzigen Zeile, so muss ein Datensatz alle Bedingungen erfüllen. Spaltenüberschriften können doppelt verwendet werden, wenn für eine Spalte zwei Bedingungen gelten. Dieses Beispiel filtert alle Weine der Jahrgänge 2002 bis 2005.

Und-Verknüpfung

Jahrgang	Jahrgang
>=2002	<=2005

- Befinden sich die Kriterien in mehreren Zeilen untereinander, so erhalten Sie alle Datensätze, die mindestens eines der Kriterien erfüllen. In diesem Beispiel alle Weißweine, deren Bestellnummer mit B oder H beginnt und deren Bestand 100 oder weniger Flaschen beträgt.

Oder-Verknüpfung

	A	B	C
1	BestellNr	Kategorie	Flaschen
2	B*	weiß	<=100
3	H*	weiß	<=100
4			

Nur im gleichen Arbeitsblatt möglich

Liste kopieren

Normalerweise wird eine Liste an gleicher Stelle gefiltert, Excel bietet aber auch die Möglichkeit an, etwa für weitere Bearbeitung die gefilterten Daten an eine andere Stelle zu kopieren. Allerdings ist das Einfügen der Kopie nur im gleichen Arbeitsblatt möglich. Wählen Sie dazu die zweite Option AN EINE ANDERE STELLE KOPIEREN und geben Sie in der Zeile KOPIEREN NACH diejenige Zelle an, ab der die Liste eingefügt werden soll.

3.4. Teilergebnisse berechnen

Zusammenfassen nach Gruppen

Häufig werden in umfangreichen Tabellen Zwischenergebnisse, beispielsweise Summen für Gruppen von Datensätzen benötigt. Eine einfache Möglichkeit zur Auswertung von Gruppen stellt die Berechnung von Teilergebnissen dar. Zur Berechnung können Sie neben der Summe auch noch die wichtigsten statistischen Funktionen wie etwa ANZAHL, MITTELWERT, MIN, MAX und STANDARDABWEICHUNG verwenden.

Datensätze müssen sortiert sein

> **Beachten Sie eine wichtige Voraussetzung:** Bevor Sie Teilergebnisse berechnen können, muss die Liste sortiert werden und zwar nach denjenigen Werten, aus denen die Gruppen gebildet werden sollen.

Einfache Teilergebnisse

Als Beispiel das Lager einer Weinhandlung mit Weinen aus verschiedenen Ländern und Anbaugebieten. Sie möchten nun die Summe der Flaschen je Herkunftsland ermitteln.

1. Sortieren Sie die Liste nach Ländern.

2. Markieren Sie nun eine beliebige Zelle innerhalb des Listenbereichs und klicken Sie im Register DATEN, Gruppe GLIEDERUNG auf die Schaltfläche TEILERGEBNIS.

3. Geben Sie an, nach welcher Spalte gruppiert werden soll, in diesem Beispiel nach Land.

4. Im Feld UNTER VERWENDUNG VON wählen Sie die gewünschte Funktion aus. Standardmäßig verwendet Excel die SUMME.

5. Nun müssen Sie noch in der Liste TEILERGEBNIS ADDIEREN ZU die Kontrollkästchen vor den entsprechenden Spalten aktivieren, bzw. deaktivieren.

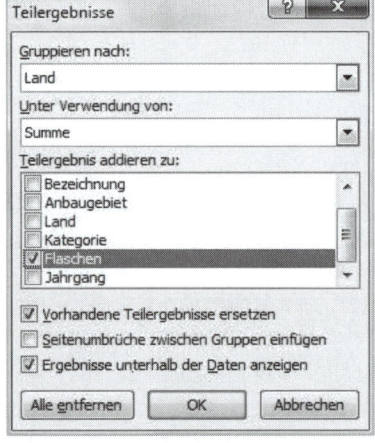

1 2 3		A	B	C	D	E	F	G
	1	BestellNr	Bezeichnung	Anbaugebiet	Land	Kategorie	Flaschen	Jahrgang
	2	A-123	Steile Kellertreppe, Müller-Thurgau	Baden	Deutschland	Weiß	1.800	2003
	3	B-707	Riesling Eiswein	Baden	Deutschland	Weiß	44	2002
	4	A-111	"Winzerstolz", Weißburgunder trocken	Mosel	Deutschland	Weiß	120	2007
	5	B-444	Grüner Riesling	Mosel	Deutschland	Weiß	156	2007
	6	D-902	Riesling "Kirchenspiel"	Mosel	Deutschland	Weiß	1	2005
	7	A-129	Müller Thurgau	Rheinhessen	Deutschland	Weiß	34	2004
	8	D-788	Rheingau Schattenhang	Rheinhessen	Deutschland	Weiß	55	2006
	9				Deutschland Ergebnis		2.210	
	10	G-770	Chateau la Fleur	Bordeaux	Frankreich	Rot	4	2006
	11	H-111	Pinot Noir	Bordeaux	Frankreich	Rot	233	2007
	12	U-400	Chardonnay	Burgund	Frankreich	Weiß	14	2003
	13	U-700	Château Moulin Rouge	Burgund	Frankreich	Rot	700	2004
	14				Frankreich Ergebnis		951	

Standardmäßig werden die Teilergebnisse unterhalb jeder Gruppe eingefügt und am Ende der Liste die Gesamtsumme berechnet. Gleichzeitig erscheint am linken Rand des Arbeitsblattes der Gliederungsbereich. Selbstverständlich können Tabellen mit Teilergebnissen zur besseren Lesbarkeit mit beliebigen Formatierungen versehen werden.

Werte ein- und ausblenden

Im Gliederungsbereich blenden Sie die Einzelwerte mit einem Mausklick auf die Schaltflächen + oder - bei Bedarf ein und wieder aus. Sie können aber auch alle Elemente einer Gliederungsebene, beispielsweise Ebene zwei, aus- oder einblenden, indem Sie auf die entsprechende Schaltfläche im Kopfbereich der Gliederungsspalte klicken. Als Alternative können Sie auch in eine Ergebniszeile klicken und die Schaltflächen der Gruppe GLIEDERUNG im Register DATEN verwenden.

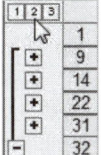

Gliederungsebenen ein- und ausblenden

Details ein- und ausblenden

	BestellNr	Bezeichnung	Anbaugebiet	Land	Kategorie	Flaschen	Jahrgang
1	BestellNr	Bezeichnung	Anbaugebiet	Land	Kategorie	Flaschen	Jahrgang
9				Deutschland Ergebnis		2.210	
10	G-770	Chateau la Fleur	Bordeaux	Frankreich	Rot	4	2006
11	H-111	Pinot Noir	Bordeaux	Frankreich	Rot	233	2007
12	U-400	Chardonnay	Burgund	Frankreich	Weiß	14	2003
13	U-700	Château Moulin Rouge	Burgund	Frankreich	Rot	700	2004
14				Frankreich Ergebnis		951	
22				Italien Ergebnis		1.097	
31				Österreich Ergebnis		6.221	
32				Gesamtergebnis		10.479	

Mehrere Teilergebnisse berechnen

Möchten Sie mehrere Teilergebnisse mit unterschiedlichen Funktionen berechnen, beispielsweise zur Summe der Flaschen auch noch die Anzahl der verschiedenen Weine aus jedem Land, dann müssen Sie den Befehl TEILERGEBNISSE erneut aufrufen. Wählen Sie die Funktion ANZAHL und aktivieren Sie in der LISTE TEILERGEBNIS ADDIEREN ZU das Kontrollkästchen vor dem Feld BestellNr.

Achten Sie unbedingt darauf, dass das Kontrollkästchen VORHANDENE TEILERGEBNISSE ERSETZEN nicht aktiviert sein darf.

Vorhandene Teilergebnisse nicht ersetzen!

	BestellNr	Bezeichnung	Anbaugebiet	Land	Kategorie	Flaschen	Jahrgang
1	BestellNr	Bezeichnung	Anbaugebiet	Land	Kategorie	Flaschen	Jahrgang
2	A-123	Steile Kellertreppe, Müller-Thurgau	Baden	Deutschland	Weiß	1.800	2003
3	B-707	Riesling Eiswein	Baden	Deutschland	Weiß	44	2002
4	A-111	"Winzerstolz", Weißburgunder trocken	Mosel	Deutschland	Weiß	120	2007
5	B-444	Grüner Riesling	Mosel	Deutschland	Weiß	156	2007
6	D-902	Riesling "Kirchenspiel"	Mosel	Deutschland	Weiß	1	2005
7	A-129	Müller Thurgau	Rheinhessen	Deutschland	Weiß	34	2004
8	D-788	Rheingau Schattenhang	Rheinhessen	Deutschland	Weiß	55	2006
9	7			Deutschland Anzahl			
10				Deutschland Ergebnis		2.210	

Teilergebnisse für Untergruppen

Benötigen Sie noch die Summe der Flaschen je Anbaugebiet, dann muss die Tabelle zusätzlich nach Anbaugebieten sortiert sein. Klicken Sie erneut auf die Schaltfläche TEILERGEBNIS und wählen Sie nun die Spalte Anbaugebiet als weitere Gruppierung.

Achten Sie unbedingt darauf, dass das Kontrollkästchen VORHANDENE TEILERGEBNISSE ERSETZEN deaktiviert sein muss, da sonst die bestehenden Teilergebnisse je Herkunftsland gelöscht würden.

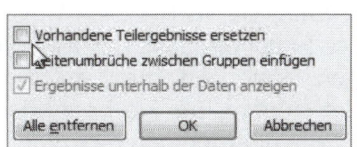

Löschen

Teilergebnisse löschen

Um alle vorhandenen Teilergebnisse wieder aus der Tabelle zu entfernen, rufen Sie den Befehl TEILERGEBNISSE erneut auf. Klicken Sie dann einfach auf die Schaltfläche ALLE ENTFERNEN.

3.5. Dynamische Listen

Listenbereich wird automatisch erweitert

Ein häufiges Problem bei der Auswertung von Tabellen ist die Anpassung des Tabellenbereichs beim Hinzufügen neuer Daten. Mit Excel 2010 lassen sich dynamische Tabellen erstellen und verwalten. Beim nachträglichen Hinzufügen neuer Datensätze werden vorhandene Formate und Formeln übernommen und der Listenbereich wird automatisch erweitert. Dies ist sehr nützlich, wenn die Liste für Diagramme, verschiedene Auswertungen oder Pivot-Tabellen genutzt werden soll.

Tabelle/Liste erstellen

Dazu stehen die folgenden Möglichkeiten zur Auswahl:

Tabelle

- Klicken Sie im Register EINFÜGEN, Gruppe TABELLEN auf die Schaltfläche TABELLE.

Als Tabelle formatieren ▾

Vorlage auswählen

- Oder klicken Sie im Register START, Gruppe FORMATVORLAGEN auf die Schaltfläche ALS TABELLE FORMATIEREN. In diesem Fall können Sie anschließend eine Vorlage auswählen.

Im nächsten Schritt geben Sie den Datenbereich an, aus dem die Tabelle erstellt werden soll. Enthält die Tabelle eine Überschriftzeile, dann muss das Kontrollkästchen TABELLE HAT ÜBERSCHRIFTEN aktiviert sein.

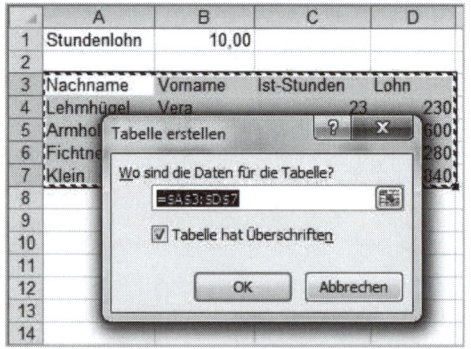

Datenbereich wählen

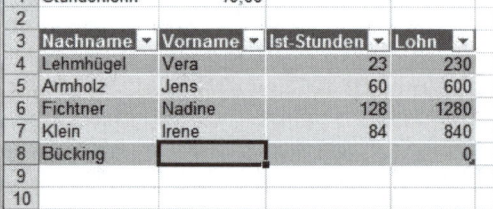

Der Tabellenbereich wird automatisch erweitert

Siehe 3.3
AutoFilter

Excel erzeugt einen Tabellenbereich mit Filterschaltflächen, gleichzeitig wird der Tabelle eine Tabellen-Formatvorlage zugewiesen. Beim Hinzufügen neuer Daten am Ende der Tabelle wird nun der Bereich automatisch erweitert, d.h. alle Formate und Formeln werden in die neue Zeile übernommen.

Tabelle bearbeiten

Die Tabelle wird aktiviert sobald Sie in den Tabellenbereich klicken und damit steht Ihnen das Register TABELLENTOOLS – ENTWURF zur Verfügung.

Tabellenformat ändern

Klicken Sie im Register TABELLENTOOLS – ENTWURF, Gruppe TABELLENFORMATVORLAGEN auf die gewünschte Vorlage, bzw. klicken Sie auf den Pfeil um alle anzuzeigen. Über die Kontrollkästchen der Gruppe OPTIONEN FÜR TABELLENFORMAT können Sie steuern, ob Sie besondere Formate beispielsweise für die erste oder letzte Spalte übernehmen möchten.

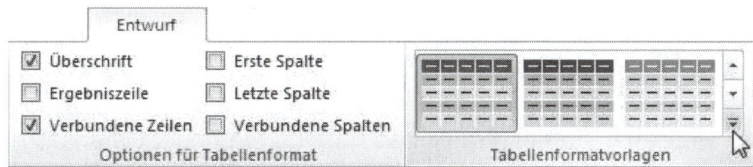

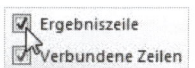

Ergebnisse anzeigen

Mit dem Kontrollkästchen ERGEBNISZEILE blenden Sie unterhalb der Tabelle eine zusätzliche Zeile für zusammenfassende Ergebnisse ein. Standardmäßig verwendet Excel die Funktion Summe, Sie können jedoch über den Dropdown-Pfeil eine andere Funktion auswählen. Leider zeigt Excel anstelle der verwendeten Funktion immer nur den Text "Ergebnis" an.

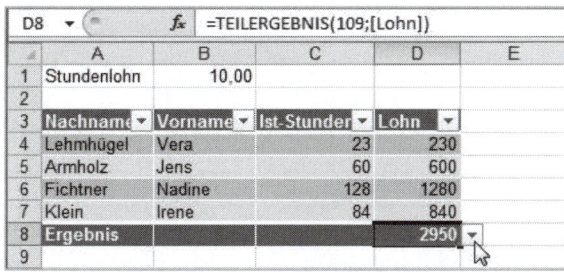

Wenn Sie am Ende der Tabelle neue Zeilen eingeben möchten, dann müssen Sie zuerst die Ergebniszeile über das Kontrollkästchen wieder ausblenden, da sonst der Tabellenbereich nicht automatisch erweitert wird.

 Ergebnisse entfernen

Tabelle in einen normalen Bereich umwandeln

Wenn Sie eine Tabelle oder Liste wieder in einen normalen Zellbereich umwandeln möchten, dann klicken Sie auf eine beliebige Stelle innerhalb des Tabellenbereichs und klicken im Register TABELLENTOOLS – ENTWURF, Gruppe TOOLS auf die Schaltfläche IN BEREICH KONVERTIEREN.

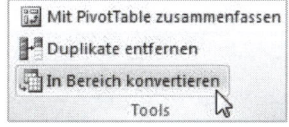

Oder verwenden aus dem Kontextmenü der rechten Maustaste den Befehl TABELLE – IN BEREICH KONVERTIEREN. Alle Daten und Formate bleiben erhalten.

Formate bleiben erhalten

3.6.   Zusammenfassung

- Zusammenhängende Listen oder Datenbanken werden von Excel meist automatisch erkannt. Eine Excel-Datenbank sollte keine leeren Zeilen oder Spalten enthalten, achten Sie daher beim Löschen von Datensätzen darauf, dass die Zeilen vollständig entfernt werden. Um fehlerhafte Eingaben zu vermeiden, können Gültigkeitskriterien oder Drop-Down-Listen definiert werden.

- Die wichtigsten Datenbankfunktionen sind Sortieren und Filtern. Zum schnellen Filtern steht Ihnen der einfache oder AutoFilter zu Verfügung, komplexe Filterkriterien definieren Sie besser als Spezialfilter in einem eigenen Kriterienbereich. Im Gegensatz zum einfachen Filter werden die Filterkriterien zusammen mit der Arbeitsmappe gespeichert.

- Teilergebnisse erlauben eine schnelle Auswertung über Gruppen von Datensätzen, beachten Sie aber, dass die Tabelle unbedingt nach der entsprechenden Spalte sortiert sein muss.

- Dynamische Listen werden beim nachträglichen Hinzufügen neuer Datensätze automatisch erweitert. Dies ist beispielsweise für Diagrammdarstellungen nützlich, da diese dadurch ebenfalls automatisch aktualisiert werden. Zusammen mit dynamischen Listen stehen Ihnen automatisch auch alle Filter- und Sortierfunktionen zur Verfügung. Zellbereiche werden von Excel automatisch in Listen, bzw. Tabellen umgewandelt, wenn Sie ihnen eine Tabellenformatvorlage zuweisen.

Bemerkungen:

_____

_____

_____

_____

_____

_____

4. Datenanalyse

- Optische Analyse mit bedingter Formatierung
- Tabellen mit Mehrfachoperation berechnen
- Szenarien erstellen und verwalten
- Zielwertsuche und Solver

- Formeln und Funktionen
- Arbeiten mit Namen

Excel ermöglicht nicht nur umfangreiche Berechnungen und Auswertungen, sondern stellt auch Werkzeuge zur Datenanalyse zur Verfügung. Damit können Sie eine Vorschau auf verschiedene Situationen durchführen, diese Varianten speichern, vergleichen und bei Bedarf wieder aufrufen (Was-wäre-wenn-Analysen).

4.1. Bedingte Formatierung

Mit der bedingten Formatierung lassen sich Zellen oder Zellbereiche, abhängig vom Inhalt optisch hervorheben. Gegenüber der Version 2003 wurde in Excel 2010 der Funktionsumfang erheblich erweitert. Die Schaltfläche BEDINGTE FORMATIE-RUNG, Register START, Gruppe FORMATVORLAGEN stellt mehrere Möglichkeiten zur Auswahl. Für alle bedingten Formatierungen gilt:

- Ändert sich der Wert einer Zelle, so ändert sich auch die Formatierung entsprechend der zugrundeliegenden Regel.
- Auf einen Zellbereich können auch mehrere bedingte Formatierungen gleichzeitig angewendet werden.

Tipp: Einfache bedingte Formatierungen können wie alle Zellenformate mit der Schaltfläche FORMAT ÜBERTRAGEN (Pinsel) schnell auf andere Zellbereiche kopiert werden.

Format übertragen

Einfache Regeln

In der einfachsten Form werden Zellen anhand von Vergleichsregeln entsprechend ihrer Inhalte formatiert.

1. Markieren Sie den Zellbereich dem Sie eine Formatierung zuweisen möchten.

2. Klicken Sie auf die Schaltfläche BEDINGTE FORMATIERUNG und wählen Sie RE-GELN ZUM HERVORHEBEN VON ZELLEN. Anschließend brauchen Sie nur noch die gewünschte Regel auswählen, einen Vergleichswert eingeben, (dies kann auch ein Zellbezug sein) und eine Formatierung wählen.

Zellen optisch hervorheben

Beispiel: In einer Tabelle mit Datumswerten sollen alle Tage der aktuellen Woche hervorgehoben werden. Markieren Sie alle Datumswerte, klicken Sie auf die Schaltfläche BEDINGTE FORMATIERUNG und zeigen Sie auf REGELN ZUM HERVORHEBEN VON ZELLEN. Klicken Sie auf DATUM... und wählen Sie aus der Dropdown-Liste den Eintrag DIESE WOCHE. Daneben legen Sie die gewünschte Formatierung fest.

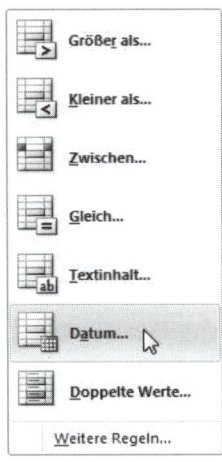

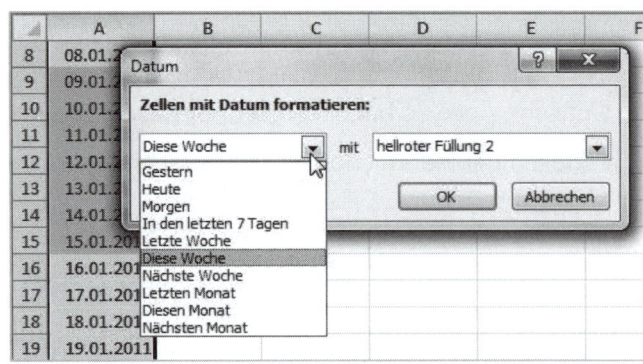

Weitere einfache und nützliche Regeln:

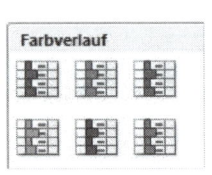

Beispiel Datenbalken

- Hervorheben doppelter Werte (REGELN ZUM HERVORHEBEN VON ZELLEN)

- Mit der Auswahl DATENBALKEN werden die Zellen, entsprechend Ihres Wertes mit farbigen Balken hinterlegt, vergleichbar einem Balkendiagramm.

- Die Auswahl FARBSKALEN hebt die jeweils höchsten und niedrigsten Werte besonders hervor.

- Über SYMBOLSÄTZE können die Zellen zusätzlich mit Symbolen versehen werden, beispielsweise Ampelsymbolen.

Bedingte Formatierung löschen

Zum Löschen von bedingten Formatierungen klicken Sie auf die Schaltfläche BE-DINGTE FORMATIERUNG und zeigen auf REGELN LÖSCHEN. Wählen Sie, ob Sie die Regeln nur für den markierten Zellbereich oder das gesamte Arbeitsblatt löschen möchten.

Komplexe Regeln erstellen

Mit dem Befehl NEUE REGEL..., bzw. WEITERE REGELN... können Sie Regeln genauer definieren, zur Regelbeschreibung auch Formeln verwenden und nicht nur einzelne Zellen, sondern auch ganze Tabellenzeilen hervorheben.

Formelergebnis muss ein Wahrheitswert sein

> Beachten Sie bei der Verwendung von Formeln zur bedingten Formatierung, dass nur Formeln zulässig sind, die als Ergebnis die Werte WAHR oder FALSCH liefern.

Zeile formatieren

Beispiel 1: Sie möchten die abgebildete Tabelle mit den Quartalsumsätzen so formatieren, dass nicht nur die Zelle mit dem höchsten Jahresumsatz (Spalte Summe), sondern die gesamte Zeile der Warengruppe hervorgehoben wird.

	A	B	C	D	E	F	G
1							
2	Warengruppe	1. Quartal	2. Quartal	3. Quartal	4. Quartal	Summe	
3	Waschmaschinen	15.000	66.300	39.500	41.000	161.800	
4	Trockner	12.600	7.500	12.000	14.500	46.600	
5	Küchenherde	28.000	15.000	26.000	31.000	100.000	
6	Kühlschränke	20.000	63.000	48.900	59.000	190.900	
7	Geschirrspüler	18.000	16.800	23.000	28.000	85.800	
8							

1. Markieren Sie den zu formatierenden Zellbereich, klicken Sie auf BEDINGTE FORMATIERUNG und wählen Sie NEUE REGEL...

2. Klicken Sie auf den Regeltyp FORMEL ZUR ERMITTLUNG DER ZU FORMATIERENDEN ZELLEN VERWENDEN.

3. Geben Sie unter REGELBESCHREIBUNG BEARBEITEN die Formel oder Funktion zusammen mit einem Gleichheitszeichen (=) ein. Um den höchsten Jahresumsatz zu ermitteln, müssen Sie jeweils die Werte in Spalte F mit dem höchsten Wert (Funktion MAX) dieser Spalte vergleichen. Achtung: Sie benötigen gemischte Bezüge!

Gemischte Bezüge beachten!

`=$F3:$F7=MAX($F$3:$F$7)`

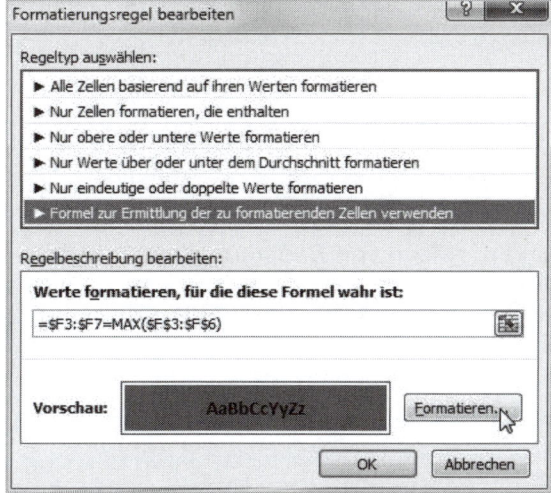

4. Anschließend legen Sie über die Schaltfläche FORMATIEREN... das gewünschte Format, beispielsweise eine Füllfarbe fest und bestätigen mit OK.

Beispiel 2: In einer monatlichen Einsatzübersicht sollen die Samstage und Sonntage automatisch farbig hervorgehoben werden, zusätzlich soll das aktuelle Datum mit einer weiteren Farbe gekennzeichnet werden. Auf diese Weise kann das Blatt beliebig kopiert werden und Sie brauchen später nur noch die Datumswerte des entsprechenden Monats eintragen. Markieren Sie wieder die gesamte Tabelle und klicken Sie auf NEUE REGEL...

Samstag und Sonntag hervorheben

Geben Sie die folgende Formel ein:

`=WOCHENTAG($A2:$A31;2)>=6`

Um das aktuelle Datum hervorzuheben, benötigen Sie noch eine zweite Regel mit der Formel:

`=$A2:$A31 = HEUTE()`

Siehe Lektion 2.6 Datumsfunktionen

	A	B	C	D
1		Moser	Brösel	Klein
2	Samstag, 1. Januar 2011			
3	Sonntag, 2. Januar 2011			
4	Montag, 3. Januar 2011			
5	Dienstag, 4. Januar 2011			
6	Mittwoch, 5. Januar 2011			
7	Donnerstag, 6. Januar 2011			
8	Freitag, 7. Januar 2011			
9	Samstag, 8. Januar 2011			
10	Sonntag, 9. Januar 2011			
11	Montag, 10. Januar 2011			
12	Dienstag, 11. Januar 2011			

Regeln verwalten

Wenn Sie nachträglich die Regeln für die bedingte Formatierung kontrollieren, bearbeiten oder ggf. auch wieder löschen möchten, dann klicken Sie auf REGELN VERWALTEN.... Sollten keine Regeln angezeigt werden, so wählen Sie unter FORMATIERUNGSREGELN ANZEIGEN FÜR das aktuelle Arbeitsblatt. Markieren Sie die entsprechende Regel und verwenden Sie die Schaltflächen REGEL BEARBEITEN... oder REGEL LÖSCHEN.

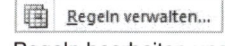

Regeln bearbeiten und löschen

Reihenfolge ändern

Rangfolge bearbeiten

Über Pfeile können Sie bei Bedarf die Rangfolge der Regeln ändern. Dies ist wichtig beim Vorhandensein mehrerer Regeln. So kann es beispielsweise vorkommen, dass eine Zelle nach der einen Regel eine grüne Füllfarbe erhält, nach der anderen Regel aber eine rote. In diesem Fall kommt die Regel mit der höheren Rangfolge zur Anwendung.

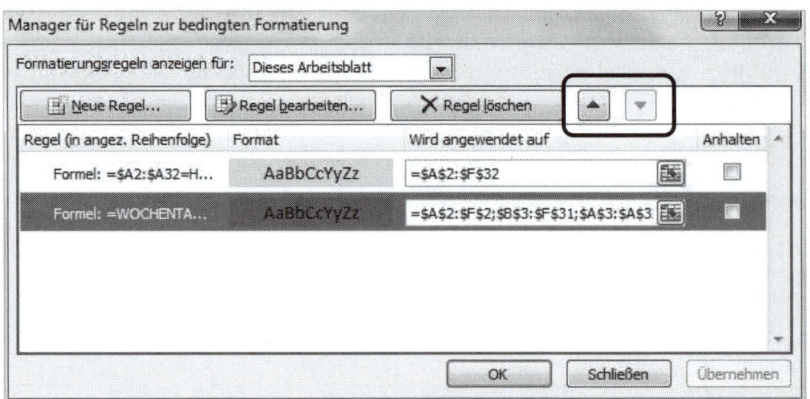

Nur für ältere Excel-Versionen

Die Kontrollkästchen ANHALTEN sind nur dann von Bedeutung, wenn Sie die Mappe mit einer früheren Version von Excel öffnen und bearbeiten wollen. Da hier nur maximal drei Regeln unterstützt werden, können Sie auf diese Weise Regeln deaktivieren.

Mehrere Einzeltabellen in einer Ergebnistabelle zusammenfassen

4.2. Mehrere Tabellen konsolidieren

Unter Konsolidieren versteht Excel das Zusammenfassen mehrerer Einzeltabellen aus verschiedenen Arbeitsblättern oder verschiedenen Arbeitsmappen in einer einzigen Ergebnistabelle.

Excel unterstützt beim Konsolidieren zwei Varianten, die bereits beim Aufbau der jeweiligen Tabellen zu berücksichtigen sind:

- **Konsolidieren nach Spalten- und Zeilenbeschriftungen (nach Kategorie)**
  In diesem Fall müssen alle Tabellen identische Spalten und Zeilenbeschriftungen besitzen. Dafür spielen die Positionen der jeweiligen Tabellen, genauer gesagt die Zelladressen keine Rolle.

- **Konsolidieren nach Position**
  Als Alternative können Sie auch Tabellen mit unterschiedlichen Beschriftungen konsolidieren. Dann müssen sich allerdings alle Spalten- und Zeilenbeschriftungen die Sie zusammenfassen möchten, in jedem der Arbeitsblätter exakt an der gleichen Position, bzw. Zelladresse befinden.

Zusammenfassen nach Kategorie

Identische Beschriftungen erforderlich

Beispiel: Die monatlichen Umsatzberichte der Filialen sind in verschiedenen Arbeitsblättern, bzw. Arbeitsmappen gespeichert. Der Betrieb benötigt nun am Ende eines Monats die Umsätze der Filialen und Warengruppen zusammengefasst in einer einzigen Tabelle. Die Konsolidierung erfolgt in diesem Beispiel nach Beschriftung. Allerdings ist das Warensortiment nicht in allen Filialen gleich, so fehlen beispielsweise in der Filiale Nürnberg die Warengruppen Rollcontainer und Schreibtische. Da aber immer die gleichen Warengruppenbezeichnungen verwendet werden, stellt dies für die Konsolidierung kein Problem dar. In diesem Fall müssen sich die Tabellen auch nicht zwingend an der gleichen Position befinden.

	A	B	C
1	Filiale Nürnberg		Monat: Januar
2			
3	Warengruppe	Verkaufte Stückzahl	Umsatz
4	Bürostühle	200	20.000
5	Lagerregale	600	45.000
6	Garderoben	2.300	18.000
7	Aktenschränke	3.000	56.000
8			
9			

	A	B	C
1	Filiale Würzburg		Monat: Januar
2			
3	Warengruppe	Verkaufte Stückzahl	Umsatz
4	Bürostühle	700	25.000
5	Lagerregale	350	24.000
6	Garderoben	200	16.000
7	Aktenschränke	4.000	42.000
8	Rollcontainer	5.000	34.000
9	Schreibtische	1.500	62.000

So gehen Sie vor:

1. Markieren Sie in einem weiteren Arbeitsblatt die Zelle, ab der Sie die Zusammenfassung einfügen möchten. Klicken Sie im Register DATEN, Gruppe DATENTOOLS auf die Schaltfläche KONSOLIDIEREN. Das Dialogfenster KONSOLIDIEREN wird geöffnet.

2. Wählen Sie im nächsten Schritt die Funktion, mit der die Werte aus den Einzeltabellen zusammengefasst werden sollen, standardmäßig ist dies die Funktion SUMME.

Funktion wählen

3. Klicken Sie anschließend in das darunterliegende Feld VERWEIS und markieren Sie die erste der Tabellen einschließlich der Spaltenüberschriften. Klicken Sie dann auf die Schaltfläche HINZUFÜGEN. Der Zellbereich erscheint nun in der Liste VORHANDENE VERWEISE. Befindet sich die Tabelle in einer anderen Arbeitsmappe, so verwenden Sie die Schaltfläche DURCHSUCHEN… um die Mappe zu öffnen.

Zellbereich hinzufügen

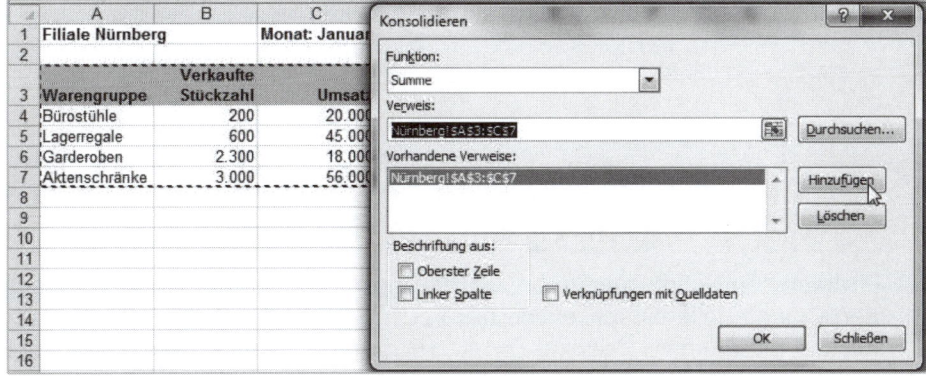

4. Wiederholen Sie anschließend diesen Schritt für jede der Tabellen.

5. Aktivieren Sie die Kontrollkästchen BESCHRIFTUNG AUS, um die Beschriftung der Spalten und/oder Zeilen zu übernehmen.

Beschriftung übernehmen

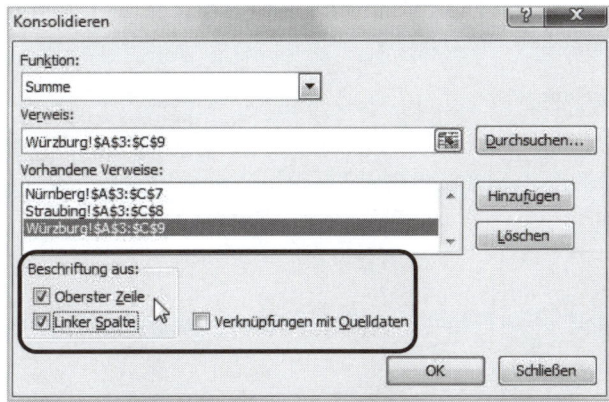

Excel berechnet die Ergebnistabelle und fügt sie ab der angegebenen Position ein. Beachten Sie, dass die Zusammenfassung bei nachträglichen Änderungen der Quelldaten nicht automatisch aktualisiert wird, Sie müssen in diesem Fall entweder erneut konsolidieren oder eine Verknüpfung mit den Quelldaten erstellen. Allerdings sollten Sie wissen, dass auch beim Aktivieren des Kontrollkästchens

Verknüpfung mit Quelldaten nur in einem neuen Blatt möglich

VERKNÜPFUNG MIT QUELLDATEN neu angefügte Datenzeilen oder. -spalten der Ausgangstabellen nicht berücksichtigt werden.

4.3. Datentabellen berechnen (Mehrfachoperation)

Mehrfachoperation mit einer Variablen

Formel mit verschiedenen Werten berechnen

Mit der Mehrfachoperation kann in einer Datentabelle eine Formel mit unterschiedlichen Werten berechnet werden. Nehmen wir das Beispiel eines Sparers: Ein Sparer legt jeden Monat einen festen Betrag an und möchte nun wissen, mit welchem Betrag er in 5 Jahren rechnen kann und wie unterschiedliche Zinsen das Ergebnis beeinflussen. Der Endbetrag (Zinswert) wird mit der Funktion ZW berechnet, die folgenden Argumente sind dafür erforderlich: Zinssatz (Zins), Zahlungszeitraum (Zzr) und die regelmäßige Zahlung (Rmz).

Siehe Lektion 2.5 Finanzmath. Funktionen

1. Das Ergebnis wird in diesem Beispiel in C7 berechnet. Die unterschiedlichen Zinsen tragen Sie in einer Spalte untereinander links von der zu berechnenden Tabelle ein, also in B8 bis B14.

C7	fx	=ZW(B5/12;B4*12;-B3;0)
	A	B	C	D
1	Berechnung des Zinswertes			
2				
3	monatlicher Sparbetrag	100,00		
4	Laufzeit in Jahren	5		
5	Zins	2,0%		
6				
7	Zinswert		6.305	
8	andere Zinssätze	1,50%		
9		1,75%		
10		2,00%		
11		2,25%		
12		2,50%		
13		2,75%		
14		3,00%		
15				

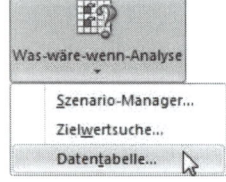

Position beachten!

> Beachten Sie die Position der Formel! Die Datentabelle wird immer unterhalb der ursprünglichen Formel und rechts neben den variablen Werten berechnet.

Was-wäre-wenn-Analyse

Szenario-Manager...
Zielwertsuche...
Datentabelle...

2. Im nächsten Schritt markieren Sie den gesamten Bereich der zu berechnenden Datentabelle einschließlich der Formel, also den Zellbereich B7 bis C14. Klicken Sie dann im Register DATEN, Gruppe DATENTOOLS auf die Schaltfläche WAS-WÄRE-WENN-ANALYSE und wählen Sie DATENTABELLE....

3. Geben Sie im Dialogfeld DATENTABELLE an, welches Argument, bzw. welcher Wert der Formel durch die variablen Werte ersetzt werden soll. In diesem Beispiel ist dies der Zins in B5. Die verschiedenen Zinssätze befinden sich in einer Spalte untereinander, geben Sie daher die Zelladresse $B$5 (Zins) in das Feld SPALTE ein und bestätigen Sie mit OK.

	A	B	C
1	Berechnung des Zinswertes		
2			
3	monatlicher Sparbetrag	100,00	
4	Laufzeit in Jahren	5	
5	Zins	2,0%	
6			
7	Zinswert		6.305
8	andere Zinssätze	1,50%	
9		1,75%	
10			
11			
12			
13			
14			
15			
16			
17			

Datentabelle

Werte aus Zeile:

Werte aus Spalte: $B$5

OK   Abbrechen

Durch Werte aus Spalte ersetzen

C8	fx	{=MEHRFACHOPERATION(;B5)}
	A	B	C	D
1	Berechnung des Zinswertes			
2				
3	monatlicher Sparbetrag	100,00		
4	Laufzeit in Jahren	5		
5	Zins	2,0%		
6				
7	Zinswert		6.305	
8	andere Zinssätze	1,50%	6.227	
9		1,75%	6.266	
10		2,00%	6.305	
11		2,25%	6.344	
12		2,50%	6.384	
13		2,75%	6.424	
14		3,00%	6.465	
15				

Ergebnis

Die Ergebnistabelle enthält nun Matrixformeln mit der Funktion MEHRFACHOPE-RATION. Sie können nun die Tabelle beliebig formatieren, beachten Sie aber, dass einzelne Zellen des Bereichs einer Matrixfunktion nicht gelöscht werden können.

Matrixformeln
Siehe Lektion 1.3

Mehrfachoperation mit zwei Variablen

Datentabellen können auch mit zwei veränderbaren Werten berechnet werden. So lässt sich das Beispiel oben erweitern, indem Sie neben den Zinsen auch noch verschiedene Laufzeiten einbeziehen. Ergänzen Sie dazu die oben verwendete Tabelle um eine Zeile mit den verschiedenen Laufzeiten, diese müssen sich in der gleichen Zeile mit der Formel befinden. Die Zinsen werden unterhalb der Formel in der gleichen Spalte eingetragen.

Beachten Sie auch hier die Position der Formel! Sie muss sich in der linken oberen Ecke der zu berechnenden Datentabelle befinden.

Markieren Sie nun wieder den Zellbereich in dem die Datentabelle berechnet werden soll, einschließlich der Werte in den Spalten- und Zeilenüberschriften. Klicken Sie auf die Schaltfläche WAS-WÄRE-WENN-ANALYSE und wählen Sie DATENTABELLE...

B5	▼	f_x	=ZW(B5/12;B4*12;-B3;0)

	A	B	C	D	E	F	G
1	Berechnung des Zinswertes			Mehrfachoperation mit zwei Variablen			
2							
3	monatlicher Sparbetrag	100,00					
4	Laufzeit in Jahren	5					
5	Zins	2,0%					
6				Laufzeit in Jahren			
7	Zinswert	6.305	3	4	Datentabelle		
8	andere Zinssätze	1,50%					
9		1,75%			Werte aus Zeile: $B$4		
10		2,00%			Werte aus Spalte: $B$5		
11		2,25%					
12		2,50%			OK Abbrechen		
13		2,75%					
14		3,00%					
15							

Da in der Datentabelle die ursprüngliche Laufzeit in B4 nacheinander durch die Werte der Zeile neben der Formel ersetzt werden soll, tragen Sie in das Feld WERTE AUS ZEILE die Adresse $B$4 ein, im Feld WERTE AUS SPALTE geben Sie wieder den Zins, also $B$5 an und bestätigen mit OK.

Tipp: Wenn Sie das Formelergebnis in der oberen linken Ecke als störend empfinden, dann formatieren Sie diese Zelle am einfachsten mit weißer Schriftfarbe.

	A	B	C	D	E	F	G
1	Berechnung des Zinswertes			Mehrfachoperation mit zwei Variablen			
2							
3	monatlicher Sparbetrag	100,00					
4	Laufzeit in Jahren	5					
5	Zins	2,0%					
6				Laufzeit in Jahren			
7	Zinswert	6.305	3	4	5	6	7
8	andere Zinssätze	1,50%	3.680	4.944	6.227	7.529	8.851
9		1,75%	3.693	4.968	6.266	7.586	8.929
10		2,00%	3.707	4.993	6.305	7.643	9.008
11		2,25%	3.721	5.018	6.344	7.701	9.088
12		2,50%	3.734	5.043	6.384	7.759	9.169
13		2,75%	3.748	5.068	6.424	7.818	9.251
14		3,00%	3.762	5.093	6.465	7.878	9.334
15							

4.4. Szenarien

Mehrere Szenarien speichern und vergleichen

Im Gegensatz zu Mehrfachoperationen mit maximal zwei Variablen, berücksichtigen Szenarien auch mehr als zwei veränderbare Werte. Die Ergebnisse können gespeichert, miteinander verglichen und in einer Ergebnistabelle zusammengefasst werden. Ein Szenario stellt in Excel ein Berechnungsmodell dar, das eine Fragestellung mit mehreren veränderlichen Werten durchspielt. Mehrere Szenarien bilden somit eine komplette "Was-Wäre-Wenn-Analyse".

Tabelle erstellen

Betrachten wir das Beispiel eines Autokaufs. Sie haben die Wahl zwischen verschiedenen Modellen, hinzukommen unterschiedliche Rabatte sowie unterschiedliche Angebote für die Inzahlungnahme Ihres alten Fahrzeugs. Zusätzlich sind noch die laufenden Kosten zu berücksichtigen, also Benzinverbrauch, Steuern und Versicherungen. Wie hoch wären die jährlichen Kosten beim Kauf vom Modell A mit einem relativ niedrigen Anschaffungspreis und einem hohen Benzinverbrauch, verglichen mit Modell B. Wie würden sich eine höhere Fahrleistung oder ein niedrigerer Verbrauch auswirken?

Veränderbare Zellen und Ergebniszellen

Mit dem Szenario-Manager können Sie alle diese Planspiele in einer einzigen Tabelle durchführen. Zunächst legen Sie eine Tabelle mit allen Werten an und berechnen die Formeln. Szenarien unterscheiden zwischen veränderbaren Zellen und Ergebniszellen:

- **Veränderbare Zellen** enthalten diejenigen Werte, die Sie in den verschiedenen Szenarien verändern wollen.

- **Ergebniszellen** enthalten Formeln, deren Ergebnisse Sie vergleichen wollen

Ans... ▾	f_x	=B3-C4-B5	
	A	B	C
1	**Autokosten**		
2		**Modell**	
3	Listenpreis	22.000	
4	Rabatt %	5%	1.100
5	Inzahlungnahme	5.000	
6	**Anschaffungspreis**	**15.900**	
7			
8	Verbrauch / 100 km	9,2	
9	Jährliche Fahrleistung km	20.000	
10	Benzinpreis / Liter	1,40	2.576
11	Steuern	300	
12	Versicherung	1.200	
13	**Laufende jährliche Kosten**	**4.076**	
14			

Verwenden Sie Namen

Siehe Lektion 1.4
Namen verwenden

Bereichsnamen vergeben

Im nächsten Schritt sollten Sie unbedingt Namen für alle Zellen vergeben, die Sie in die Berechnung einbeziehen möchten, also sowohl für veränderbare Zellen als auch für Ergebniszellen. Aus den Namen für die veränderbaren Zellen erstellt Excel eine Dateneingabemaske für die Werte. Sind keine Namen vorhanden, so erscheinen bei der Eingabe der veränderbaren Werte nur die Zelladressen. Auch im zusammenfassenden Bericht zum Vergleich der verschiedenen Szenarien erscheinen dann die Namen anstelle der Zelladressen.

Szenario hinzufügen

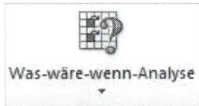

Was-wäre-wenn-Analyse

Klicken Sie im Register DATEN, Gruppe DATENTOOLS auf die Schaltfläche WAS-WÄRE-WENN-ANALYSE und wählen Sie den SZENARIO-MANAGER. Um ein Szenario zu erstellen, klicken Sie auf der Schaltfläche HINZUFÜGEN....

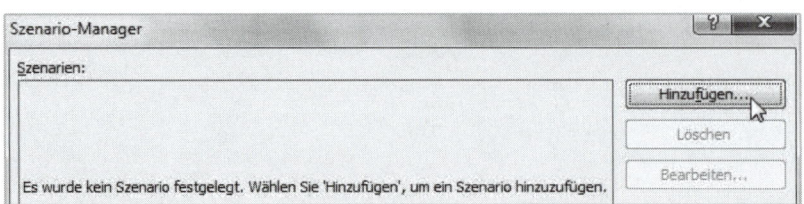

1.. Excel verwaltet die einzelnen Szenarien über Namen, deshalb müssen Sie jedem Szenario einen eindeutigen Namen geben, in diesem Beispiel die Bezeichnung des jeweiligen Modells.

2. Unter VERÄNDERBARE ZELLEN benötigt Excel die Adressen derjenigen Zellen, deren Werte Sie später in den verschiedenen Szenarien verändern möchten. Klicken Sie mit der Maus auf die entsprechenden Zellen, nicht zusammenhängende Zellbereiche müssen Sie mit gedrückter Strg-Taste markieren.

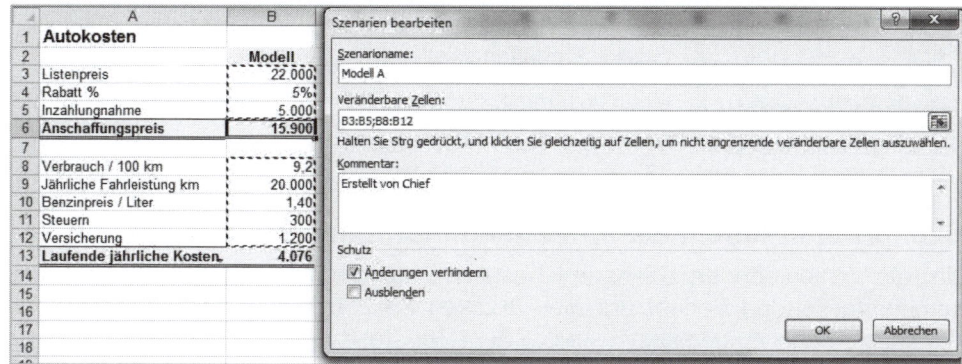

3. Unter KOMMENTAR erscheint automatisch Ihr Name zusammen mit dem aktuellen Datum. Sie können den Kommentar jederzeit ergänzen oder ändern. Die Einstellungen der beiden Kontrollkästchen SCHUTZ wirken sich nur dann aus, wenn Sie das Tabellenblatt geschützt haben. ÄNDERUNGEN VERHINDERN erlaubt dann keine Änderungen am aktuellen Szenario. AUSBLENDEN bewirkt, dass das Szenario nicht in der Liste der vorhandenen Szenarien erscheint. Bestätigen Sie dann mit OK.

4. Excel öffnet ein Dialogfenster mit einer Eingabemaske für die veränderbaren Werte. Enthält die Tabelle bereits Werte, so werden diese hier angezeigt und können in das erste Szenario einfach übernommen werden. Die Schaltfläche OK beendet die Eingabe der Werte und bringt Sie zurück zum Szenario-Manager.

Geben Sie die Werte für ein Szenario ein

5. Klicken Sie im SZENARIO-MANAGER auf die Schaltfläche HINZUFÜGEN, wenn Sie ein weiteres Szenario erstellen möchten, mit der Schaltfläche SCHLIEßEN beenden Sie die Eingabe der Szenarien.

Weitere hinzufügen

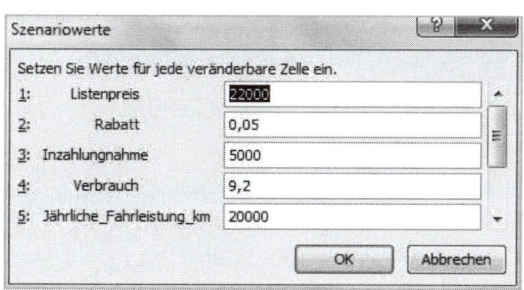

Szenariowerte eingeben   Szenarien im Szenario-Manager verwalten

Werte eines Szenarios in der Tabelle anzeigen

Um die veränderbaren Werte eines Szenarios in die Tabelle zu übernehmen, markieren Sie im Szenario-Manager das entsprechende Szenario und klicken auf die Schaltfläche ANZEIGEN. Über weitere Schaltflächen des Szenario-Managers können Sie die erstellten Szenarien verwalten:

Szenario anzeigen

Anzeigen	die veränderbaren Werte des markierten Szenarios in der Tabelle anzeigen
Schließen	den Szenario-Manager beenden
Hinzufügen...	ein weiteres Szenario erstellen
Löschen	das markierte Szenario entfernen
Bearbeiten...	die Werte des markierten Szenarios nachträglich ändern
Zusammenführen..	Szenarien zusammenführen, wenn in der aktuellen Mappe bereits Szenarien existieren
Zusammenfassung...	einen zusammenfassenden Bericht in einem gesonderten Tabellenblatt erstellen

Szenarien in einem Bericht zusammenfassen und vergleichen

Zusammenfassenden Bericht erstellen

Um die verschiedenen Szenarien besser zu vergleichen, können Sie einen zusammenfassenden Bericht erstellen. Klicken Sie dazu im SZENARIO-MANAGER auf die Schaltfläche ZUSAMMENFASSUNG... Als Nächstes benötigt Excel noch die Angabe der Ergebniszellen: welche Formelergebnisse soll die Zusammenfassung neben den veränderbaren Werten anzeigen? Im gezeigten Beispiel sind dies der Anschaffungspreis und die jährlichen Kosten.

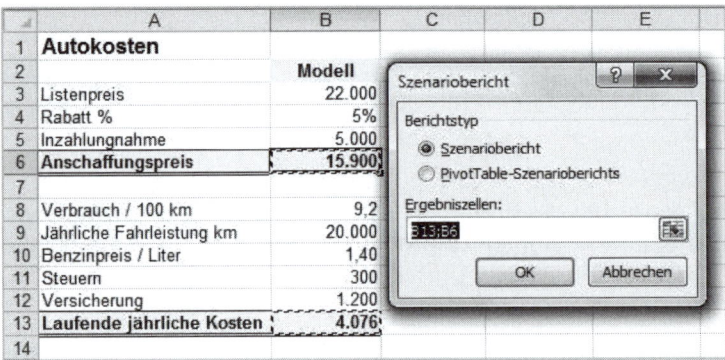

Die Namen der Zellen erscheinen im Bericht anstelle der Zelladressen

Anschließend erstellt Excel in einem neuen Arbeitsblatt eine zusammenfassende Tabelle mit allen Szenario-Werten. Haben Sie für alle verwendeten Zellen Namen vergeben, so erscheinen im Szenario-Bericht die Namen, andernfalls verwendet Excel die Zelladressen als Beschriftung der Werte.

Szenariobericht		Aktuelle Werte:	Modell A	Modell B	Modell C
Veränderbare Zellen:					
	Listenpreis	22.000	22.000	26.000	18.000
	Rabatt	5%	5%	10%	8%
	Inzahlungnahme	5.000	5.000	8.000	6.000
	Verbrauch	9,2	9,2	5,8	4,2
	Jährliche_Fahrleistung_km	20.000	20.000	25.000	22.000
	Benzinpreis	1,40	1,40	1,40	1,40
	Steuern	300	300	150	100
	Versicherung	1.200	1.200	800	1.300
Ergebniszellen:					
	Laufende_jährliche_Kosten	4.076	4.076	2.980	2.694
	Anschaffungspreis	15.900	15.900	15.400	10.560

Hinweis: Die Aktuelle Wertespalte repräsentiert die Werte der veränderbaren Zellen zum Zeitpunkt, als der Szenariobericht erstellt wurde. Veränderbare Zellen für Szenarien sind in grau hervorgehoben.

4.5. Zielwertsuche

Mit der Zielwertsuche verändert Excel einen Wert in einer Zelle, damit ein bestimmtes Formelergebnis erzielt wird. Die Zielwertsuche ist relativ einfach zu verwenden. Sie geben an, welches Ergebnis eine Formel liefern soll und lassen Excel zurückrechnen, um den erforderlichen Eingangswert zu ermitteln.

Eingangswert ermitteln

Beispiel: Sie möchten den Break Even Point ermitteln, d.h. bei welcher Stückzahl der Gewinn genau Null ist. Klicken Sie im Register DATEN, Gruppe DATENTOOLS auf die Schaltfläche WAS-WÄRE-WENN-ANALYSE und wählen Sie die ZIELWERTSUCHE.

Was-wäre-wenn-Analyse

	A	B	C	D	E	F	G	H
1	**Break Even**							
2								
3	**Fixe Kosten**							
4		Miete	3.000,00 €					
5		Gehalt	5.000,00 €					
6		Werbung	1.000,00 €					
7		Sonstiges	3.000,00 €					
8		**Gesamt**	**12.000,00 €**					
9								
10	**Variable Kosten**							
11		Einkaufspreis	84,36 €		Verkaufspreis	109,00 €		
12								
13					**Stückzahlen**			
14			400	500	600	700	800	
15		**Fixkosten**	12000	12000	12000	12000	12000	
16		**Variable Kosten**	33744	42180	50616	59052	67488	
17		**Gesamtkosten**	45744	54180	62616	71052	79488	
18		**Umsatz**	43600	54500	65400	76300	87200	
19		**Gewinn**	-2144	320	2784	5248	7712	
20								

Die Zielwertsuche benötigt folgende Angaben:

Geben Sie das gewünschte Formelergebnis ein

Zielzelle	Die Adresse derjenigen Zelle, die das Formelergebnis enthält, in diesem Beispiel der Gewinn bei 500 Stück (D19)
Zielwert	Hier geben Sie das gewünschte Formelergebnis ein, in diesem Beispiel 0
Veränderbare Zelle	Geben Sie die Zelle an, deren Wert neu ermittelt werden soll, hier D14 (500 Stück). Beachten Sie, dass die veränderbare Zelle einen Wert enthalten muss.

Nach einem Mausklick auf die Schaltfläche OK testet Excel nacheinander verschiedene Werte für die veränderbare Zelle und gibt eine Meldung aus, sobald das gewünschte Formelergebnis erreicht wurde. Klicken Sie auf OK um den Wert zu übernehmen.

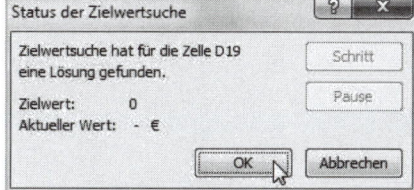

Excel ersetzt den ursprünglichen durch den neuen Wert, Sie können nun das Ergebnis speichern oder die Zielwertsuche wieder rückgängig machen.

Beachten Sie bei der Zielwertsuche, dass die Zielzelle eine Formel enthalten muss. Die veränderbare Zelle dagegen muss einen Wert enthalten.

Zielzelle muss eine Formel enthalten

Nachteile der Zielwertsuche:

• Es kann immer nur einer der Eingangswerte verändert werden.

• Beim Testen mit mehreren Werten können die verschiedenen Möglichkeiten nicht gespeichert werden.

Diese Nachteile lassen sich umgehen, wenn Sie Solver zum Ermitteln einer Lösung verwenden.

4.6. Solver

Ermittelt Werte für
mehrere veränderbare
Zellen

Add-In laden,
siehe Lektion 1.1

Der Solver (engl. to solve = etwas auflösen) funktioniert ähnlich wie die Zielwert-suche, aber mit wesentlich mehr Optionen. Statt einer einzigen veränderbaren Zelle können Sie mehrere Zellen einbeziehen und anstelle eines festen Zielwerts lassen sich auch ein Maximalwert oder Minimalwert vorgeben. Zusätzlich können Sie auch noch Nebenbedingungen in die Berechnung einbeziehen. Mathematisch betrachtet, handelt es sich beim Solver also um ein Gleichungssystem mit mehreren Unbekannten.

Der Solver stellt im Gegensatz zur Zielwertsuche ein sehr komplexes Werkzeug dar. Es handelt sich dabei um ein Add-In, das erst verwendet werden kann, wenn es über die Excel-Optionen geladen wurde. Sie finden dann die Schaltfläche SOL-VER im Register DATEN in der Gruppe ANALYSE. Der Umgang mit dem Solver selbst gestaltet sich relativ einfach, ein Mausklick auf die Schaltfläche öffnet das Dialog-fenster SOLVER-PARAMETER, über das Sie die erforderlichen Parameter festlegen.

Als einfaches Beispiel eine Verkaufsplanung: Der gewünschte Umsatz beträgt 300.000 Euro. Sie möchten nun die dazu erforderliche Stückzahl und den Preis ermitteln, allerdings darf der Preis nicht über 30 Euro liegen. Geben Sie die Werte in eine Excel-Tabelle ein und berechnen den Umsatz. Klicken Sie dann auf die Schaltfläche SOLVER und geben Sie die folgenden Parameter an:

Ziel festlegen	Die Adresse der Zelle mit dem Formelergebnis.
Bis	Hier legen Sie fest, ob das Formelergebnis der Maximalwert oder Minimalwert oder ein fester Wert sein soll.
Ändern von Variab-lenzellen	Die Adressen derjenigen Zellen, für die Werte ermittelt werden sollen.
Nebenbedingungen	Bedingungen, die von der gesuchten Lösung ebenfalls berück-sichtigt werden müssen.

Nebenbedingungen
berücksichtigen

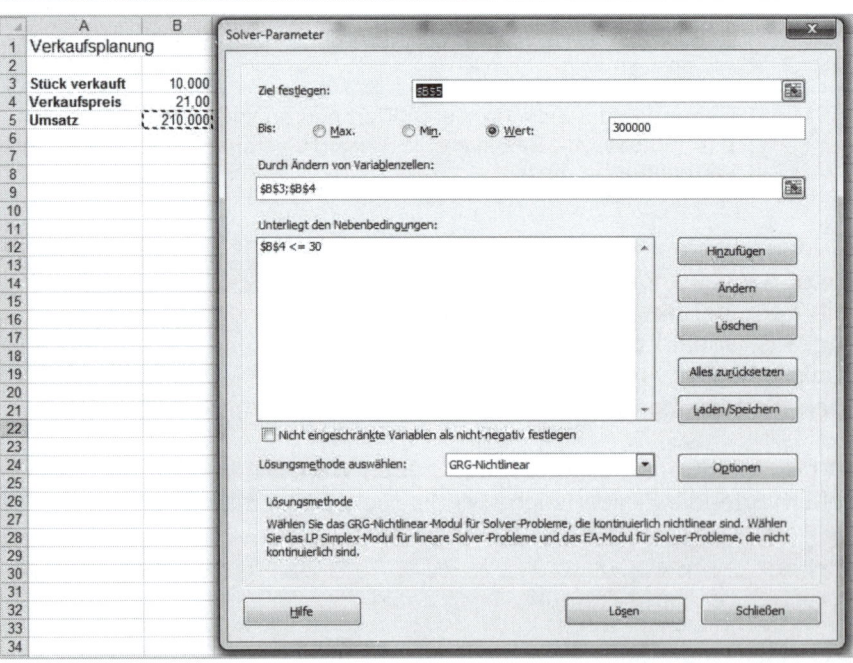

1. Unter ZIEL FESTLEGEN geben Sie die Adresse derjenigen Zelle an, die den be-rechneten Umsatz enthält (B5). Darunter wählen Sie die Option WERT und tra-gen daneben den gewünschten Umsatz (300.000) ein, die Zellen B3 und B4 bilden die Variablenzellen. **Achtung:** da es sich nicht um einen Zellbereich handelt, müssen Sie die beiden Zellen nacheinander mit gedrückter Strg-Taste einzeln markieren.

2. Nun müssen Sie noch angeben, dass der Preis nicht über 30 Euro liegen darf:

Klicken Sie dazu unter NEBENBEDINGUNGEN auf die Schaltfläche HINZUFÜGEN und geben Sie die Bedingung ein. Bestätigen Sie mit OK.

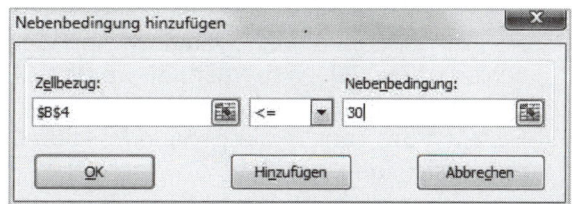

3. Klicken Sie nun auf die Schaltfläche LÖSEN. Excel blendet eine Meldung ein, wenn eine Lösung gefunden wurde. Sie können nun wählen, ob Sie die Lösung übernehmen oder die ursprünglichen Werte wiederherstellen möchten.

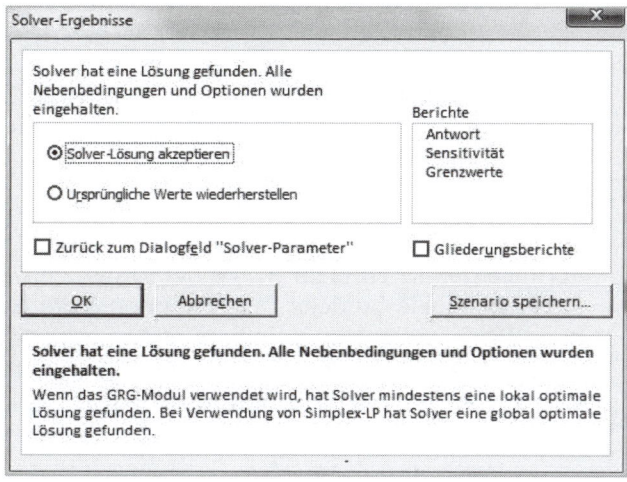

Als Szenario speichern

Falls Solver mehrere Ergebnisse anbietet, kann es nützlich sein, die Ergebnisse als Szenario zu speichern. Klicken Sie dazu auf die Schaltfläche SZENARIO SPEICHERN... und geben Sie einen Namen ein. Die einzelnen Szenarien können Sie wieder über den SZENARIO-MANAGER... anzeigen lassen und bei Bedarf in einem Bericht zusammenfassen.

Siehe 4.4 Szenarien

Ob Solver in der Praxis ein brauchbares Ergebnis liefert, hängt meist von der Aufgabenstellung und der korrekten Formulierung des Problems ab. In manchen Fällen existieren gleich mehrere Lösungen. Achten Sie daher unbedingt auf eine exakte Aufgabenstellung.

Nur eine exakte Aufgabenstellung liefert brauchbare Ergebnisse

4.7. Zusammenfassung

• Die bedingte Formatierung erlaubt es, Zellen aufgrund ihrer Inhalte mit Formatierungen optisch hervorzuheben. Die Möglichkeiten wurden gegenüber älteren Excel-Versionen erheblich erweitert und erlauben auch die Hervorhebung mit Datenbalken oder Symbolen. Zur Definition der Regeln können nicht nur die Zellwerte, sondern auch Formeln verwendet werden. Beachten Sie, dass ausschließlich Formeln ausgewertet werden können, die als Ergebnis die Wahrheitswerte WAHR oder FALSCH liefern.

• Konsolidieren bedeutet, Daten aus mehreren verschiedenen Arbeitsblättern oder Arbeitsmappen in einer einzigen Tabelle zusammenfassen. Excel unterscheidet zwischen Konsolidieren nach Beschriftung und nach Position. Für die Zusammenfassung nach Beschriftung müssen die Spalten- und Zeilenbeschriftungen identisch sein, die genaue Position im Tabellenblatt spielt dann keine Rolle. Werden dagegen Tabellen nach Position konsolidiert, dann müssen sich die entsprechenden Zeilen und Spalten in jedem Blatt an der gleichen Stelle befinden.

- Mit Hilfe einer Mehrfachoperation kann eine Formel als Datentabelle mit unterschiedlichen Zahlen berechnet werden. Allerdings berücksichtigt die Mehrfachoperation maximal zwei veränderbare Ausgangswerte. Sie müssen beim Erstellen der Tabelle die genaue Position der Formel und den Tabellenaufbau berücksichtigen.

- Szenarien ermöglichen es, auch mehr als zwei Ausgangswerte einer Berechnung zu verändern und die Ergebnisse zu speichern. Um die Szenarien miteinander zu vergleichen, können sie in einem Bericht zusammengefasst und gedruckt werden. Szenarien unterscheiden zwischen veränderbaren Zellen und Ergebniszellen. Damit in der Eingabemaske und im Bericht anstelle der Zelladressen aussagefähige Bezeichnungen erscheinen, sollten Sie für diese Zellen Namen vergeben.

- Zielwertsuche und Solver werden auch als "Was-Wäre-Wenn-Analysen" bezeichnet. Mit ihnen können Werte verändert werden, um ein bestimmtes Formelergebnis zu erzielen. Während die Zielwertsuche nur eine einzige veränderbare Zelle berücksichtigt, können beim Solver auch mehrere veränderbare Zellen sowie Nebenbedingungen angegeben werden. Ob der Solver ein brauchbares Ergebnis liefert, hängt ab von der Formulierung der Aufgabenstellung, achten Sie daher auf korrekte und vollständige Angaben.

Bemerkungen:

_____

_____

_____

_____

_____

_____

_____

5. Pivot-Tabellen

In dieser Lektion lernen Sie

- Pivot-Tabellen erstellen und bearbeiten
- Mit Pivot-arbeiten
- Pivot-Diagramme

Was Sie für diese Lektion wissen sollten

- Formeln und Funktionen
- Einfache Diagramme bearbeiten
- Umgang mit Listen

Häufig müssen in Betrieben große Datenmengen für verschiedenste Zwecke ausgewertet werden. Typische Beispiele sind die Bereiche Personal, Controlling, Vertrieb, Auswertungen von Fehlerprotokollen oder statistische Erhebungen. Excel stellt mit den Pivot-Tabellen und Pivot-Diagrammen ein komfortables Werkzeug zur Verfügung, das Sie bei diesen Aufgaben unterstützt.

Zusammenfassen großer Datenmengen

5.1. Grundlagen Pivot-Tabellen

Was sind Pivot-Tabellen?

Die Bezeichnung Pivot-Tabelle (PivotTable) beruht auf dem englischen Begriff "pivot" für Dreh- oder Angelpunkt und bedeutet, dass Sie mit Pivot-Tabellen Daten nach verschiedenen Gesichtspunkten anordnen, zusammenfassen und auswerten können. Eine Pivot-Tabelle ist interaktiv, d.h. sie kann vom Benutzer jederzeit verändert werden, beispielsweise um nach bestimmten Kriterien zu filtern oder Daten auszublenden.

engl. Pivot = Dreh- oder Angelpunkt

Beachten Sie beim Arbeiten mit Pivot-Tabellen folgende Besonderheiten:

Dateneingabe und Änderung der Daten sind in Pivot-Tabellen nicht möglich, da diese entweder schreibgeschützt sind oder die Änderungen nicht in die Originaldaten übernommen werden. Die Originaldaten werden beim Arbeiten mit einer Pivot-Tabelle nicht verändert.

Im Gegensatz zu Funktionen erfolgt nach Änderung der Daten in der zugrundeliegenden Tabelle keine automatische Aktualisierung. Pivot-Tabellen müssen vom Benutzer bei Bedarf manuell aktualisiert werden!

Keine automatische Aktualisierung

Vor der Erstellung einer Pivot-Tabelle sollten Sie alle Teilergebnisse oder Filter vom auszuwertenden Datenbereich entfernen.

Welche Daten eignen sich für Pivot-Tabellen?

Datenquelle für eine Pivot-Tabelle kann sowohl eine Excel-Liste als auch eine externe Datenbank sein. Ein typisches Beispiel für Pivot-Tabellen sind Listen, die aus einer externen Datenbank, beispielsweise einem Warenwirtschaftsprogramm in eine Excel-Arbeitsmappe importiert wurden. Damit die Daten problemlos für eine

Daten importieren, siehe Lektion 7.2

Bedingungen:

Pivot-Tabelle verwendet werden können, müssen sie eventuell zuvor aufbereitet werden. Die auszuwertenden Daten sollten folgenden Vorgaben entsprechen:

- Nur mehrfach vorkommende Werte lassen sich mit Pivot-Tabellen zusammenfassen und auswerten.

- Die Daten müssen als zusammenhängende Liste vorliegen, d.h. keine Leerzeilen und keine leeren Spalten enthalten. Einzelne Zellen dagegen dürfen leer sein. Sie sollten möglichst auch auf eine Leerzeile zwischen Spaltenüberschriften und der übrigen Tabelle verzichten.

- Die erste Zeile muss (eindeutige) Spaltenüberschriften enthalten.

Gleicher Datentyp!

- Sie können frei wählen, nach welchen Spalten bzw. Feldern eine Auswertung erfolgen soll. Beachten Sie aber, dass innerhalb der auszuwertenden Spalten alle Daten vom gleichen Typ sein müssen, beispielsweise Zahlen, Text oder Datumswerte.

Spaltenüberschriften erforderlich

Beispiel 1: Diese Tabelle eignet sich nicht zur Auswertung mit Pivot-Tabellen.

- Keine mehrfach vorkommenden Werte.

- Fehlende Spaltenüberschrift in Spalte B.

- Leerzeile unterhalb der Überschriftzeile.

	A	B	C
1	Artikel Nr		Verkaufte Menge
2			
3	4711	Badewannenente	796544
4	4712	Luftmatratze	2630
5	4713	Schnorchel	3378
6	4714	Schwimmflossen	9456
7	4715	Taucherbrille	14863
8	4716	Schwimmflügel	26900

Beispiel 2: Diese Tabelle erfüllt alle Voraussetzungen zur Auswertung.

	A	B	C	D	E	F	G	H
1	Aufträge							
2								
3	Jahr	Kunden-Nr	Firma	Land	Modell-Nr	VK-Preis Netto	Auftragsmenge	Umsatz
4	2007	45	Hügli & Brettschneider	Schweiz	300	500,00	9	509,00
5	2008	233	ELCOG	Deutschland	450	510,00	25	535,00
6	2006	971	BRAIN	Österreich	100	290,00	22	312,00
7	2005	233	ELCOG	Deutschland	100	290,00	17	307,00
8	2008	971	BRAIN	Österreich	100	290,00	24	314,00
9	2007	1019	WGT GmbH	Deutschland	450	510,00	34	544,00
10	2008	233	ELCOG	Deutschland	209	1.019,00	3	1.022,00
11	2005	45	Hügli & Brettschneider	Schweiz	200	63,50	12	75,50

Aufbau von Pivot-Tabellen

Pivot-Tabelle = Kreuztabelle

Die oben abgebildete Tabelle enthält Verkaufszahlen und Umsätze der letzten Jahre. Sie möchten nun wissen, wie hoch die Umsatzsumme pro Kunde und Jahr ist. Dies lässt sich am besten in Form einer so genannten Kreuztabelle darstellen. Sie bilden also aus den Werten der einen Spalte die Zeilenbeschriftungen und aus den Werten der anderen Spalte die Spaltenüberschriften.

Beispiel Pivot-Tabelle

	A	B	C	D	E	F	G
1							
2							
3	Summe von Umsatz	Jahr					
4	Firma	2007	2008	2009	2010	Gesamtergebnis	
5	BRAIN	81	940	2050	465	3535	
6	ELCOG	66	1557	934	944	3501	
7	Hügli & Brettschneider	509	512	752	503	2276	
8	WGT GmbH	544	770			1314	
9	Gesamtergebnis	1199	3779	3736	1912	10625	
10							

Pivot-Tabellen sind nichts anderes als Kreuztabellen, in denen Sie die Spalten und Zeilen beliebig anordnen. Excel bildet Felder aus den Spalten, bzw. Spaltenüberschriften der ursprünglichen Liste, die Sie durch Ziehen mit der Maus platzieren.

5.2. Eine einfache Pivot-Tabelle erstellen

Tabellenbereich erstellen

Markieren Sie eine einzelne, beliebige Zelle innerhalb der auszuwertenden Daten und klicken Sie im Register EINFÜGEN, Gruppe TABELLEN auf die Schaltfläche PIVOTTABLE. Wählen Sie den Eintrag PIVOTTABLE.

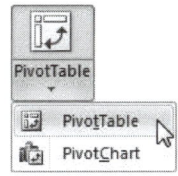

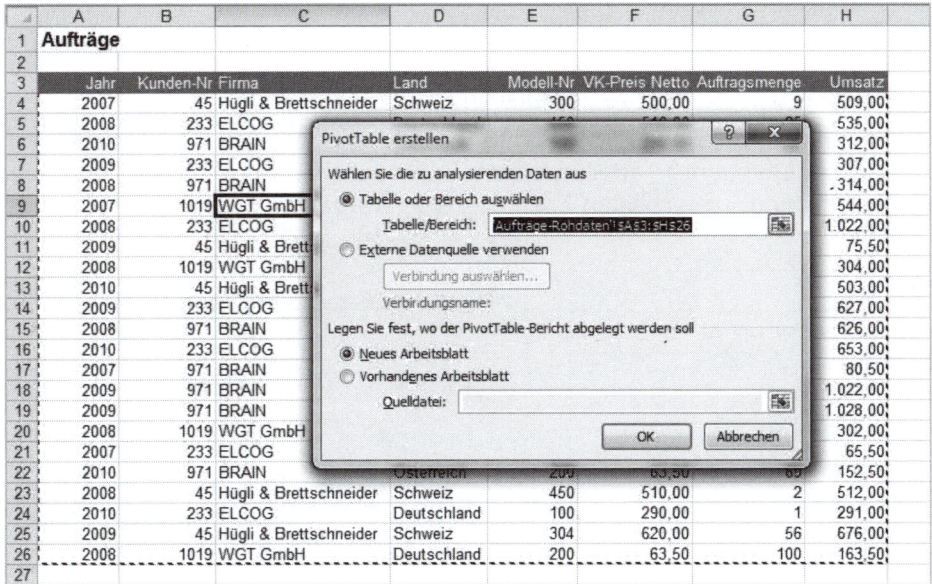

www.
bildner-verlag.de/video03

1. **Datenbereich auswählen**
   Der Bereich mit den Quelldaten wird meist automatisch erkannt, wenn zuvor eine Zelle innerhalb der Daten markiert wurde. Andernfalls müssen Sie hier die Tabelle oder den Zellbereich mit den Quelldaten einschließlich der Spaltenüberschriften angeben. Sie können natürlich anstelle der Zellbezüge auch einen Bereichsnamen verwenden. Als zweite Option können Sie auch Daten aus einer externen Datenbank verwenden, indem Sie die Verbindungsdaten aufrufen.

   Externe Daten
   Siehe Lektion 7.2

2. **Wo soll die Pivot-Tabelle eingefügt werden?**
   Wählen Sie, ob die Pivot-Tabelle in einem neuen Arbeitsblatt oder an einer bestimmten Position eines bestehenden Arbeitsblattes eingefügt werden soll. Empfehlenswert ist es, jede Pivot-Tabelle in einem eigenen Arbeitsblatt zu speichern, Sie vermeiden so Probleme bei einer späteren Aktualisierung.

Tabelle sollte in einem neuen Blatt eingefügt werden

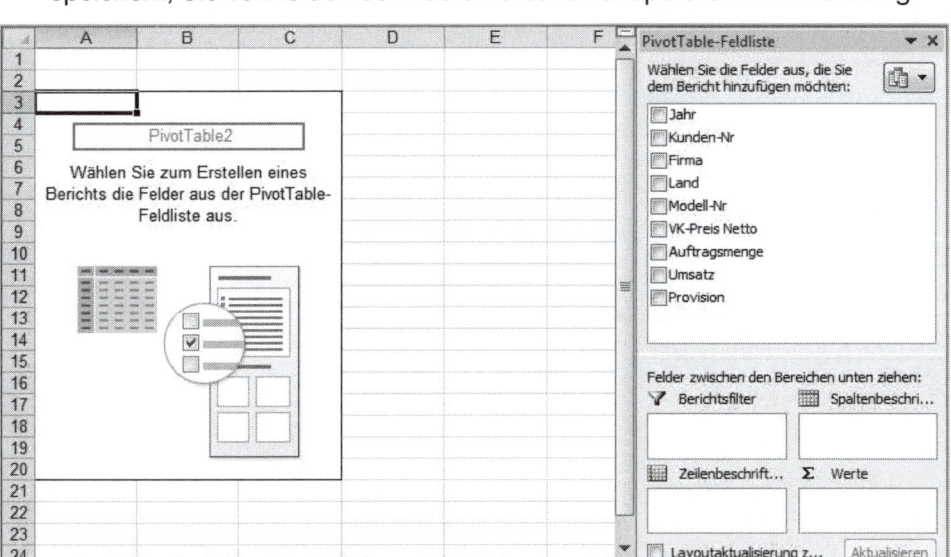

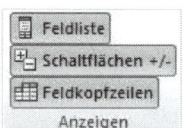

Feldliste ein- und aus-
blenden

Nachdem Sie mit OK bestätigt haben, fügt Excel einen leeren Tabellenbereich ein und am rechten Fensterrand erscheint die PIVOTTABLE-FELDLISTE mit den verfügbaren Feldern, bzw. Spaltenüberschriften. Gleichzeitig stehen Ihnen im Menüband die PIVOTTABLE-TOOLS mit den Registern OPTIONEN und ENTWURF zur Verfügung. Beachten Sie, dass die Feldliste nur dann verfügbar ist, wenn gleichzeitig der Pivot-Tabellenbereich aktiviert ist. Wurde die Feldliste versehentlich ausgeblendet, so klicken Sie im Register PIVOTTABLE-TOOLS, OPTIONEN in der Gruppe ANZEIGEN auf die Schaltfläche FELDLISTE.

Felder hinzufügen und verschieben

Unterhalb der eigentlichen Feldliste finden Sie die Bereiche einer Pivot-Tabelle, die gleichzeitig das Layout der Tabelle steuern. Das Aussehen der Feldliste kann über das Symbol in der oberen rechten Ecke geändert werden.

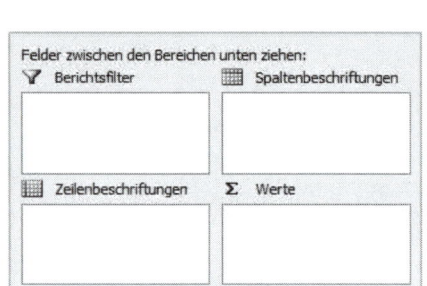

Bereiche der Pivot-Tabelle

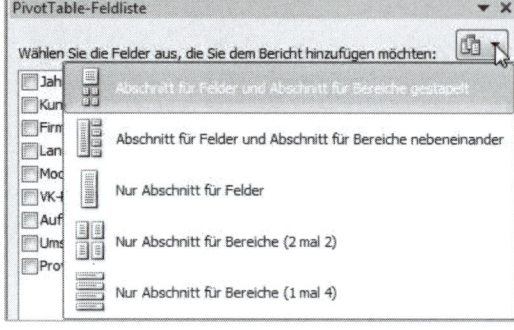

Anzeige der Feldliste steuern

Bereiche einer Pivot-Tabelle

Eine Pivot-Tabelle setzt sich aus folgenden Bereichen zusammen:

Berichtsfilter	Berichtsfilter können optional verwendet werden, um die gesamte Tabelle zu filtern.
Spaltenbeschriftungen	Hier werden aus den Inhalten eines Feldes die Spaltenbeschriftungen gebildet.
Zeilenbeschriftungen	Hier werden aus den Inhalten eines Feldes die Zeilenbeschriftungen gebildet.
Werte	Dieser Bereich enthält Felder, die Sie auswerten/ zusammenfassen möchten.

Zum Hinzufügen der Felder können Sie unter zwei Möglichkeiten wählen:

Ziehen Sie die Felder in die Bereiche

- Am einfachsten ziehen Sie die Felder aus der Feldliste einfach mit gedrückter Maustaste in den entsprechenden Bereich.

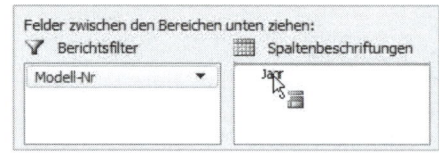

- Oder klicken Sie in der Feldliste mit der rechten Maustaste auf das entsprechende Feld und wählen aus dem Kontextmenü den gewünschten Bereich.

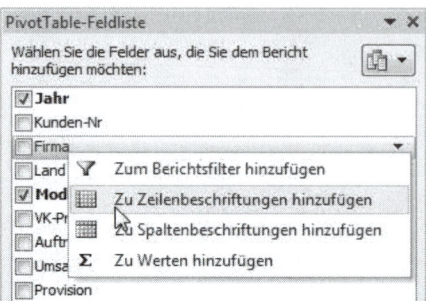

Umgekehrt können Sie genauso einfach Felder wieder aus einem Bereich entfernen oder in einen anderen Bereich verschieben:

- Deaktivieren Sie entweder in der Feldliste das Kontrollkästchen des entsprechenden Feldes.

- Oder ziehen Sie das Feld aus dem Bereich heraus, bzw. in einen anderen Bereich.

Felder verschieben/ entfernen

Für die unten abgebildete Tabelle benötigen Sie das Feld FIRMA als Zeilenbeschriftung und das Feld JAHR als Spaltenbeschriftung, für das Feld UMSATZ im Wertebereich werden die Summen berechnet. Optional können Sie auch noch das Feld MODELL-NR als Berichtsfilter verwenden. In der fertigen Pivot-Tabelle sind die Zeilen- und Spaltenbeschriftungen mit Schaltflächen versehen, gleichzeitig wurde der Tabelle automatisch eine Formatvorlage zugewiesen. Standardmäßig werden außerdem die Zeilen- und Spaltensummen angezeigt.

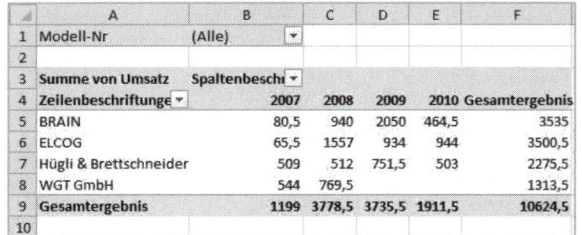 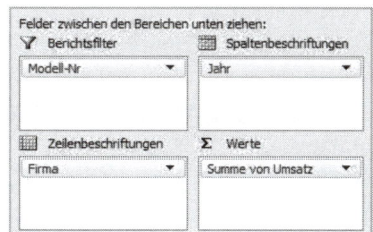

Excel 2003 Arbeitsmappe

In einer Arbeitsmappe im Excel 97-2003 Dateiformat, die mit Excel 2003 oder älter erstellt wurde, kann die leere Pivot-Tabelle etwas anders aussehen und Sie können die Felder aus der Feldliste direkt in die Tabelle ziehen.

Excel 97-2003 Dateityp

Diese Möglichkeit können Sie über die Optionen für Pivot-Tabellen aktivieren. Näheres dazu finden Sie auf Seite 86.

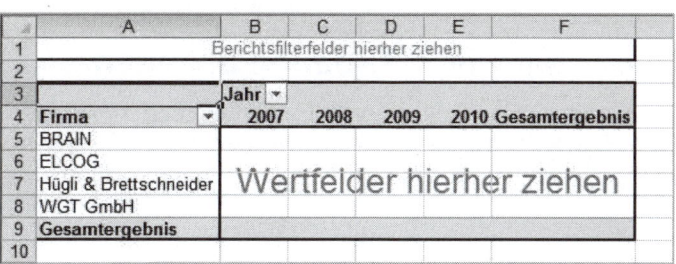

Tabelle löschen oder verschieben

Beachten Sie beim Löschen oder Verschieben einer Pivot-Tabelle, dass diese zusammen mit dem Berichtsfilter einen zusammenhängenden Bereich bildet. Am einfachsten verwenden Sie daher zum Löschen die Schaltfläche LÖSCHEN im Register OPTIONEN, Gruppe AKTIONEN. Mit der Schaltfläche PIVOTTABLE VERSCHIEBEN können Sie auch nachträglich die Position der Tabelle ändern, bzw. sie in ein neues Arbeitsblatt verschieben.

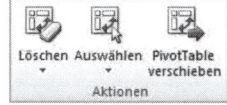

Pivot-Tabelle formatieren

Zur optischen Aufbereitung einer Pivot-Tabelle können Sie alle bekannten Formatierungen anwenden. Dies gilt sowohl für allgemeine Zellformate als auch für Zahlenformate. Auch Spaltenbreiten und Zeilenhöhen können jederzeit angepasst werden, beachten Sie aber, dass Excel bei der Verwendung von Filtern, bzw. nach Aufheben eines Filters automatisch die ursprünglichen Spaltenbreiten wiederherstellt.

Optionen für Pivot-Tabellen, Seite 85

Zur schnellen Formatierung stehen Ihnen im Register ENTWURF in der Gruppe PIVOTTABLE-FORMATE verschiedene Vorlagen zur Verfügung. In der Gruppe OPTIONEN FÜR PIVOTTABLE-FORMATE legen Sie fest, für welche Bereiche die Formate übernommen werden sollen.

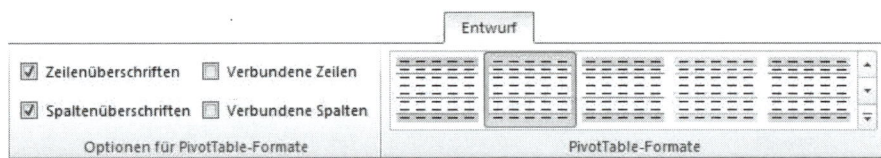

Beschriftungen ändern

Verwenden Sie die
Bearbeitungsleiste

Die Zeilen- und Spaltenbeschriftungen können jederzeit geändert werden, dies hat keinerlei Auswirkung auf die Inhalte der Quelltabelle. Allerdings ist dies nur in der Bearbeitungsleiste möglich, bei einem Doppelklick auf eine Zelle erhalten Sie eine Fehlermeldung. Markieren Sie beispielsweise in der Pivot-Tabelle die Zelle SPALTENBESCHRIFTUNGEN und geben Sie in der Bearbeitungsleiste eine aussagefähige Beschriftung ein. Genauso verfahren Sie mit der Zeilenbeschriftung und der Beschriftung der Gesamtergebnisse.

Keine Änderung der
Quelldaten

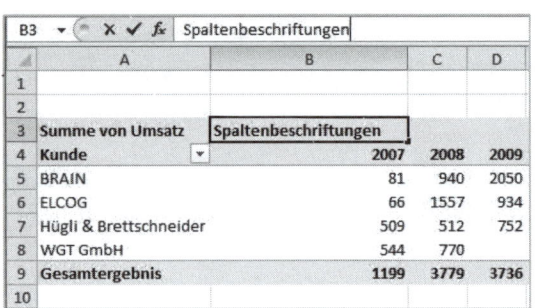

5.3.　　Mit Pivot-Tabellen arbeiten

Zur weiteren Bearbeitung von Pivot-Tabellen stehen Ihnen im Menüband mit den PIVOTTABLE-TOOLS die Register OPTIONEN und ENTWURF zur Verfügung. Eine andere Möglichkeit stellt das Kontextmenü der rechten Maustaste dar.

Daten aktualisieren

Alt+F5

Bei Änderung der Daten in der Quelltabelle müssen Sie eine Pivot-Tabelle manuell aktualisieren. Klicken Sie dazu in die Pivot-Tabelle und klicken Sie im Register OPTIONEN auf die Schaltfläche AKTUALISIEREN. Sie können wählen, ob nur die markierte Tabelle oder alle Informationen in der Arbeitsmappe, die sich auf die Datenquelle beziehen aktualisiert werden sollen. Sie können aber auch mit der rechten Maustaste an eine beliebige Stelle innerhalb der Tabelle klicken und den AKTUALISIEREN-Befehl aus dem Kontextmenü verwenden oder die Tastenkombination Alt+F5 verwenden.

Nachträglich hinzugefügte Spalten und Zeilen berücksichtigen

Bei der Aktualisierung werden ausschließlich Änderungen innerhalb des ursprünglich festgelegten Datenbereichs berücksichtigt. Neu hinzugefügte Zeilen am Ende der Tabelle oder nachträglich rechts angefügte Spalten werden ignoriert. Wird allerdings eine Spalte nachträglich innerhalb des festgelegten Zellbereichs eingefügt, so ist diese nach dem Aktualisieren in der Feldliste verfügbar.

Siehe Lektion 3.5
und 2.4

Eine andere Lösung besteht darin, dass Sie vor Erstellung der Pivot-Tabelle den Zellbereich als dynamische Tabelle (Liste) definieren oder für die Quelldaten einen Bereichsnamen festlegen und anstelle fester Zellbezüge die Funktion BEREICH.VERSCHIEBEN verwenden.

Datenquelle neu definieren

Sie können die Datenquelle auch manuell ändern: Aktivieren Sie mit einem Mausklick die Pivot-Tabelle und klicken Sie im Register OPTIONEN, Gruppe DATEN auf die Schaltfläche DATENQUELLE ÄNDERN. Anschließend können Sie den Zellbereich für die Datenquelle neu festlegen.

Datenbereich neu festlegen

Tabelle filtern

Spalten und Zeilen filtern

Das Löschen einzelner Zeilen und/oder Spalten ist in einer Pivot-Tabelle nicht möglich. Sie können allerdings Elemente ausblenden, bzw. die Tabelle filtern. Benötigen Sie in der Tabelle beispielsweise ausschließlich die Umsätze der Jahre 2009 und 2010, so klicken Sie auf den Dropdown-Pfeil der Spaltenbeschriftungen (Jahre) und aktivieren die gewünschten Jahre. Genauso verfahren Sie, wenn Sie die Anzeige auf bestimmte Firmen beschränken möchten. Gleichzeitig stehen Ihnen über diese Schaltflächen auch alle übrigen Filter- und Sortiermöglichkeiten zur Verfügung.

Feldschaltflächen zum Filtern verwenden

Siehe Lektion 3.2 und 3.3

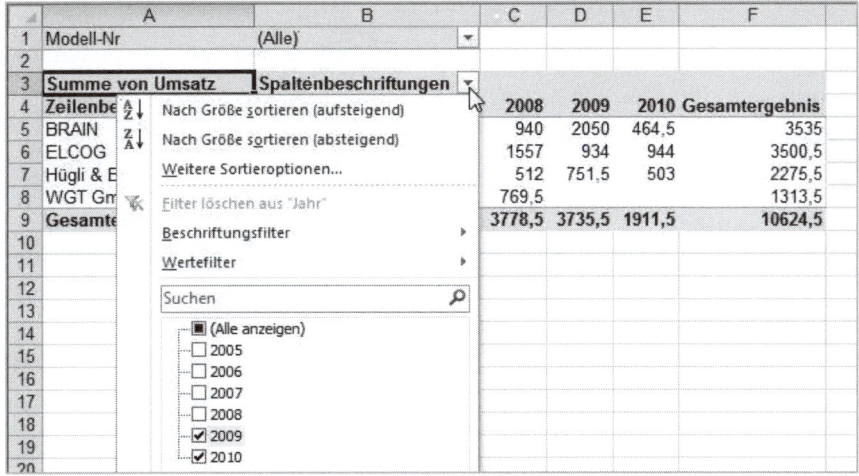

Berichtsfilter

Berichtsfilter erlauben das Filtern der gesamten Pivot-Tabelle. Verwenden Sie beispielsweise die MODELL-NR als Berichtsfilter, so können Sie die Umsätze für jedes einzelne Modell genauer betrachten. Mit einem Mausklick auf den Dropdown-Pfeil des Berichtsfilters öffnen Sie eine Liste aller Modellnummern. Klicken Sie einfach auf die gewünschte Modellnummer. Eine Mehrfachauswahl ist möglich, wenn Sie das Kontrollkästchen MEHRERE ELEMENTE AUSWÄHLEN aktivieren. Aktive Filter erkennen Sie am Filtersymbol der Schaltfläche. Mit der Auswahl (ALLE) heben Sie den Filter wieder auf.

Gesamte Tabelle filtern

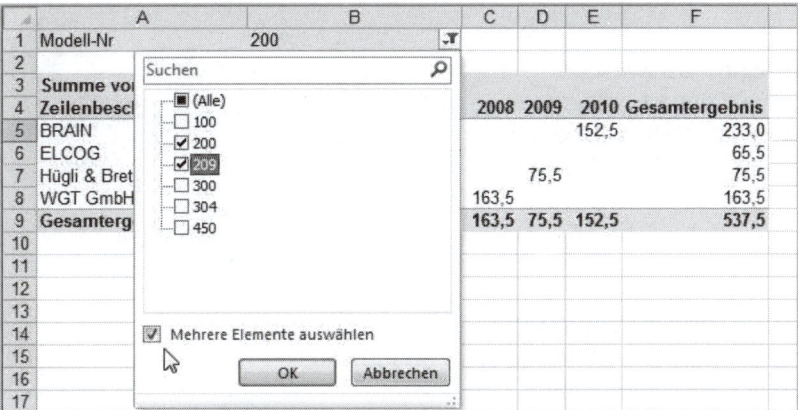

Datenschnitte

Bessere Übersicht über verwendete Filter

Neu ist in Excel 2010 die Verwendung so genannter Datenschnitte zum Filtern. Datenschnitte verwenden Schaltflächen zum Filtern einer Pivot-Tabelle, auf diese Weise sind auch mehrere aktive Filter schnell zu erkennen. Sie sind normalerweise derjenigen Pivot-Tabelle zugeordnet, für die sie erstellt wurden.

Datenschnitt erstellen

Zum Erstellen markieren Sie eine beliebige Zelle der Pivot-Tabelle und klicken im Register PIVOTTABLE-TOOLS – OPTIONEN, Gruppe SOR-TIEREN UND FILTERN auf die Schaltfläche DATEN-SCHNITT EINFÜGEN. Wählen Sie die Felder aus, in diesem Beispiel Jahr und Modell-Nr.

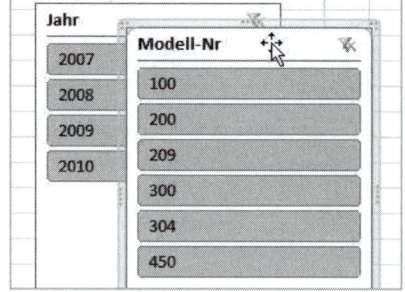

Datenschnitte können beliebig platziert werden

Die Datenschnitte werden überlagert am Rand der Pivot-Tabelle in das Arbeitsblatt eingefügt und können nun mit der Maus beliebig verschoben, sowie vergrößert oder verkleinert werden.

Datenschnitt verwenden

Klicken Sie auf einen Wert

Zum Filtern klicken Sie mit der Maus auf eine der Schaltflächen eines Daten-schnitts, im unten abgebildeten Beispiel das Jahr 2010. Der zweite Datenschnitt Modell-Nr. wird sofort angepasst und auch die Pivot-Tabelle entsprechend aktualisiert. Klicken Sie nun im Datenschnitt Modell-Nr. auf ein bestimmtes Modell, so wird die Anzeige der Pivot-Tabelle erneut geändert und zeigt jetzt ausschließlich die Umsätze der gewählten Modell-Nr. im Jahr 2010 an.

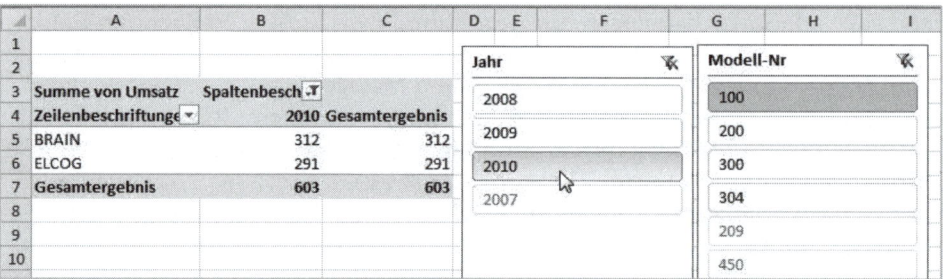

Mehrfachauswahl mit gedrückter Strg-Taste

Mehrere Schaltflächen auswählen

Um mehrere Schaltflächen gleichzeitig auszuwählen, klicken Sie die Schaltflächen nacheinander mit gedrück-ter Strg-Taste an, hier die Modellnummern 100, 200 und 304.

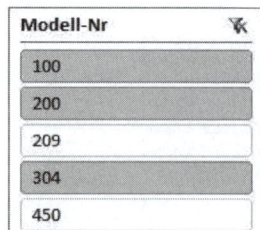

Alle anzeigen

Filter löschen

Mit einem Mausklick auf die Schaltfläche FILTER LÖSCHEN werden alle Schaltflächen des Datenschnitts ausgewählt und somit wieder alle Daten angezeigt.

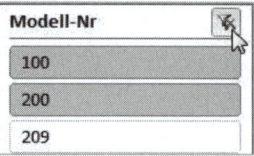

Datenschnitte formatieren

Bei Bedarf können Sie einen Datenschnitt mit einer Datenschnitt-Formatvorlage formatieren, zu diesem Zweck finden Sie im Register DATENSCHNITT-TOOLS, OPTIONEN verschiedene Vorlagen.

Datenschnitt entfernen

Um einen Datenschnitt vollständig aus einem Arbeitsblatt zu entfernen klicken Sie mit der rechten Maustaste in den Datenschnitt und auf den Befehl ...ENTFERNEN oder klicken Sie einfach in den Datenschnitt und verwenden die Entf-Taste der Tastatur. **Achtung:** aktive Filter werden beim Entfernen eines Datenschnitts nicht automatisch gelöscht, Sie sollten also zuvor alle Filter entfernen!

Vorher Filter entfernen!

Tabelle sortieren

Die üblichen Methoden der Sortierung können auch für Pivot-Tabellen verwendet werden. Standardmäßig sind Pivot-Tabellen nach den Elementen der Zeilenbeschriftung sortiert. Um nach Werten zu sortieren, beispielsweise den Gesamtergebnissen, markieren Sie einfach eine beliebige Zelle dieser Spalte, und wählen im Register OPTIONEN die gewünschte Sortierreihenfolge.

Manuell sortieren

Dynamische Sortierung

Darüber hinaus kann für eine Pivot-Tabelle auch eine dynamische Sortierung festgelegt werden, die bei jeder Aktualisierung der Tabelle automatisch erfolgt. Sollen beispielsweise Kunden immer nach Ihrem Umsatz sortiert werden, so markieren Sie eine beliebige Zelle der Zeilenbeschriftung (Feld FIRMA) und klicken im Register OPTIONEN auf die Schaltfläche SORTIEREN. Wählen Sie die Option ABSTEIGEND und darunter im Listenfeld den Eintrag SUMME VON UMSATZ. Anschließend klicken Sie auf die Schaltfläche WEITERE OPTIONEN... und aktivieren das Kontrollkästchen AUTOSORTIEREN. Standardmäßig erfolgt die Sortierung nach der Gesamtsumme. Wünschen Sie dagegen eine Sortierung nach einer anderen Spalte, so müssen Sie noch die Spalte auswählen. Zuletzt bestätigen Sie mit OK.

Sortierung wird auch nach Aktualisierung angepasst

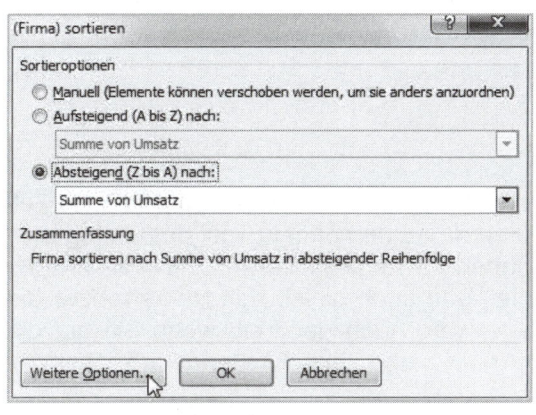

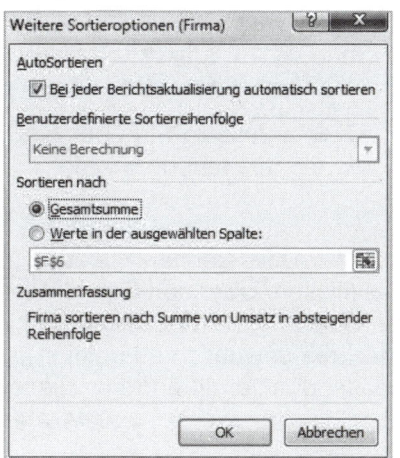

Einzeldatensätze anzeigen

Mit einem Doppelklick auf einen Wert der Pivot-Tabelle kopiert Excel alle dazugehörigen Einzeldatensätze der Datenquelle in ein gesondertes neues Tabellenblatt und zeigt die Daten auf dem Bildschirm an (Drilldown). Möchten Sie beispielsweise wissen, aus welchen Einzelumsätzen sich der Gesamtumsatz eines bestimmten Kunden im Jahr 2008 zusammensetzt, so doppelklicken Sie einfach auf den entsprechenden Umsatz.

Einzelumsätze in ein neues Arbeitsblatt kopieren

	A	B	C	D	E	F	G	H
1	Jahr	Kunden-Nr	Firma	Land	Modell-Nr	VK-Preis Netto	Auftragsmenge	Umsatz
2	2008	971	BRAIN	Österreich	304	620	6	626
3	2008	971	BRAIN	Österreich	100	290	24	314
4								
5								

Blatt löschen

Wird dieses Blatt später nicht mehr benötigt, so kann es problemlos wieder gelöscht werden, die enthaltenen Daten sind lediglich eine Kopie der Quelldaten, werden also auch bei nachträglichen Änderungen nicht automatisch aktualisiert.

5.4. Erweiterte Pivot-Tabellenfunktionen

Berechnungsfunktionen ändern

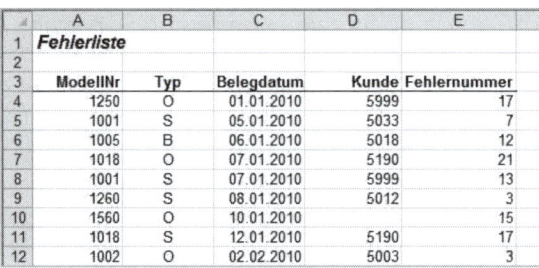

Funktion zur Berechnung ändern

Standardmäßig verwendet Excel zur Zusammenfassung von Zahlen in Pivot-Tabellen die Funktion SUMME. Allerdings ist dies nicht in jedem Fall erwünscht oder sinnvoll. Wenn Sie beispielsweise eine Fehlerstatistik nach der Häufigkeit der vorkommenden Fehlernummern auswerten möchten, dann benötigen Sie dafür die Funktion ANZAHL.

1. Das Feld FEHLERNUMMER wird in diesem Beispiel zwei Mal benötigt: als Zeilenbeschriftung und im Wertebereich zur Ermittlung der Fehlerhäufigkeit. Standardmäßig wird hier allerdings zunächst die Summe der Fehlernummern berechnet.

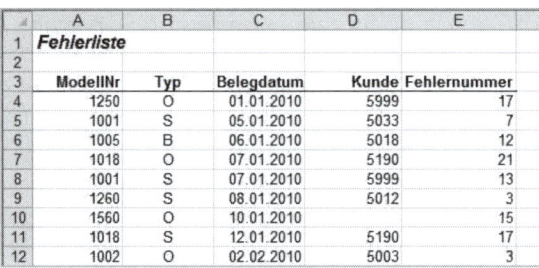

2. Zum Ändern klicken Sie im Register OPTIONEN, Gruppe BERECHNUNGEN auf die Schaltfläche WERTE ZUSAMMENFASSEN NACH und wählen die Funktion Anzahl.

3. Zuletzt ändern Sie über die Bearbeitungsleiste die Spaltenüberschrift.

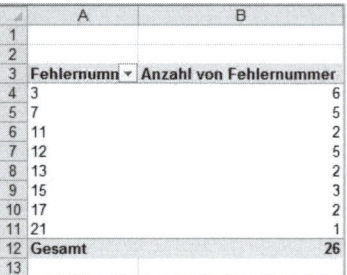

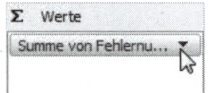

Als Alternative können Sie auch im Wertebereich auf den Dropdown-Pfeil des Feldes klicken. Über den Befehl WERTFELDEINSTELLUNGEN öffnet Excel das Dialogfenster WERTFELDEINSTELLUNGEN und Sie können im Register WERTE ZUSAMMENFASSEN NACH die gewünschte Funktion auswählen und auch gleich den Namen, bzw. die Spaltenüberschrift ändern. Dieses Fenster wird auch geöffnet, wenn Sie auf die Schaltfläche WERTE ZUSAMMENFASSEN NACH und anschließend auf WEITERE OPTIONEN... klicken.

Prozentwerte anzeigen

Ergebnisse in % anzeigen

Neben verschiedenen Funktionen zur Berechnung der Ergebnisse können Sie auch wählen, ob die Ergebnisse als Zahl oder als Prozentwert angezeigt werden sollen. Wenn die Tabelle beides enthalten soll, dann müssen Sie das Feld, in diesem Beispiel die FEHLERNUMMER ein zweites Mal in den Wertebereich ziehen.

1. Im nächsten Schritt klicken Sie in der Pivot-Tabelle in diejenige Spalte, deren Inhalt in Prozentanteilen angezeigt werden soll und wählen im Register OPTIONEN, Gruppe BERECHNUNGEN über die Schaltfläche WERTE ZUSAMMENFASSEN NACH wieder die Funktion Anzahl.

2. Klicken Sie dann im Register OPTIONEN, Gruppe BERECHNUNGEN auf die Schaltfläche WERTE ANZEIGEN ALS und wählen die gewünschte Basis für die Prozentberechnung, im unten abgebildeten Beispiel % DES SPALTENGESAMT-ERGEBNISSES.

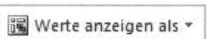

3. Anschließend geben Sie noch eine aussagekräftige Spaltenüberschrift ein und formatieren die Ergebnisse mit der gewünschten Anzahl Dezimalstellen.

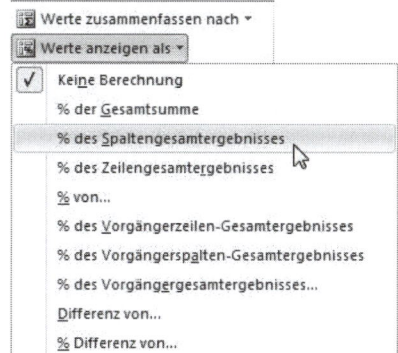

Werte in % der Spaltenergebnisse

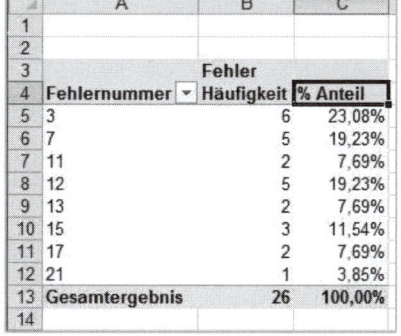

Das Ergebnis

Felder berechnen

Einer der Vorteile von Pivot-Tabellen besteht darin, dass die Werte der ursprünglichen Daten unverändert bleiben. Wenn Sie in der Auswertung Formelergebnisse benötigen, dann können Sie diese Felder in der Pivot-Tabelle berechnen. Sie werden zur Feldliste hinzugefügt und stehen anschließend in allen Pivot-Tabellen zur Verfügung, die auf der gleichen Datenquelle basieren.

Spalten berechnen

> Berechnete Felder können in allen Pivot-Tabellen verwendet werden, die auf der gleichen Datenquelle basieren.

Beispiel: Sie möchten der Pivot-Tabelle ein weiteres Feld Provision hinzufügen, die Provision beträgt 1,5 % des Umsatzes.

1. Klicken Sie im Register OPTIONEN, Gruppe BERECHNUNGEN auf die Schaltfläche FELDER, ELEMENTE UND GRUPPEN und wählen Sie BERECHNETES FELD...

2. Geben Sie einen Namen für das berechnete Feld ein und darunter die Formel zur Berechnung der Provision. Das Feld Umsatz können Sie aus der Liste der Felder übernehmen, indem Sie es markieren und über die Schaltfläche FELD EINFÜGEN in die Formel einfügen, Sie können aber auch den Feldnamen einfach über die Tastatur eingeben.

3. Klicken Sie dann auf HINZUFÜGEN und schließen Sie das Dialogfenster.

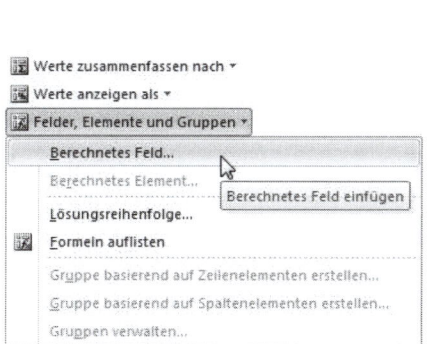

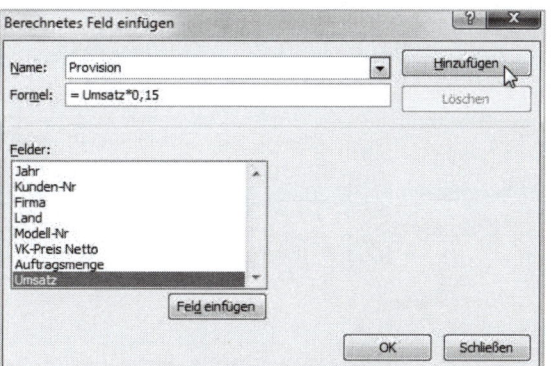

Das Feld PROVISION wird der Feldliste hinzugefügt und erscheint gleichzeitig im Wertebereich der Tabelle.

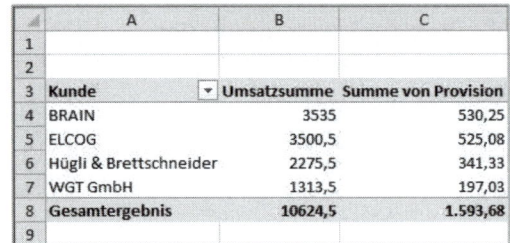

Gruppieren und Teilergebnisse

Mehrere Zeilen- und Spaltenfelder verwenden

Eine Pivot-Tabelle kann auch mehrere Zeilen-, bzw. Spaltenfelder enthalten. Als Ergebnis erhalten Sie eine gruppierte Tabelle. Als Beispiel wurden in der unten abgebildeten Tabelle die Umsätze nach Ländern und Kunden berechnet.

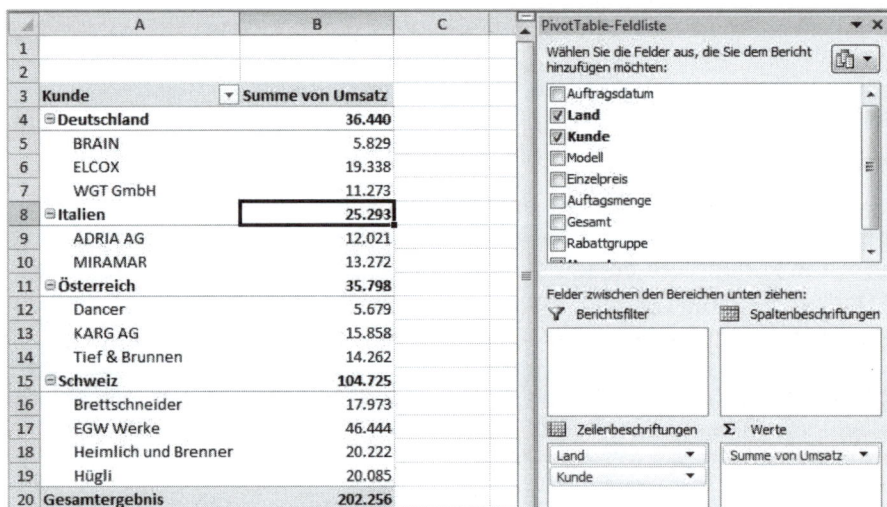

Zusammen mit einer gruppierten Pivot-Tabelle werden automatisch auch die Teilsummen über jede Gruppe berechnet.

Reihenfolge ändern

Reihenfolge

Die Reihenfolge der Felder richtet sich nach der Anordnung im Bereich ZEILENBESCHRIFTUNGEN, das zuerst hinzugefügte Feld bildet automatisch Hauptgruppierung. Um die Reihenfolge zu ändern, ziehen Sie im Bereich ZEILENBESCHRIFTUNGEN ein Feld mit der Maus nach oben oder unten an die gewünschte Position.

Layout bearbeiten

Anzeige von Teilergebnissen und Gesamtergebnissen

Mit den Schaltflächen der Gruppe LAYOUT, Register ENTWURF können Sie das Tabellenlayout ändern.

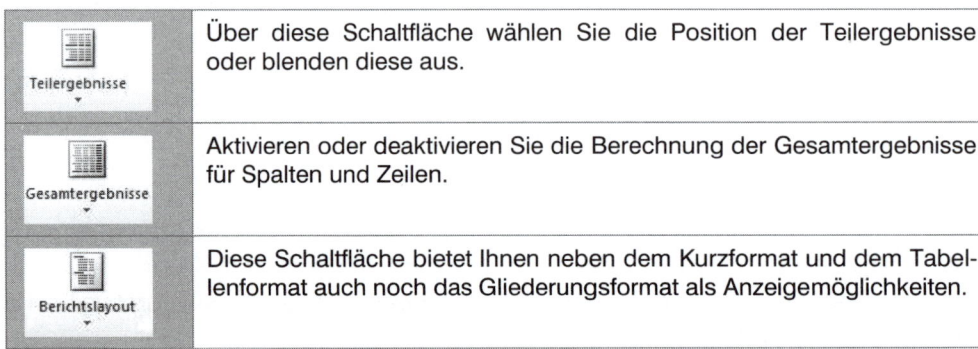

Teilergebnisse	Über diese Schaltfläche wählen Sie die Position der Teilergebnisse oder blenden diese aus.
Gesamtergebnisse	Aktivieren oder deaktivieren Sie die Berechnung der Gesamtergebnisse für Spalten und Zeilen.
Berichtslayout	Diese Schaltfläche bietet Ihnen neben dem Kurzformat und dem Tabellenformat auch noch das Gliederungsformat als Anzeigemöglichkeiten.

 Mit dieser Schaltfläche können Sie Leerzeilen einfügen, um die Übersichtlichkeit der Tabelle zu erhöhen.

Standardmäßig zeigt Excel eine gruppierte Tabelle im Kurzformat an, sollen die Gruppenebenen in verschiedenen Spalten erscheinen, so klicken Sie auf die Schaltfläche BERICHTSLAYOUT und wählen IN GLIEDERUNGSFORMAT ANZEIGEN oder IN TABELLENFORMAT ANZEIGEN. Je nach Berichtslayout ändert sich auch die Position der Teilergebnisse.

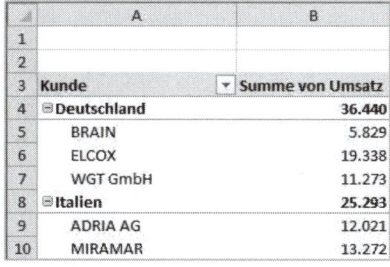

Berichtslayout ändern

Kurzformat   Tabellenformat

Beschriftungen

Im Tabellenformat und im Gliederungsformat werden auch die Texte SPALTENBE-SCHRIFTUNGEN bzw. ZEILENBESCHRIFTUNGEN automatisch durch die jeweiligen Feldnamen ersetzt. Als Alternative können Sie diese Beschriftungen auch über das Register OPTIONEN, Schaltfläche FELDKOPFZEILEN komplett ausblenden bzw. wieder einblenden.

Ausblenden

Einzelergebnisse ein- und ausblenden

Zu jeder Gruppe ist eine kleine Schaltfläche sichtbar, mit der Sie die Einzelelemente aus (-) und einblenden (+). Empfinden Sie diese Schaltflächen als störend, so klicken Sie im Register OPTIONEN, Gruppe ANZEIGEN auf die Schaltfläche zum Deaktivieren der Anzeige.

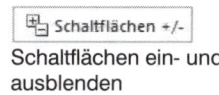
Schaltflächen ein- und ausblenden

Um alle Elemente eines Feldes anzuzeigen, klicken Sie in der Tabelle in die entsprechende Spalte und verwenden im Menüband, Register OPTIONEN die Schaltflächen der Gruppe AKTIVES FELD.

Alle Einzelelemente anzeigen/ausblenden

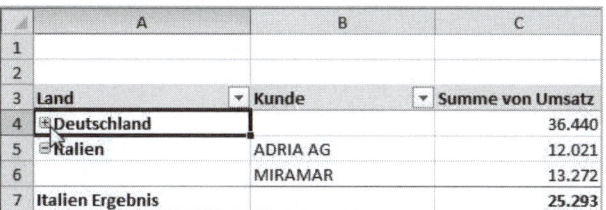

Nach Datum gruppieren

Die im unten abgebildeten Beispiel als Datenquelle verwendete Tabelle enthält Einzelumsätze mit dem Auftragsdatum. In solchen Fällen wird häufig auch eine zusammenfassende Auswertung nach Auftragsmonat und/oder Jahr benötigt. Excel unterstützt für Datumswerte eine Gruppierung nach Monaten, Quartalen und Jahren, für Zahlen müssen Sie die Intervalle für die Gruppeneinteilung angeben.

Werte gruppieren

	A	B	C	D	E	F	G	H	I	J
1	Auftragsdatum	Land	Kunde	Modell	Einzelpreis	Auftagsmeng	Gesamt	Rabattgruppe	Umsatz	
2	02.01.2009	Italien	ADRIA AG	D	75,00	3	225,00	1	218,25	
3	02.01.2009	Österreich	KARG AG	F	450,00	1	450,00	2	405,00	
4	03.01.2009	Italien	ADRIA AG	A	120,00	2	240,00	1	232,80	
5	03.01.2009	Deutschland	ELCOX	G	377,00	2	754,00	1	731,38	
6	03.01.2009	Schweiz	Hügli	H	191,00	3	573,00	1	555,81	
7	06.01.2009	Österreich	Tief & Brunnen	A	120,00	5	600,00	3	510,00	
8	06.01.2009	Österreich	KARG AG	B	85,00	12	1.020,00	3	867,00	

Als Beispiel soll eine Pivot-Tabelle mit den Umsätzen der Länder nach Jahren und Quartalen erstellt werden. So gehen Sie vor:

1. Im ersten Schritt ziehen Sie das Feld AUFTRAGSDATUM in den Bereich Zeilenbeschriftung. Excel bildet nun aus jedem Einzeldatum eine Zeile.

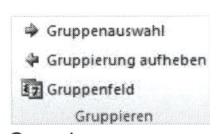
Gruppieren

2. Markieren Sie nun in der Pivot-Tabelle ein beliebiges Datum und klicken Sie im Register OPTIONEN, Gruppe GRUPPIEREN auf die Schaltfläche GRUPPENFELD.

3. Das Dialogfenster GRUPPIERUNG wird geöffnet. Markieren Sie nacheinander die benötigten Gruppierungen, in diesem Beispiel Tage, Monate, Quartale und Jahre. Bei Bedarf können Sie auch Anfangs- und Enddatum festlegen.

Gruppenfelder in der Feldliste

4. Die Gruppenfelder werden zur Feldliste hinzugefügt und können nun als Zeilen- oder Spaltenbeschriftung verwendet werden. Sie stehen ab sofort auch in allen anderen Pivot-Tabellen zur Verfügung, die auf den gleichen Quelldaten basieren.

Ziehen Sie nun die benötigten Felder in die entsprechenden Bereiche und legen Sie Berichtslayout, sowie Anzeige und Position der Teilergebnisse fest.

	A	B	C	D	E	F	G
1							
2							
3	Summe von Umsatz		Land				
4	Jahre	Quartale	Deutschland	Italien	Österreich	Schweiz	Gesamtergebnis
5	2009	Qrtl1	11.569	11.818	5.854	6.184	35.425
6		Qrtl2	2.107	3.627	10.405	28.574	44.713
7		Qrtl3	3.202	7.136	4.953	8.754	24.045
8		Qrtl4	1.433	2.712	1.035	4.787	9.967
9	2009 Ergebnis		18311,56	25292,79	22247,21	48299,26	114150,82
10	2010	Qrtl1	5.770		5.506	12.048	23.324
11		Qrtl2	3.982		3.361	21.354	28.697
12		Qrtl3	4.000		3.426	14.039	21.466
13		Qrtl4	4.376		1.258	8.983	14.618
14	2010 Ergebnis		18128,35		13551,2	56425,3	88104,85
15	Gesamtergebnis		36.440	25.293	35.798	104.725	202.256
16							

Beispiel: Gruppierung nach Datum

Die Funktion Pivotdatenzuordnen

Korrekter Verweis auf Zelle einer Pivot-Tabelle

Benötigen Sie für weitere Auswertungen nur bestimmte Inhalte einer Pivot-Tabelle, die sich entweder in einem anderen Arbeitsblatt oder in einer anderen Arbeitsmappe befindet? Oder möchten Sie ein Diagramm erstellen, das nur einige Werte einer Pivot-Tabelle einbezieht? Dann brauchen Sie Verweise auf die entsprechenden Zellen der Pivot-Tabelle. Excel verwendet in diesem Fall anstelle eines Zellbezugs automatisch die Funktion PIVOTDATENZUORDNEN, allerdings nur, wenn Sie auf eine einzelne Zelle verweisen. Dadurch ist sichergestellt, dass der Verweis auch nach Aktualisierung bzw. Änderung der Pivot-Tabelle noch korrekt ist.

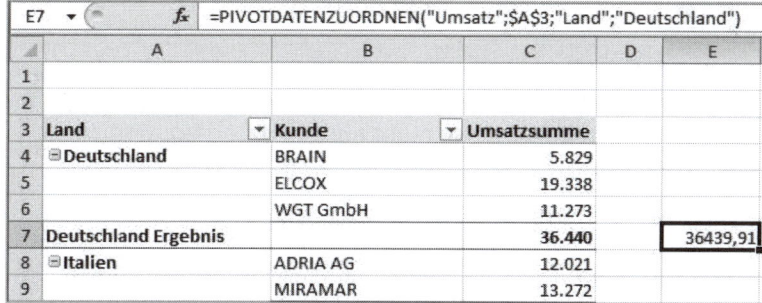

| E7 | ▾ | fx | =PIVOTDATENZUORDNEN("Umsatz";$A$3;"Land";"Deutschland") | | | |

⊿	A	B	C	D	E
1					
2					
3	**Land** ▾	**Kunde** ▾	**Umsatzsumme**		
4	⊟Deutschland	BRAIN	5.829		
5		ELCOX	19.338		
6		WGT GmbH	11.273		
7	**Deutschland Ergebnis**		**36.440**		36439,91
8	⊟Italien	ADRIA AG	12.021		
9		MIRAMAR	13.272		

Nachteile der Funktion:

- Die Funktion kann nicht in angrenzende Zellen kopiert werden

- Befindet sich die Pivot-Tabelle in einer anderen Arbeitsmappe, so muss diese Mappe beim späteren Öffnen ebenfalls geöffnet sein, andernfalls erhalten Sie den Fehlerwert #BEZUG.

Optionen für Pivot-Tabellen

Sobald eine Zelle einer Pivot-Tabelle markiert ist, stehen Ihnen entweder über das Kontextmenü der rechten Maustaste oder die Schaltfläche OPTIONEN im Register OPTIONEN, Gruppe PIVOTTABLE einige nützliche Optionen zur Verfügung.

- Im Feld NAME können Sie den Namen der Tabelle ändern.

- Unter FORMAT geben Sie Text an, der anstelle eines Fehlerwertes oder für leere Zellen angezeigt werden soll.

- Deaktivieren Sie das Kontrollkästchen SPALTENBREITEN BEI AKTUALISIERUNG AUTOMATISCH ANPASSEN, wenn Sie die geänderten Spaltenbreiten auch nach Aktualisierungen beibehalten möchten.

Spaltenbreite nach Aktualisierung beibehalten

- ZELLFORMATIERUNG BEI AKTUALISIERUNG BEIBEHALTEN bewirkt, dass Formate wie beispielsweise Hintergrundfarbe für bestimmte Datengruppen auch dann beibehalten werden, wenn die Elemente umgestellt werden.

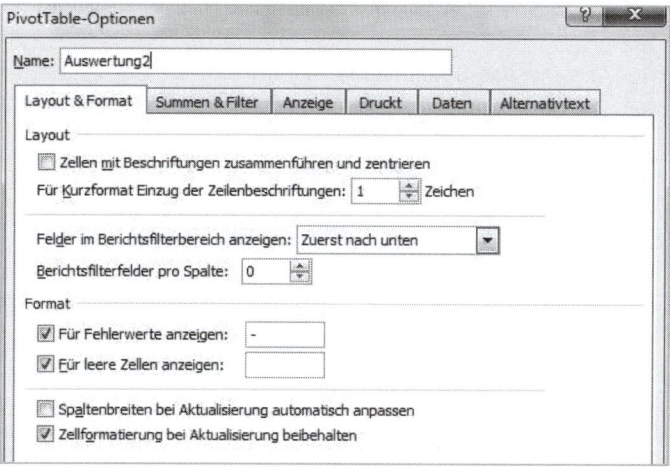

- Im Register ANZEIGE können Sie bei Bedarf auch das klassische PivotTable-Layout aktivieren, das das Ziehen von Feldern direkt in die Tabelle erlaubt.

Excel 97-2003 Dateityp

- Das Register DRUCKT bietet Einstellungen zum Drucken der Tabelle an.

- Das Register DATEN erlaubt das automatische Aktualisieren beim Öffnen der Datei. QUELLDATEN MIT DATEI SPEICHERN bedeutet, externe Daten werden zusammen mit der Pivot-Tabelle gespeichert.

Beim Öffnen automatisch aktualisieren

5.5. Pivot-Diagramme

Mit PivotCharts können auch Diagramme erstellt werden. In Bezug auf Layout und Formatierungen unterscheiden sich Pivot-Charts nicht von normalen Excel-Diagrammen, daher wird auf diese Punkte hier nicht mehr näher eingegangen.

PivotChart erstellen

Die Erstellung eines Pivot-Diagramms unterscheidet sich nur wenig von der Erstellung einer Pivot-Tabelle:

1. Markieren Sie eine beliebige Zelle innerhalb der Datenquelle, klicken Sie im Register EINFÜGEN auf den Dropdown-Pfeil der Schaltfläche PIVOTTABLE und wählen Sie den Eintrag PIVOTCHART.

Diagramm + Tabelle

2. Excel erstellt einen verknüpften, leeren Tabellenbereich zusammen mit einer leeren Diagrammfläche. Gleichzeitig erscheint am rechten Fensterrand die PIVOTTABLE-FELDLISTE mit den Diagrammbereichen.

3. Im nächsten Schritt ziehen Sie die Felder aus der Feldliste in die Bereiche.

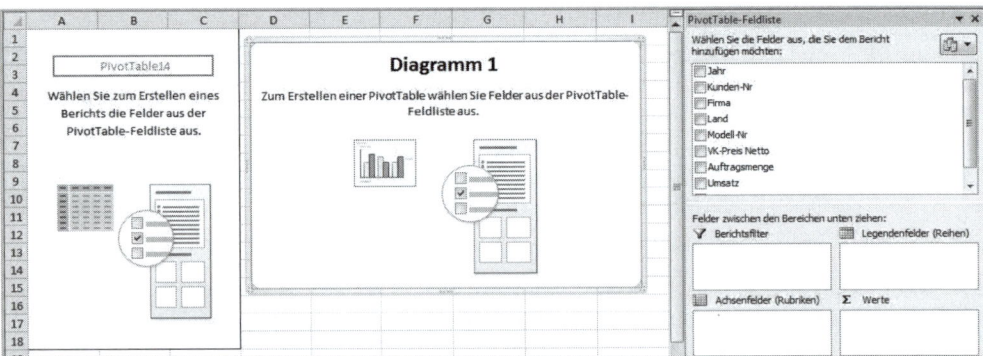

Bereiche

PivotCharts unterscheiden die folgenden Bereiche:

Berichtsfilter	Berichtsfilter sind optional und können verwendet werden, um das gesamte Diagramm zu filtern, siehe auch Pivot-Tabellen.
Legendenfelder (Reihen)	Anstelle der Spaltenfelder finden Sie hier die Legendenfelder. Sie werden nur benötigt, wenn das Diagramm mehrere Datenreihen enthalten soll.
Achsenfelder (Rubriken)	Der Bereich Achsenfelder bildet die Achsenbeschriftung.
Wertebereich	In diesen Bereich ziehen Sie die darzustellenden Werte, beispielsweise die Umsätze.

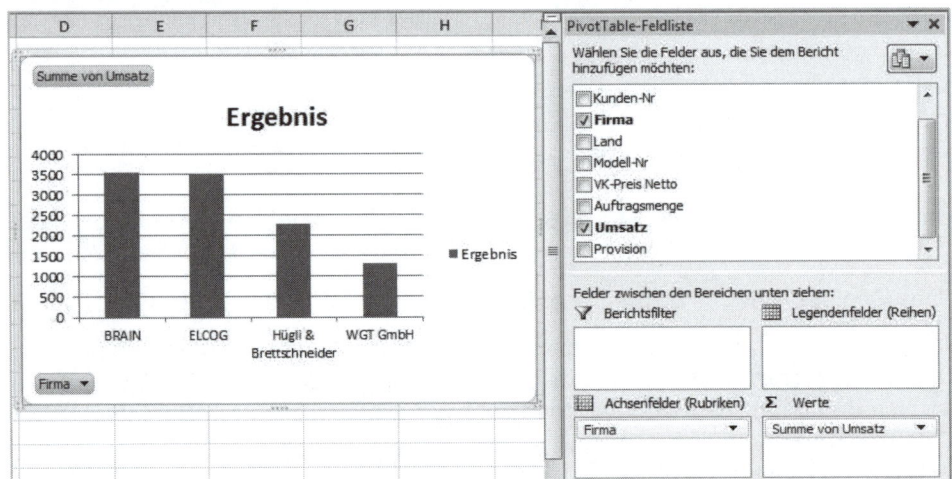

Im Beispiel oben wurde das Feld FIRMA als Achsenfeld verwendet, der Wertebereich enthält das Feld UMSATZ und wird im Diagramm durch Säulen dargestellt. Gleichzeitig erscheinen die Daten auch in der verknüpften Pivot-Tabelle.

Wenn Sie dem Diagramm eine weitere Reihe hinzufügen möchten, beispielsweise die AUFTRAGSMENGE, dann ziehen Sie dieses Feld einfach in den Wertebereich, die Legende zu den Reihen wird automatisch erstellt.

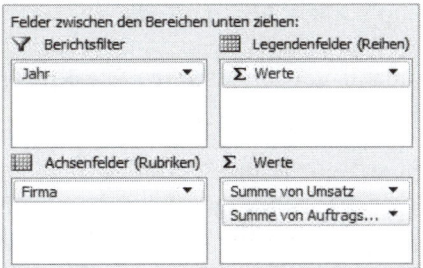

Diagramm bearbeiten

Zusammen mit einem markierten Diagramm stehen Ihnen im Menüband die PIVOTCHART-TOOLS mit den Registern ENTWURF, LAYOUT, FORMAT und ANALYSE zur Verfügung. Im Register ENTWURF finden Sie eine ganze Reihe von Diagrammformatvorlagen, weitere Anpassungen der Formatierung können Sie im Register FORMAT vornehmen. Im Register LAYOUT können Sie Beschriftungen hinzufügen und platzieren.

Diagramm formatieren

Diagrammtyp ändern

Excel erstellt standardmäßig ein Säulendiagramm, zum Ändern des Diagrammtyps klicken Sie im Register ENTWURF, Gruppe TYP auf die Schaltfläche DIAGRAMMTYP ÄNDERN. Ein Dialogfeld wird geöffnet, markieren Sie den gewünschten Typ bzw. Untertyp und bestätigen Sie mit OK.

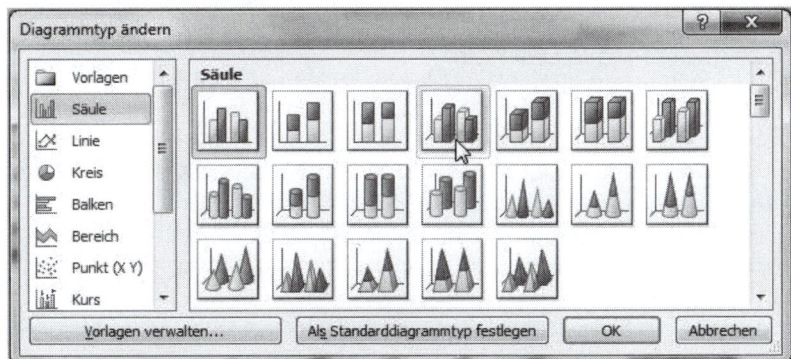

Platzierung und Größenänderung

Zunächst wird das Diagramm zusammen mit der verknüpften Tabelle in einem neuen Arbeitsblatt eingefügt. Innerhalb dieses Arbeitsblattes können Sie das Diagramm beliebig mit der Maus verschieben. Soll das Diagramm in ein anderes Tabellenblatt oder in ein eigenes Blatt verschoben werden, so verwenden Sie im Register ENTWURF die Schaltfläche DIAGRAMM VERSCHIEBEN. Wählen Sie die gewünschte Option bzw. das Tabellenblatt.

Diagramm in ein anderes Blatt verschieben

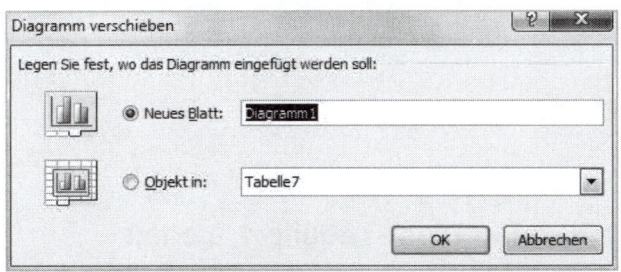

Filtern und sortieren

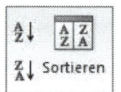

Siehe Lektion 5.3

Sortieren

Standardmäßig werden Pivot-Diagramme aufsteigend nach der Achsenbeschriftung sortiert. Möchten Sie ein Diagramm nach den Werten der Datenreihen sortieren, so müssen Sie dies in der dazugehörigen Pivot-Tabelle vornehmen. Die genaue Vorgehensweise wurde bereits in Zusammenhang mit Pivot-Tabellen beschrieben.

Siehe 5.3
Filter und Datenschnitte verwenden

PivotChart filtern

PivotCharts verfügen über die gleichen Filterschaltflächen wie Pivot-Tabellen. Zum Filtern klicken Sie auf den Dropdown-Pfeil, beispielsweise des Berichtsfilters und wählen die gewünschten Werte. Da die Inhalte des Diagramms abhängig sind von der dazugehörigen Tabelle, können Sie als Alternative auch die Pivot-Tabelle filtern, das Diagramm wird automatisch geändert.

Datenschnitte

Datenschnitte stellen ebenfalls eine sehr gute und übersichtliche Möglichkeit zum Filtern von Diagrammen dar. Zum Hinzufügen eines Datenschnitts klicken Sie im Register ANALYSE, Gruppe DATEN auf die Schaltfläche DATENSCHNITT EINFÜGEN und auf den Befehl Datenschnitt einfügen.... Wählen Sie ein oder mehrere Felder, die Sie zum Filtern verwenden möchten und bestätigen Sie mit Ok.

Siehe auch Datenschnitte in Pivot-Tabellen

Datenschnitte können im Arbeitsblatt beliebig verschoben, vergrößert oder verkleinert werden. Zum Filtern klicken Sie auf eine der Schaltflächen. Sollen mehrere gleichzeitig ausgewählt werden, so klicken Sie die Schaltflächen nacheinander mit gedrückter Strg-Taste an. Die Schaltfläche FILTER LÖSCHEN entfernt alle Filter und zeigt wieder alle Daten an.

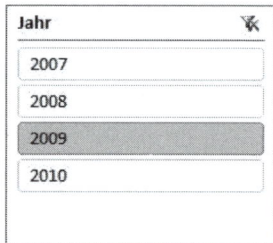

Schaltflächen ausblenden

In manchen Fällen werden die Feldschaltflächen in PivotCharts als störend empfunden. Zum Ausblenden klicken Sie im Register ANALYSE, Gruppe EINBLENDEN/AUSBLENDEN auf die Schaltfläche FELDSCHALTFLÄCHEN und deaktivieren einzelne Schaltflächen oder klicken auf den Befehl ALLE AUSBLENDEN.

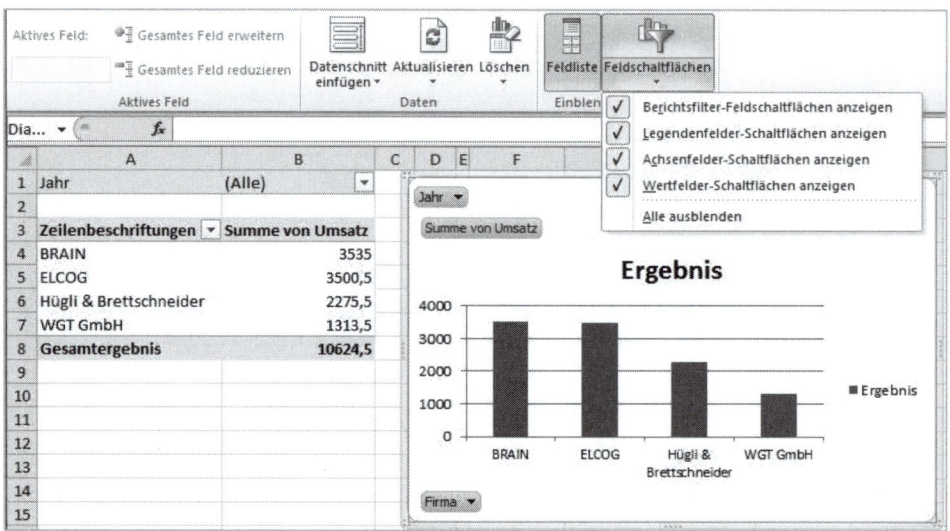

Diagramm aus einer bestehenden Pivot-Tabelle erstellen

Alternativ können Sie auch aus einer bestehenden Pivot-Tabelle ein Diagramm erstellen. Markieren Sie dazu eine beliebige Zelle innerhalb der Tabelle und wählen Sie anschließend im Register EINFÜGEN, Gruppe DIAGRAMME den gewünschten Diagrammtyp aus. Bei dieser Vorgehensweise können allerdings Probleme entstehen, Sie sollten daher die folgenden Punkte berücksichtigen:

Aus bestehender Pivot-Tabelle

- Die Tabelle sollte nicht zu komplex sein, also nicht zu viele Informationen enthalten, da sonst das Diagramm unübersichtlich wird.

- Das Tabellenlayout, also die Anordnung der Werte in Zeilen oder Spalten bestimmt bei den meisten Diagrammtypen, beispielsweise Säulen- oder Balkendiagramme auch die Anordnung der Reihen.

- Alle Änderungen am Diagramm wirken sich auch auf die verknüpfte Tabelle aus und umgekehrt.

Vorsicht bei Änderungen an Diagramm und Tabelle

In manchen Fällen kann es daher sinnvoll sein, besser ein neues Pivot-Diagramm mit dazugehöriger Tabelle zu erstellen.

Beispiel: Die unten abgebildete gruppierte Tabelle enthält die monatlichen Umsätze aus zwei Jahren. Jahre und Monate bilden die Zeilenbeschriftungen, das daraus erstellte Diagramm zeigt daher Jahre und Monate als Achsenbeschriftung.

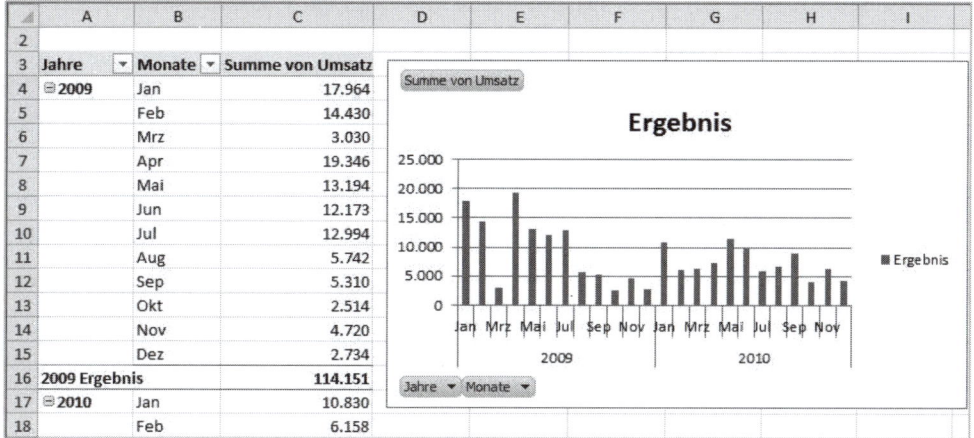

Wünschen Sie im Diagramm eine Darstellung, die für jeden Monat die beiden Jahre gegenüberstellt, dann müssen Sie in der Tabelle das Feld JAHRE als Spaltenüberschriften verwenden. Wenn Sie stattdessen das Diagramm aktivieren und das Feld JAHRE in den Bereich LEGENDENFELDER ziehen, dann wird die Tabelle automatisch geändert. Das Ergebnis ist in beiden Fällen gleich.

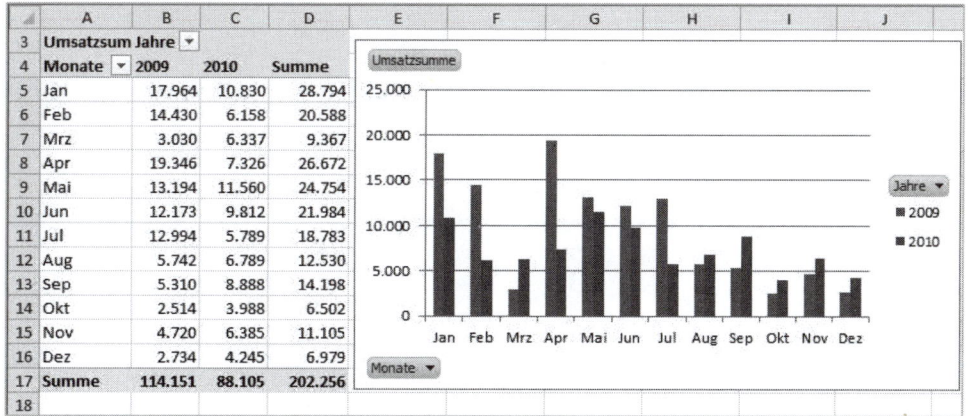

PIVOT-TABELLEN

5.6. Zusammenfassung

- Mit Pivot-Tabellen lassen sich große Datenmengen zusammenfassen und auswerten. Allerdings wird eine Pivot-Tabelle, im Gegensatz zu normalen Excel-Funktionen bei Änderung der Quelldaten nicht automatisch neu berechnet, Sie müssen daher die Tabelle manuell aktualisieren. Nicht alle Tabellen eignen sich für Pivot-Tabellen: so muss eine Tabelle mehrfach vorkommende Werte enthalten, benötigt Spaltenüberschriften und sollte keine Leerzeilen und leeren Spalten enthalten.

- Das Layout einer Pivot-Tabelle ist sehr flexibel, d.h. Sie können die Felder mit der Maus beliebig anordnen und auch nachträglich wieder ändern. Gleichzeitig sind Pivot-Tabellen auch interaktiv, Detailwerte oder Teilsummen lassen sich beliebig ein- und ausblenden. Zum Filtern einer Pivot-Tabelle können Sie entweder den Berichtsfilter oder Datenschnitte verwenden.

- Zur Berechnung der Werte stehen neben der SUMME auch die wichtigsten statistischen Funktionen zur Verfügung. Die Werte können sowohl als Zahl, als auch als Prozentwerte angezeigt werden. Enthält die Tabelle mit den Quelldaten Datumswerte, so ist auch eine Gruppierung nach Datumsintervallen wie Monaten, Quartalen oder Jahren möglich.

- Bei der Erstellung eines Pivot-Diagramms wird gleichzeitig auch die dazugehörige Tabelle mit eingefügt. Alle Änderungen am Layout der Tabelle wirken sich auf das Diagramm aus und umgekehrt.

Bemerkungen:

6. Diagramme für Fortgeschrittene

In dieser Lektion lernen Sie

- Weitere Diagrammtypen
- Unterschiedliche Diagrammtypen kombinieren
- Trendlinien und Fehlerindikatoren hinzufügen
- Probleme in Diagrammen beheben

Was Sie für diese Lektion wissen sollten

- Einfache Diagramme erstellen und formatieren
- Die Standarddiagrammtypen (Säulen, Balken, Linien, Kreis)

Diagramme sind wichtige Hilfsmittel, um Daten und Zusammenhänge zu visualisieren. Einfache Diagramme lassen sich in Excel schnell aus vorhandenen Tabellen erzeugen und werden bei Änderung der Daten automatisch aktualisiert.

6.1. Weniger gebräuchliche Diagrammtypen

Punktdiagramm (XY)

Mit Hilfe eines Punktdiagramms lassen sich Datenreihen als Einzelpunkte innerhalb eines X/Y-Koordinatensystems darstellen. Daher wird dieser Diagrammtyp auch als X/Y-Diagramm bezeichnet. Auf diese Weise können beispielsweise die Werte aus zwei Messreihen miteinander verglichen werden. Jeder Punkt wird durch ein Wertepaar aus den beiden Reihen gebildet. Im Gegensatz zu Liniendiagrammen besteht ein Punktdiagramm aus zwei numerischen Achsen.

X/Y-Diagramm:
2 numerische Achsen

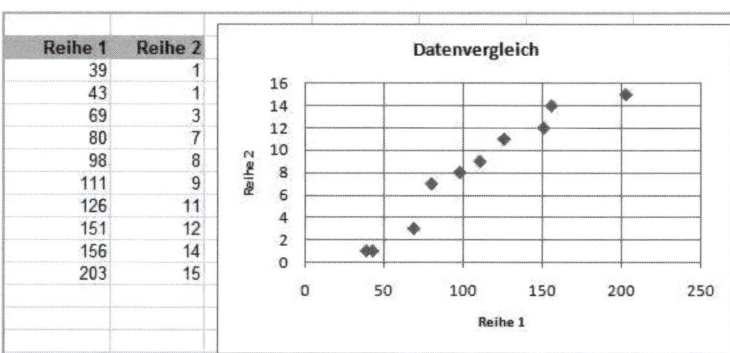

Zu Erstellung eines Punktdiagramms markieren Sie beide Wertereihen (beide müssen Zahlen enthalten) und klicken im Register EINFÜGEN, Gruppe DIAGRAMME auf die Schaltfläche PUNKT. Die folgenden Untertypen stehen zur Auswahl, wobei eine Darstellung mit Verbindungslinien nur für sortierte Reihen geeignet ist.

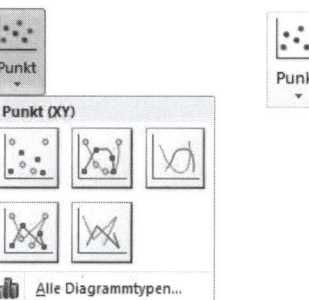

- Punkte
- Interpolierte Kurven, mit oder ohne Datenpunkte
- Interpolierte Geraden, mit oder ohne Datenpunkte

Gitternetz für Y und X-Achse

Vertikale Gitternetzlinien hinzufügen

Standardmäßig fügt Excel allen Diagrammen horizontale Gitternetzlinien hinzu. Um zusätzliche vertikale Gitternetzlinien einzublenden, klicken Sie im Register LAYOUT, Gruppe ACHSEN auf die Schaltfläche GITTERNETZLINIEN und aktivieren unter PRIMÄRE VERTIKALE GITTERNETZLINIEN das HAUPTGITTERNETZ.

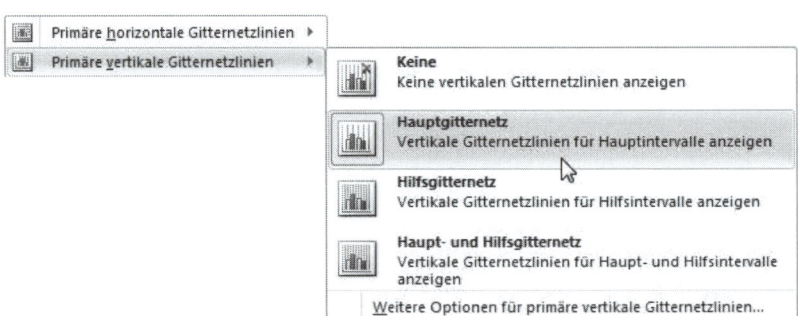

Achsenbeschriftung einfügen

Nun benötigen Sie nur noch eine entsprechende Beschriftung der beiden Achsen: Klicken Sie im Register LAYOUT, Gruppe ACHSEN auf die Schaltfläche ACHSENTITEL und wählen Sie für beide Achsen die Beschriftungsposition. Markieren Sie das Platzhalterfeld und geben Sie die gewünschte Beschriftung ein.

Blasendiagramm

3 Wertereihen

Blasendiagramme stellen eine Sonderform des Punktdiagramms dar, mit dem kleinen Unterschied, dass hier nicht nur zwei, sondern drei Wertereihen dargestellt werden. Die dritte Reihe bestimmt die Größe der Blase.

So können Sie beispielsweise in einem Diagramm die verkauften Stückzahlen, Ausgaben für Werbung und zusätzlich auch noch den Marktanteil darstellen.

	A	B	C	D
1				
2				
3	Produktbereich	Werbung	Verkaufte Stück	Marktanteil in %
4	A	8.000	200	7%
5	B	5.000	300	3%
6	C	15.000	800	12%
7	D	9.000	150	2%
8	E	12.000	500	8%
9				

Automatische Zuordnung zu den Achsen von links nach rechts

Die X-Achse soll die Werbungsausgaben anzeigen, die Y-Achse soll die verkauften Stückzahlen enthalten und die Marktanteile sollen durch die Größe der Blasen dargestellt werden.

Hinweis: Die Zuordnung zu den Achsen erfolgt automatisch, wenn der Bereich B3 bis D8 markiert ist.

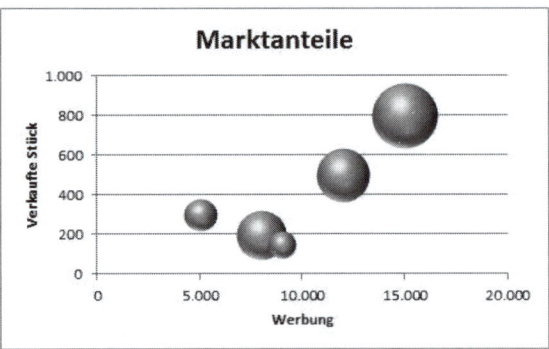

Wenn Sie die Zuweisung der Wertereihen zu den Achsen selbst vornehmen möchten, dann markieren Sie eine beliebige Zelle außerhalb des Tabellenbereichs und beginnen mit einem leeren Diagramm:

1. Klicken Sie im Register EINFÜGEN, Gruppe DIAGRAMME auf die Schaltfläche WEITERE und wählen Sie unter dem Typ BLASENDIAGRAMM entweder 2D- oder 3D-Darstellung.

Datenquelle wählen

2. Im nächsten Schritt fügen Sie die Datenreihen hinzu. Klicken Sie in die leere Diagrammfläche und anschließend im Register ENTWURF auf die Schaltfläche DATEN AUSWÄHLEN. Das Fenster DATENQUELLE AUSWÄHLEN wird geöffnet.

3. Klicken Sie auf die Schaltfläche HINZUFÜGEN.

Datenreihe hinzufügen

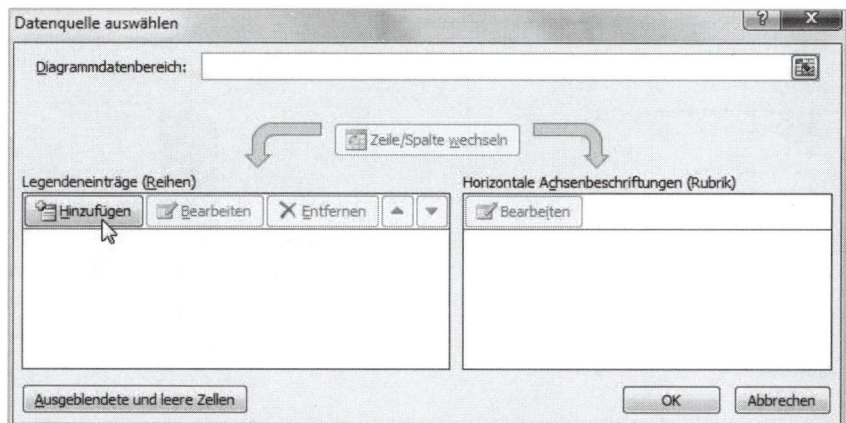

4. Ordnen Sie nun im Fenster DATENREIHE BEARBEITEN die Werte den Achsen zu: Die Werte der Spalte Werbung sollen der waagrechten X-Achse zugeordnet werden: klicken Sie in das Feld WERTE DER REIHE X und markieren Sie in der Tabelle den Zellbereich B4 bis B8. Klicken Sie dann in das Feld WERTE DER REIHE Y und markieren Sie in der Tabelle die verkauften Stückzahlen. Genauso verfahren Sie mit der Reihenblasengröße. Unter REIHENNAME können Sie entweder eine Beschriftung oder einen Zellbezug eingeben.

Reihen den Achsen zuordnen

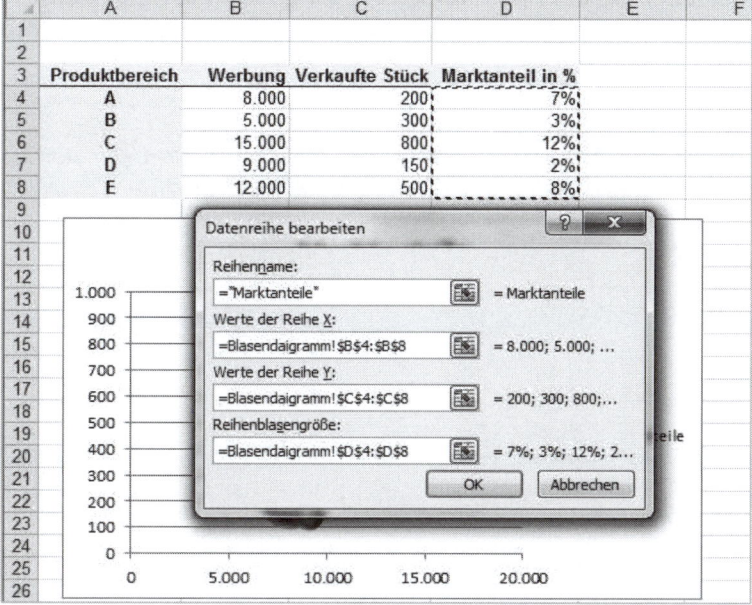

6.2. Diagrammachsen bearbeiten

Achsenskalierung

Standardmäßig wählt Excel bei der Diagrammerstellung und auch bei nachträglichen Änderungen die Einteilung und den Wertebereich der Größenachse (Vertikale Y-Achse) automatisch. Im Register LAYOUT, Gruppe ACHSEN können Sie über die Schaltfläche ACHSEN die Einstellungen bearbeiten.

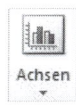

Achsen

Einheiten festlegen

Basiert das Diagramm auf sehr großen Zahlen, dann können Sie zur besseren Lesbarkeit die Beschriftung der Achse in Tausendern oder Millionen anzeigen lassen. Zeigen Sie mit der Maus auf VERTIKALE PRIMÄRACHSE und wählen Sie die gewünschte Einstellung.

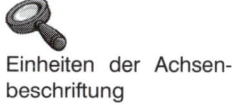

Einheiten der Achsenbeschriftung

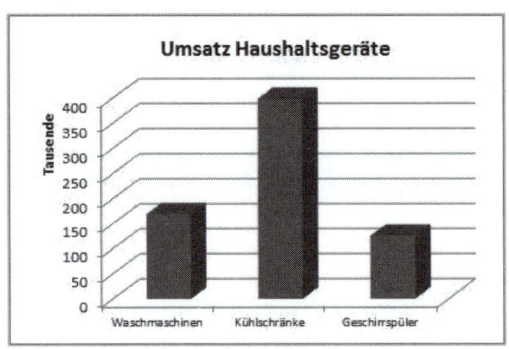

Den Achsen feste Werten zuweisen

Automatische Einteilung oder feste Werte

Um mehrere Diagramme miteinander zu vergleichen, kann es auch sinnvoll sein, in allen Diagrammen eine einheitliche Achsenskalierung zu verwenden. Wenn Sie die Achseneinteilung selbst vornehmen möchten, dann klicken Sie auf WEITERE OPTIONEN FÜR VERTIKALE PRIMÄRACHSE und markieren links die Kategorie ACHSENOPTIONEN. Im rechten Bereich des Fensters ACHSE FORMATIEREN können Sie nun für Minimum, Maximum und Hauptintervall zwischen zwei Optionen wählen. AUTO bedeutet, der jeweilige Wert richtet sich automatisch nach dem Bereich der verwendeten Werte, mit der Option FEST können Sie einen Wert in das Feld daneben eingeben. Hilfsintervalle brauchen meist nicht angegeben werden, da sie nur selten benötigt werden.

> Beachten Sie, dass bei der Angabe eines festen Minimums und Maximums bei späteren Änderungen der Daten keine automatische Anpassung der Achsen erfolgt. Es können dadurch Säulen oder Linien abgeschnitten werden.

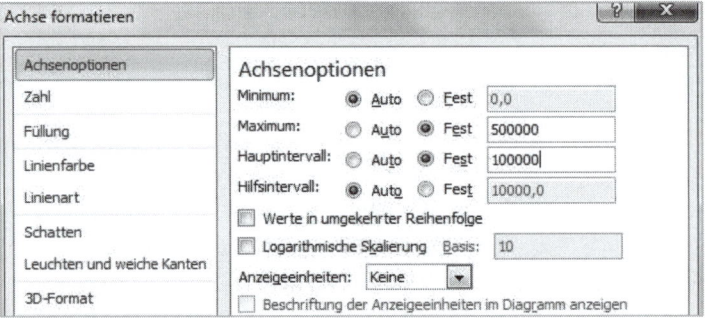

Position der X-Achse

Schnittpunkt der X-Achse ändern

Enthält ein Diagramm negative Werte, so schneidet die X-Achse trotzdem bei 0 und befindet sich damit innerhalb der Diagrammfläche. Um dies zu ändern, öffnen Sie das Fenster ACHSE FORMATIEREN und geben unter HORIZONTALE ACHSE, bzw. BODENFLÄCHE SCHNEIDET BEI den gewünschten Wert an.

X-Achse oberhalb

Mit der Option MAXIMALER WERT können Sie die x-Achse oberhalb des Diagramms anzeigen lassen.

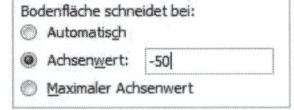

Logarithmische Skalierung

Logarithmische Skalierung der Y-Achse

Um eine genauere Darstellung bei kleineren Werten zu erzielen, können Sie für die Größenachse, bei einem XY-Diagramm auch für beide Achsen eine logarithmische Skalierung verwenden. Im Beispiel unten wurde für die Y-Achse eine logarithmische Skalierung gewählt.

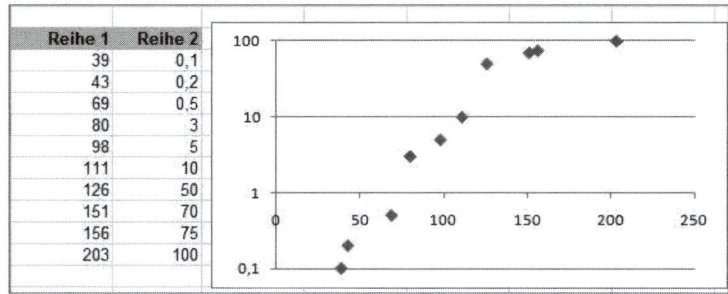

Reihe 1	Reihe 2
39	0,1
43	0,2
69	0,5
80	3
98	5
111	10
126	50
151	70
156	75
203	100

Sekundärachse hinzufügen

Problematisch wird es, wenn Sie in einem Diagramm zwei oder mehr Datenreihen mit völlig unterschiedlichen Größenordnungen verwenden. Beispielsweise wenn die eine Datenreihe auf Zahlen basiert und die zweite Datenreihe auf Prozentwerten, wie in der Abbildung unten.

Unterschiedliche Wertebereiche vergleichen

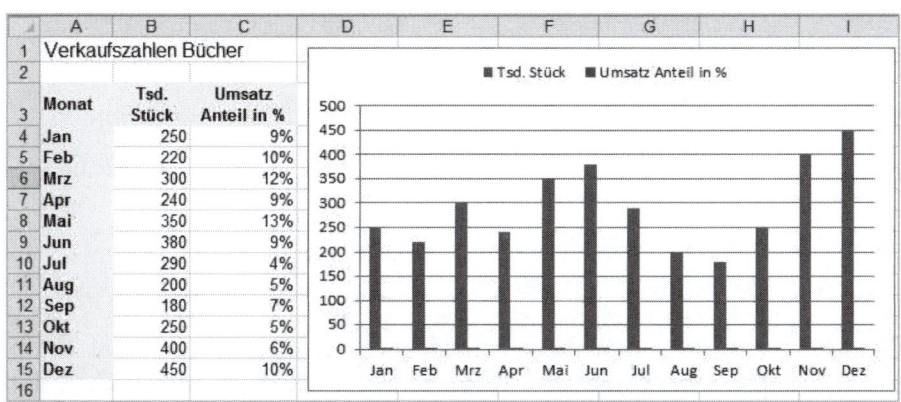

Nur in 2D-Diagrammen

> Beachten Sie, dass Sekundärachsen nur in 2D-Diagrammen möglich sind!

Die Datenreihe Umsatzanteil ist im abgebildeten Diagramm zwar enthalten, allerdings sind die Werte im Vergleich mit den Stückzahlen sehr niedrig und somit kaum sichtbar. Abhilfe schafft eine zweite, so genannte Sekundärachse für die Prozentwerte. So gehen Sie vor:

1. Zunächst müssen Sie im Diagramm mit einem Mausklick diejenige Datenreihe markieren, für die Sie die Sekundärachse hinzufügen möchten. Sollte dies aufgrund zu kleiner Werte nicht möglich sein, so verwenden Sie im Register LAYOUT, Gruppe AKTUELLE AUSWAHL das Listenfeld zur Auswahl der Reihe, in diesem Beispiel der Umsatzanteil in %.

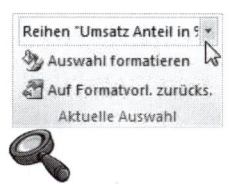

2. Klicken Sie dann im Register LAYOUT, Gruppe AKTUELLE AUSWAHL auf die Schaltfläche AUSWAHL FORMATIEREN. Wählen Sie im Dialogfenster DATENREIHEN FORMATIEREN in der Kategorie REIHENOPTIONEN unter DATENREIHE ZEICHNEN AUF die Option SEKUNDÄRACHSE.

Sekundärachse

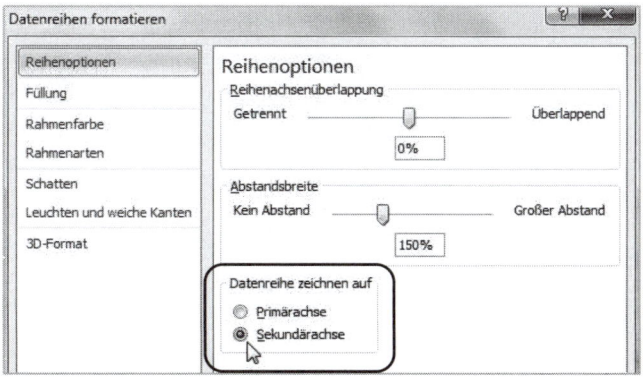

Abstände

Hinweis: Die Reihenoptionen REIHENACHSENÜBERLAPPUNG und ABSTANDS-
BREITE werden hier nicht benötigt, sie steuern in einem Säulen- oder
Balkendiagramm die Abstände zwischen den Säulen/Balken.

3. Das Ergebnis ist noch nicht zufriedenstellend, da sich die beiden Säulenrei-
hen übereinander befinden. Zur besseren Unterscheidung sollten Sie im letzten Schritt für die Datenreihen unterschiedliche Diagrammtypen verwenden.
Wie Sie dabei vorgehen, wird im nächsten Abschnitt beschrieben.

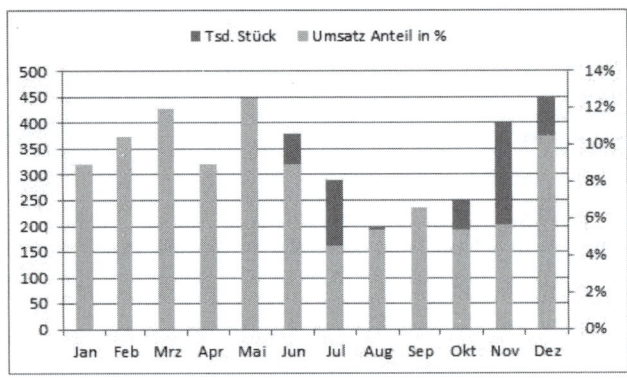

Diagramm mit Primär- und Sekundärachse

Kombinierte Diagramme

Nur für 2D-Diagramme

Um mehrere Datenreihen besser zu unterscheiden, kann jede einzelne Datenreihe
nachträglich in einen anderen Diagrammtyp umgewandelt werden. Nützlich ist
dies beispielsweise in Diagrammen, die eine Sekundärachse verwenden, aber
auch in Diagrammen, die sehr unterschiedliche Daten miteinander vergleichen.
Derartige Diagramme werden auch als Verbunddiagramme bezeichnet. Beachten
Sie aber, dass die Kombination verschiedener Diagrammtypen ausschließlich mit
2D-Diagrammtypen möglich ist.

Zuerst müssen Sie die entsprechende Datenreihe markieren:

Diagrammtyp
ändern

Wählen Sie einen
Diagrammtyp

- Klicken Sie dazu entweder direkt im Diagramm auf die Datenreihe, der Name
der Reihe erscheint, wenn Sie mit der Maus darauf zeigen.

- Oder verwenden Sie zur Auswahl wieder das Listenfeld im Register LAYOUT,
Gruppe AKTUELLE AUSWAHL.

Anschließend klicken Sie im Register ENTWURF, Gruppe TYP auf die Schaltfläche
DIAGRAMMTYP ÄNDERN und wählen den gewünschten Typ, im abgebildeten Beispiel
Linie aus.

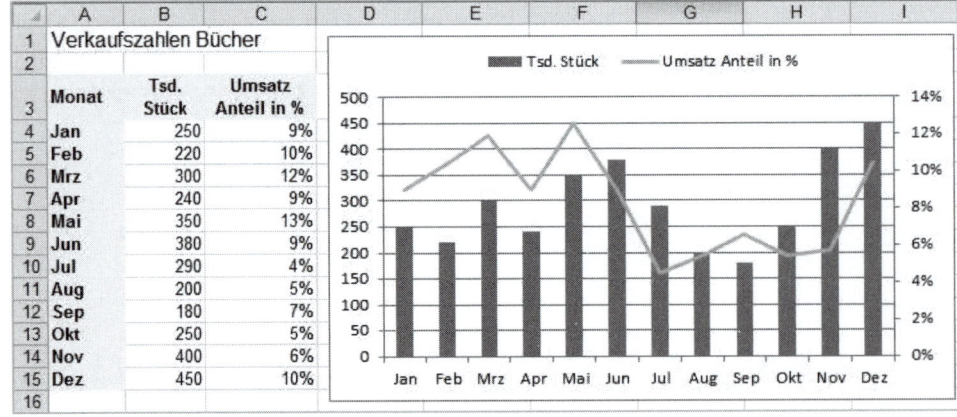

Kombiniertes Säulen- und Liniendiagramm

6.3. Diagrammanalyse

Trendlinien hinzufügen

Säulen-, Balken-, Punkt und Liniendiagramme können mit Trendlinien versehen werden. Markieren Sie dazu die Datenreihe, für die Sie die Trendlinie berechnen wollen und klicken Sie im Register LAYOUT, Gruppe ANALYSE auf die Schaltfläche TRENDLINIE. Wählen Sie den gewünschten Regressionstyp, bzw. klicken Sie auf den Eintrag WEITERE TRENDLINIENOPTIONEN, wenn Sie die Regression genauer definieren möchten.

Siehe auch Lektion 2.3
Trendberechnung

Trendlinie

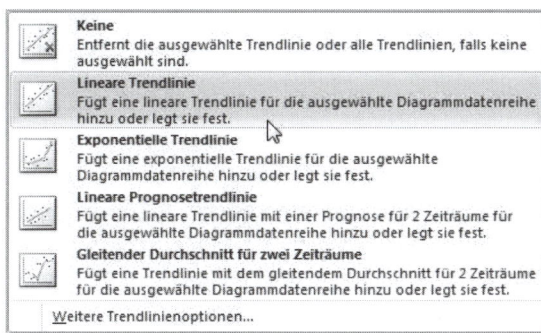

Lineare Trendlinie hinzufügen

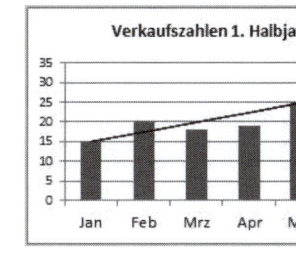

Das Ergebnis

Fehlerindikatoren

Um die Datenpunkte eines Diagramms mit Fehlerindikatoren zu versehen, markieren Sie die Datenreihe und klicken im Register LAYOUT, Gruppe ANALYSE auf die Schaltfläche FEHLERINDIKATOREN. Wählen Sie die gewünschte Anzeige, weitere Optionen und Einstellungen sind über den Befehl WEITERE FEHLERINDIKATORENOPTIONEN... möglich.

Fehlerindikatoren

Fehlerindikatoren hinzufügen

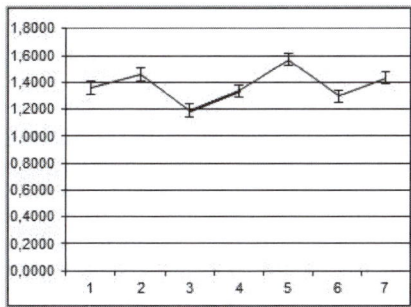

Liniendiagramm mit Fehlerindikatoren

6.4. Problembehandlung in Diagrammen

Fehlende Werte

Ein häufiges Problem bei der Darstellung von Messreihen mit Liniendiagrammen sind fehlende Werte. Beispiel: Sie wollen zwei Reihen, in diesem Beispiel die Temperaturen in zwei Städten in einem Liniendiagramm miteinander vergleichen, allerdings liegen in einer der Reihen für einige Tage keine Werte vor. An diesen Punkten unterbricht Excel im Diagramm einfach die Linie. Um solche Lücken zu vermeiden, stehen Ihnen zwei Möglichkeiten offen:

Unterbrochene Linien

- Sie können die vorhandenen Datenpunkte mit einer Linie verbinden

- Oder Sie verwenden Nullwerte, also die Zahl 0. Dies würde in unserem Beispiel allerdings das Ergebnis verfälschen, da an diesen Tagen ja nicht 0 Grad gemessen wurden.

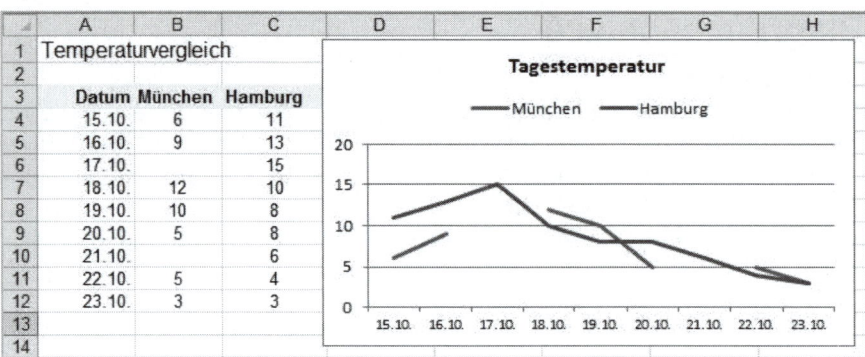

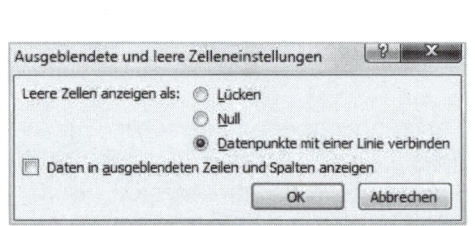

Daten
auswählen

Datenquelle wählen

1. Öffnen Sie im Register ENTWURF über die Schaltfläche DATEN AUSWÄHLEN das Fenster DATENQUELLE AUSWÄHLEN.

2. Klicken Sie auf die Schaltfläche AUSGEBLENDETE UND LEERE ZELLEN. Wählen Sie unter LEERE ZELLEN ANZEIGEN ALS die gewünschte Option, im Beispiel unten DATENPUNKTE MIT EINER LINIE VERBINDEN.

Beispiel:
Linien verbinden

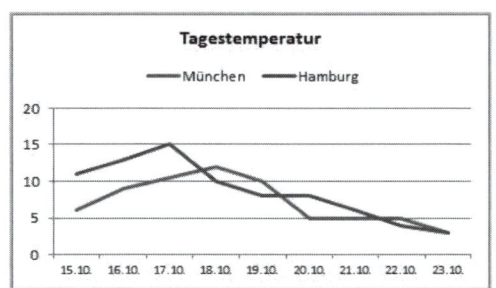

Optionen für leere Zellen

Das Ergebnis

Zahlen als Achsenbeschriftung

Problem: Excel erstellt aus allen Zahlen Datenreihen

Wenn Sie bei der Diagrammerstellung einen Zellbereich markiert haben, so bildet Excel automatisch aus allen Zahlen Datenreihen, nicht immer ist dies aber auch erwünscht. Die unten abgebildete Tabelle enthält Verkaufszahlen nach Kalenderwochen. Wenn Sie die Tabelle markieren und ein Diagramm erstellen, so wird aus beiden Spalten, also auch aus der Kalenderwoche je eine Datenreihe gebildet und die horizontale Achse erhält als Beschriftung eine fortlaufende Nummerierung.

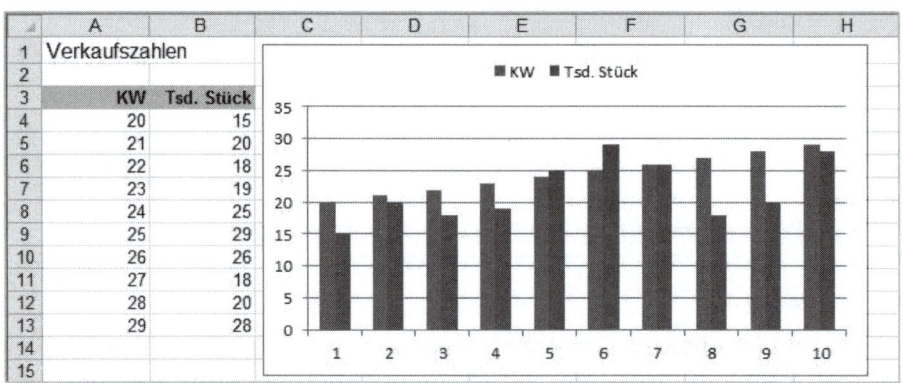

Zur Lösung dieses Problems gibt es verschiedene Möglichkeiten:
1. Zahlen als Text eingeben

Zahlen als Text eingeben

Siehe Lektion 2.7

- Die einfachste Lösung ist besteht darin, dass Sie die Kalenderwochen als Text eingeben, entweder indem Sie während der Eingabe ein Apostroph voranstellen oder zuvor die Spalte als Text formatieren.

- Sie können aber auch in einer Hilfsspalte mit Hilfe der Funktion TEXT die Zahlen nachträglich in Text umwandeln

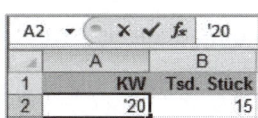

Zahl als Text eingeben

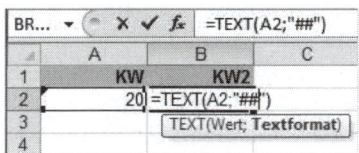

Zahl in Text umwandeln

2. Achsenbeschriftung zuweisen

Ist dies nicht möglich, beispielsweise wenn Sie Formelergebnisse verwenden, dann müssen Sie etwas anders vorgehen. Klicken Sie im Register ENTWURF, Gruppe DATEN auf die Schaltfläche DATEN AUSWÄHLEN.

Datenquelle wählen

1. Zunächst müssen Sie im Fenster DATENQUELLE AUSWÄHLEN die Datenreihe KW als Reihe aus dem Diagramm entfernen. Markieren Sie die Reihe und klicken Sie auf die Schaltfläche ENTFERNEN.

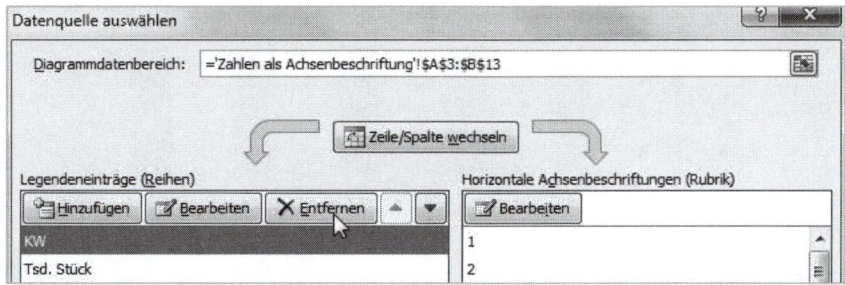

2. Im nächsten Schritt klicken Sie im Bereich HORIZONTALE ACHSENBESCHRIFTUN-GEN auf die Schaltfläche BEARBEITEN und legen unter ACHSENBESCHRIFTUNGS-BEREICH den entsprechenden Zellbereich fest.

Zellbereich als Achsenbeschriftung festlegen

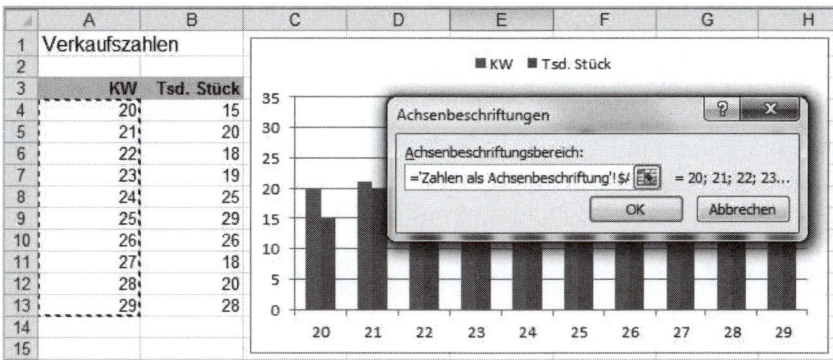

Diagrammbereich anpassen

Ein weiteres häufiges Problem: Sie wollen ein Diagramm für eine Datenreihe erstellen, beim Hinzufügen neuer Datensätze sollen diese auch im Diagramm berücksichtigt werden. Am einfachsten ist es, wenn Sie die Datenquelle mit der Maus entsprechend anpassen:

Diagrammbereich mit der Maus anpassen

1. Klicken Sie in den Diagrammbereich, in der Tabelle wird der verwendete Zellbereich mit farbigen Rahmen gekennzeichnet.

2. Zeigen Sie mit der Maus auf die untere linke Ecke des Rahmens. Der Mauszeiger erscheint als Doppelpfeil und Sie können nun den Zellbereich mit gedrückter Maustaste beliebig erweitern.

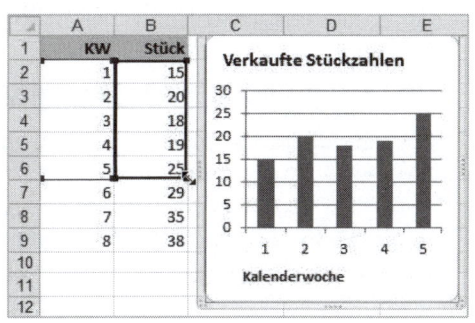

Siehe Lektion 3.5
Dynamische Listen

Diagrammbereich automatisch anpassen

Soll der Diagrammbereich automatisch erweitert werden, dann setzen Sie die Listenfunktion von Excel ein und wandeln Ihre Datentabelle in eine Liste um. Beim Hinzufügen neuer Daten wird der Listenbereich automatisch erweitert. Die Vorgehensweise beim Erstellen von Listen wurde in Lektion 3.5 - Dynamische Listen beschrieben.

Siehe Lektion 2.4
BEREICH.VERWEIS

Wo dies nicht möglich ist, können Sie auch die Funktion BEREICH.VERSCHIEBEN in Verbindung mit Bereichsnamen einsetzen.

Beispiel: Ein Säulendiagramm soll immer nur die Verkaufszahlen der letzten 5 Kalenderwochen anzeigen. Die Liste wird wöchentlich aktualisiert.

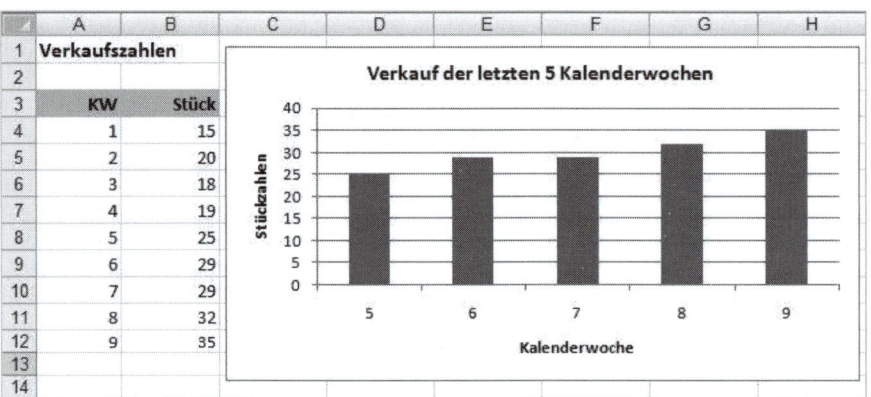

Siehe Lektion 1.4
Namen erstellen

1. Zuerst müssen Sie Namen für die benötigten Zellbereiche vergeben. Da nicht nur die Stückzahlen, sondern auch die Beschriftung der X-Achse, die Kalenderwochen aktualisiert werden sollen, brauchen Sie für jeden der beiden Zellbereiche einen Namen. Klicken Sie im Register FORMELN, Gruppe DEFINIERTE NAMEN auf die Schaltfläche NAMEN DEFINIEREN.

2. Geben Sie einen Namen für die erste Spalte (Kalenderwoche) ein, wählen Sie unter BEREICH als Geltungsbereich die Arbeitsmappe und tragen Sie unter BEZIEHT SICH AUF die Funktion ein. Achten Sie darauf, dass Sie einen absoluten Zellbezug für die linke obere Ecke $A$4, und für die Ermittlung der Anzahl der Zeilen einen absoluten Spaltenbezug ($A:$A) verwenden müssen.

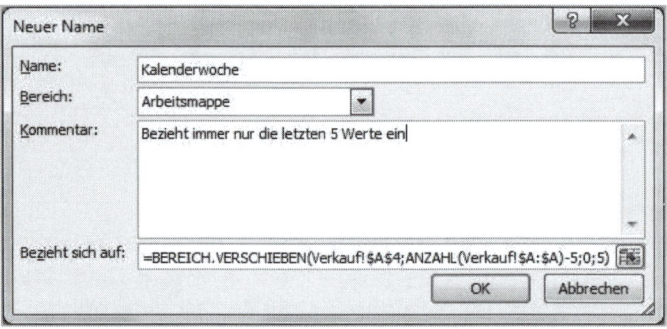

Genauso verfahren Sie mit den Stückzahlen in Spalte B. Hier geben Sie die folgende Funktion ein:

=BEREICH.VERSCHIEBEN(Verkauf!$B$4;ANZAHL(Verkauf!$B:$B)-5;0;5)

Name des Tabellenblattes zusammen mit dem Bereichsnamen

3. Nun erstellen Sie ein Säulendiagramm, zunächst ohne Datenbereich. Öffnen Sie dann im Register ENTWURF das Dialogfenster DATENQUELLE AUSWÄHLEN. Löschen Sie einen ev. vorhandenen Diagrammbereich und klicken Sie Im Bereich REIHEN auf die Schaltfläche HINZUFÜGEN. Legen Sie einen Namen für die Datenreihe fest, darunter geben Sie unter REIHENWERTE den Namen des Arbeitsblattes zusammen mit dem Bereichsnamen ein:

=Tabellenblatt!Bereichsname

4. Das Gleiche gilt für die Beschriftung der horizontalen Achse. Klicken Sie im Bereich ACHSENBESCHRIFTUNG auf die Schaltfläche BEARBEITEN und geben Sie den Bereichsnamen für die Kalenderwochen zusammen mit dem Namen des Arbeitsblattes ein.

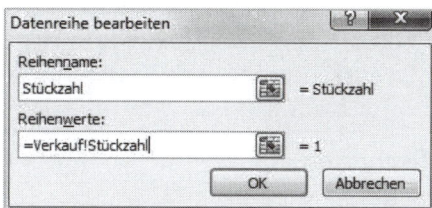
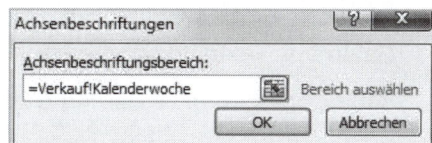

6.5. Zusammenfassung

- Neben den Standard-Diagrammtypen, wie Säulen-, Balken-, Kreis- und Liniendiagramm kennt Excel noch weitere Diagrammtypen. Punktdiagramme werden auch als X/Y-Diagramme bezeichnet und eignen sich dazu, die Werte zweier Messreihen miteinander zu vergleichen. Blasendiagramme beziehen eine dritte Wertereihe mit ein, die die Größe der Blase bestimmt. Für einzelne Datenreihen können Sie bei den meisten Diagrammtypen auch noch eine Trendlinie oder Fehlerindikatoren hinzufügen.

- Standardmäßig wählt Excel die Skalierung der Größenachse nach dem Wertebereich der verwendeten Datenreihe. Sie können jedoch die Werte für die Achsenskalierung auch manuell vorgeben oder eine logarithmische Skalierung wählen.

- Enthält ein Diagramm zwei Datenreihen in völlig unterschiedlichen Größenordnungen, beispielsweise wenn Sie Zahlen mit Prozentwerten vergleichen, dann können Sie für die zweite Datenreihe eine Sekundärachse hinzufügen. Um die Datenreihen auch optisch besser zu unterscheiden, lassen sich in einem Diagramm auch unterschiedliche Diagrammtypen miteinander kombinieren. Dies ist allerdings nur in 2D-Diagrammen möglich.

- Soll ein Diagramm automatisch auch neu hinzugefügte Datensätze einer Tabelle berücksichtigen, dann verwenden Sie am einfachsten die Listenfunktion von Excel.

Bemerkungen:

_____

_____

_____

_____

_____

7. Datenaustausch mit anderen Anwendungen

In dieser Lektion lernen Sie

- Daten aus Textdateien importieren
- Verknüpfungen mit externen Datenquellen nutzen
- Datenabfragen mit Microsoft Query

Was Sie für diese Lektion wissen sollten

- Mit Excel-Datenbanken arbeiten

In vielen Fällen werden Daten aus anderen Anwendungen in eine Excel-Arbeitsmappe importiert und mit Excel ausgewertet, beispielsweise in Form von Pivot-Tabellen. Für den Datenzugriff oder Import aus anderen Dateiformaten stehen Ihnen zwei Möglichkeiten offen:

- Einige Dateiformate werden von Excel beim Öffnen automatisch erkannt und mit Hilfe eines Konverters in den meisten Fällen auch korrekt geöffnet. Dazu zählen beispielsweise Arbeitsmappen, die mit älteren Excel-Versionen erstellt wurden.

- Der Datenimport erlaubt den direkten Zugriff auf externe Datenquellen über Verknüpfungen. Dies hat den Vorteil, dass die Daten schnell aktualisiert werden können.

- Daneben steht natürlich auch die Zwischenablage zum Datenaustausch zur Verfügung, diese Möglichkeit wird hier nicht weiter beschrieben.

7.1. Textdateien öffnen und konvertieren

Trennzeichen statt Spalten

Können Daten zwischen verschiedenen Anwendungen nicht direkt ausgetauscht werden, so helfen Zwischenformate. Meist ist dies ein Textformat, bei dem die Werte der einzelnen Spalten durch bestimmte Zeichen getrennt werden. Dadurch gehen zwar Formatierungen verloren, aber die Daten selbst werden beibehalten. Die häufigsten Formate sind Textdateien mit der Dateinamenserweiterung .txt oder der Erweiterung .csv (Comma separeted values). Beide Dateitypen können mit Excel geöffnet werden, die Werte werden dabei in Spalten übernommen.

Beachten Sie: In Ausnahmefällen kann es vorkommen, dass eine Datei mit der Dateinamenserweiterung .csv mit Doppelklick im Windows-Explorer zwar mit Excel geöffnet wird, die Daten aber nicht korrekt in Spalten importiert werden, sondern nach wie vor mit Semikolon getrennt sind. Dann müssen Sie zuerst Excel starten und anschließend die Textdatei öffnen.

Dateityp auswählen

Eine Textdatei mit der Dateinamenserweiterung .txt müssen Sie immer aus Excel heraus über den ÖFFNEN-Dialog öffnen. Achten Sie darauf, TEXTDATEIEN als Dateityp auszuwählen.

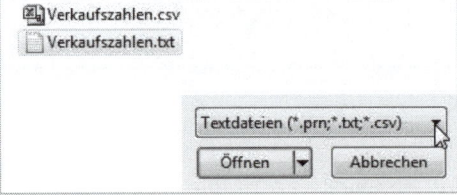

Die Daten einer csv-Datei werden normalerweise automatisch in Spalten angeordnet. Öffnen Sie dagegen eine Datei mit der Erweiterung .txt, so startet ein TEXT-KONVERTIERUNGS-ASSISTENT der Sie durch die einzelnen Schritte führt.

Textkonvertierung

1. Im ersten Schritt müssen Sie den Datentyp angeben. GETRENNT ist der häufigste Typ und damit die Standardeinstellung. Geben Sie an, ab welcher Zeile der Import beginnen soll (standardmäßig Zeile 1) und klicken Sie auf WEITER.

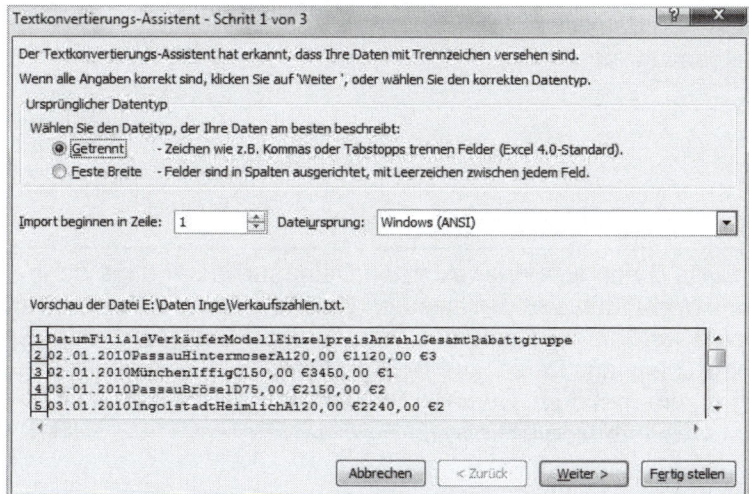

2. Im zweiten Schritt geben Sie das verwendete Trennzeichen an, meist Semikolon oder Tabstopp. Sind Texte zur besseren Unterscheidung in Hochkommata gesetzt, so geben Sie dies unter TEXTERKENNUNGSZEICHEN an.

Trennzeichen festlegen

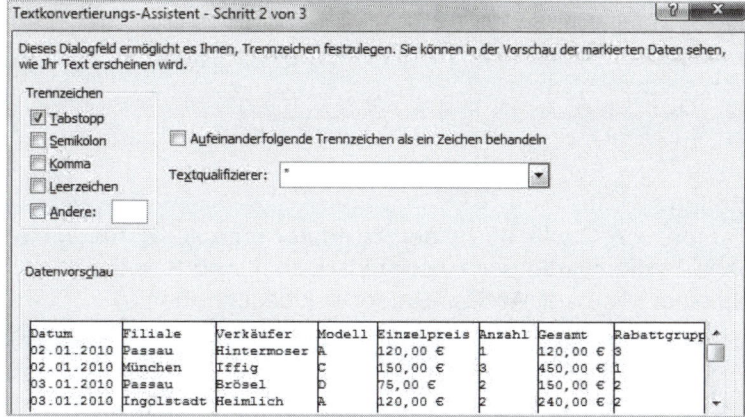

3. Im letzten Schritt können Sie für jede Spalte den Datentyp festlegen. Markieren Sie dazu einfach in der Vorschau die betreffende Spalte mit einem Mausklick und wählen Sie das Datenformat. Die Option STANDARD behält Zahlen und Datumswerte bei und wandelt alle anderen Werte in Text um. Wenn Sie alle Spalten im Standardformat übernehmen wollen, dann übergehen Sie diesen Schritt und klicken einfach auf FERTIG STELLEN.

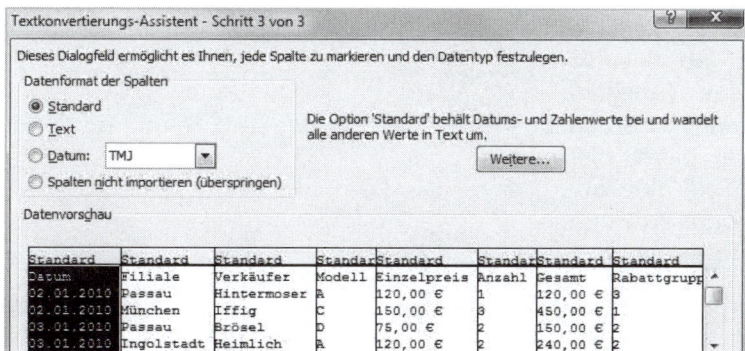

Welches Dezimalzei-
chen wird verwendet?

Hinweis: Manche Anwendungen verwenden für Zahlen den Punkt als Dezimalzeichen und ein Komma als
Tausendertrennzeichen. Dies führt bei
anschließenden Auswertungen zu
Problemen. Klicken Sie in solchen
Fällen auf die Schaltfläche WEITERE...,
um bereits beim Import das verwendete Dezimalzeichen anzugeben.

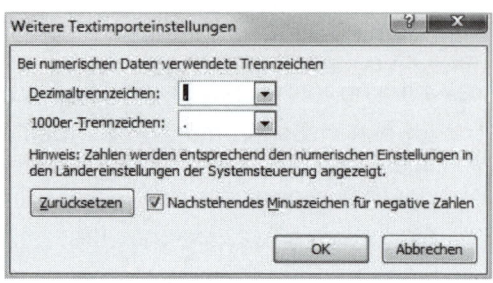

7.2.   Mit externen Daten arbeiten

Verbindung zu einer
Datenquelle erstellen
und Daten aktualisieren

Werden stets aktuelle Daten aus einer externen Datenquelle benötigt, dann erstellen Sie besser eine Verbindung zu der externen Datenquelle. Die Daten können so
jederzeit aktualisiert werden. Im Register DATEN, Gruppe EXTERNE DATEN ABRUFEN
finden Sie Schaltflächen, um Daten aus dem Internet, aus Textdateien und aus
Microsoft Access zu übernehmen. Über die Schaltfläche DATEN AUS ANDEREN QUEL-
LEN finden Sie noch weitere Möglichkeiten.

Sicherheitseinstellungen

Verbindungen können
beim Öffnen deaktiviert
sein

Beachten Sie, dass beim erstmaligen Öffnen von Arbeitsmappen, die Daten aus
externen Quellen verwenden, die Datenverbindungen aus Sicherheitsgründen
automatisch deaktiviert sind. Unterhalb des Menübandes erscheint eine entsprechende Sicherheitswarnung. Klicken Sie auf die Schaltfläche INHALT AKTIVIEREN, um
die Datenverbindung zu aktivieren. Diese Einstellung wird gespeichert, Sie brauchen daher beim nächsten Öffnen die Inhalte nicht mehr aktivieren.

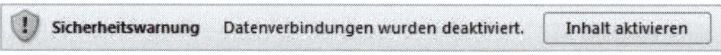

Verbindung erstellen

Beim der Übernahme von Daten aus einer Textdatei unterstützt Sie wieder der
zuvor beschriebene Textkonvertierungs-Assistent. Daher wird hier die Vorgehensweise am Beispiel einer Microsoft Access-Datenbank beschrieben.

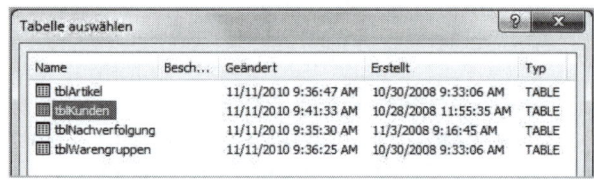

Übernahme aus einer
Access Datenbank

1. Klicken Sie im Register DATEN, Gruppe EXTERNE DATEN ABRUFEN auf die Schalt-
    fläche AUS ACCESS. Das Dialogfenster DATENQUELLE AUSWÄHLEN wird geöffnet,
    markieren Sie die gewünschte Datenbankdatei und klicken Sie auf ÖFFNEN.

2. Im nächsten Schritt mar-
    kieren Sie die benötigte
    Tabelle oder Abfrage.

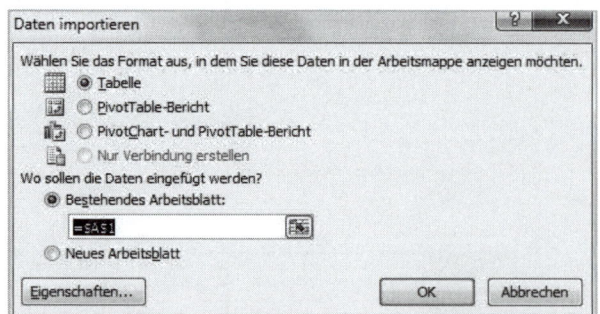

Import in Pivot-Tabelle

Siehe Lektion 5.

3. Zuletzt geben Sie die
    Position an, ab der die
    Daten in das Tabellen-
    blatt eingefügt werden
    sollen. Excel bietet hier
    auch gleich die Möglich-
    keit des Imports in Form
    einer Pivot-Tabelle an.

Verbindungen verwenden

Die Daten werden ab der angegebenen Position eingefügt, gleichzeitig erzeugt Excel eine Verbindung zur Access-Datenbank. Die Verbindungsdaten werden in einer Datei mit der Dateinamenserweiterung .odc (office data connection) in einem gesonderten Ordner gespeichert, der genaue Speicherort ist abhängig vom Betriebssystem. Sie können über das Register DATEN, Gruppe EXTERNE DATEN ABRUFEN und die Schaltfläche VORHANDENE VERBINDUNGEN auch aus jeder anderen Excel-Arbeitsmappe wieder aufgerufen werden. Als Name der Verbindung wird der Name der externen Datenbank angezeigt.

Verbindungen verwenden

Alle Verbindungen der aktuellen Arbeitsmappe können Sie im Register DATEN, Gruppe VERBINDUNGEN über die Schaltfläche VERBINDUNGEN kontrollieren und bearbeiten. Über die VERBINDUNGSEIGENSCHAFTEN... können Sie weitere Einstellungen zum Steuern der Aktualisierung vornehmen.

Verbindungen der aktuellen Mappe

Aktualisieren

Zum Aktualisieren der Daten verwenden Sie entweder die Tasten Alt+F5 oder die Schaltfläche ALLE AKTUALISIEREN im Register DATEN, bzw. ENTWURF.

Alt+F5
Daten aktualisieren

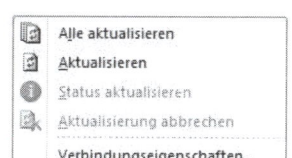

Andere Quellen

In der Gruppe EXTERNE DATEN ABRUFEN stehen Ihnen über die Schaltfläche DATEN AUS ANDEREN QUELLEN noch weitere Möglichkeiten zur Verfügung.

Die Schaltfläche erlaubt unter anderem auch den Zugriff auf SQL Server-Datenbanken und den Import von XML-Daten.

Für nicht aufgeführte Formate verwenden Sie den DATENVERBINDUNGS-ASSISTENTEN.

SQL-Server oder XML

Von SQL Server
Erstellt eine Verbindung mit einer SQL Server-Tabelle. Importieren Sie Daten in Excel als Tabelle oder PivotTable-Bericht.

Von Analysis Services
Erstellt eine Verbindung mit einem SQL Server Analysis Services-Cube. Importieren Sie Daten in Excel als Tabelle oder PivotTable-Bericht.

Vom XML-Datenimport
XML-Datei in Excel öffnen oder Excel zuordnen

Vom Datenverbindungs-Assistenten
Importiert Daten für ein nicht aufgeführtes Format mithilfe des Datenverbindungs-Assistenten und OLEDB.

Von Microsoft Query
Importiert Daten für ein nicht aufgeführtes Format mithilfe des Microsoft Abfrage-Assistenten und ODBC.

7.3. Microsoft Query

Mit Microsoft Query können Sie ebenfalls Daten aus externen Datenbanken importieren. Im Gegensatz zum oben beschriebenen Datenimport erstellt MS Query eine Abfrage, die es ermöglicht, nur bestimmte Datensätze zu importieren. Sie können in einer Abfrage Filterkriterien definieren oder Daten aus zwei oder mehreren Tabellen verwenden. Microsoft Query erlaubt Abfragen aus den meisten gängigen Datenbanktypen, etwa aus Access-Datenbanken, Microsoft SQL Server, Excel-Listen und Textdateien (.txt und .csv). Anwendern, die mit Access-Abfragen vertraut sind, dürfte der Umgang mit Microsoft Query keine Schwierigkeiten bereiten.

Datenbankabfragen

Eine Access-Datenbankabfrage erstellen

Die Vorgehensweise bei der Erstellung einer Abfrage wird hier wieder am Beispiel einer Microsoft Access-Datenbank beschrieben. Klicken Sie im Register DATEN, Gruppe EXTERNE DATEN ABRUFEN auf die Schaltfläche AUS ANDEREN QUELLEN und auf VON MICROSOFT QUERY.

Query-Assistent verwenden

1. Im ersten Schritt wählen Sie im Register DATENBANKEN den Typ der Datenquelle, in diesem Beispiel MICROSOFT ACCESS-DATENBANK, und bestätigen mit OK. Achten Sie darauf, dass das Kontrollkästchen QUERY-ASSISTENTEN ZUR ERSTELLUNG VON ABFRAGEN VERWENDEN aktiviert ist. Anschließend müssen Sie die gewünschte Datenbankdatei auswählen.

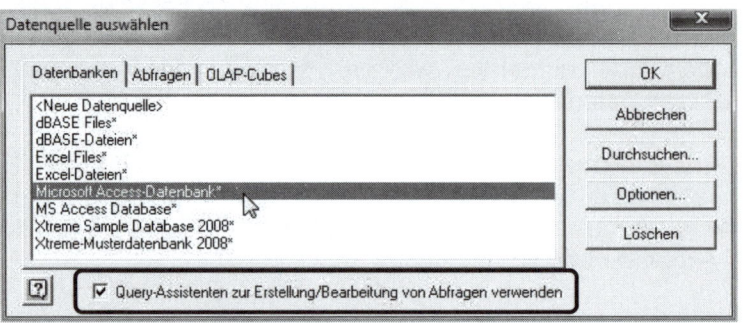

Siehe nächster Abschnitt

Hinweis: Standardmäßig zeigt MS Query nur Datenbanken mit der Erweiterung .mdb an, handelt es sich um eine Access 2007 oder 2010 Datenbank mit der Erweiterung .accdb, so müssen Sie zuerst den entsprechenden Treiber installieren. Das Gleiche gilt auch für alle anderen, hier nicht aufgeführten Datenbanktypen. Wie Sie dabei vorgehen, lesen Sie im nächsten Abschnitt dieser Lektion.

Tabellen und Spalten auswählen

2. Im nächsten Schritt wird der Query-Assistent gestartet und fordert Sie auf, die benötigten Tabellen und daraus die Spalten auszuwählen. Nehmen wir an, Sie wollen aktuelle Lagerbestände auswerten. Diese Daten sind in der Tabelle ARTIKEL gespeichert. Klicken Sie also auf das + Zeichen links von dieser Tabelle, um die dazugehörigen Spalten anzuzeigen. Nun müssen Sie die benötigten Spalten auswählen und der Abfrage hinzufügen. Doppelklicken Sie dazu im linken Bereich der Reihe nach auf die Spalten oder markieren Sie die Spalten und verwenden die > Schaltfläche. Mit der Schaltfläche VORSCHAU ANZEIGEN können in einem gesonderten Bereich die Daten der markierten Spalte angezeigt werden.

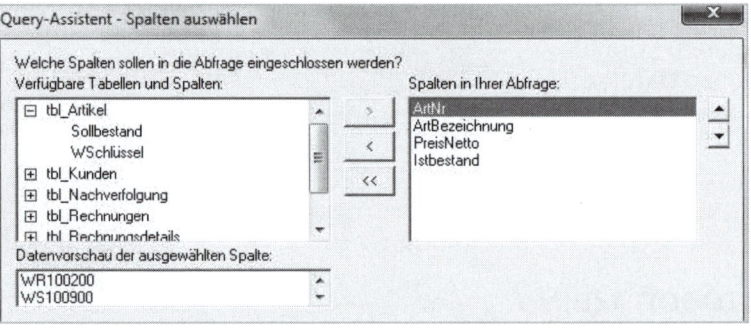

Auswahlkriterien festlegen

3. Im nächsten Schritt legen Sie die Auswahlkriterien fest. Da hier für die Auswertung ausschließlich Artikel einer bestimmten Warengruppe benötigt werden, markieren Sie die Spalte WSCHLÜSSEL und wählen rechts die gewünschte Warengruppe 300 aus. Klicken Sie anschließend auf WEITER.

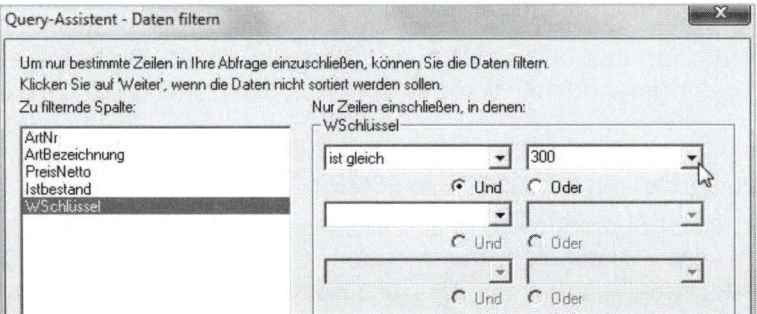

4. Falls gewünscht, legen Sie im nächsten Schritt eine Sortierreihenfolge fest, MS Query erlaubt maximal drei Sortierkriterien.

5. Im letzten Schritt wählen Sie die Option DATEN AN EXCEL ZURÜCKGEBEN. Falls Sie diese Abfrage mehrmals benötigen, klicken Sie zum Speichern der Abfrage auf die Schaltfläche ABFRAGE SPEICHERN.... Klicken Sie auf FERTIG STELLEN.

Daten an Excel zurückgeben

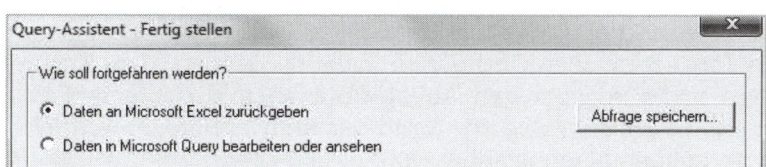

Die Daten werden ab der angegebenen Position oder in einem neuen Tabellenblatt eingefügt. Als Optionen stehen PivotTable und PivotChart zur Verfügung.

Abfrage nachträglich bearbeiten

Um die Abfrage nachträglich zu bearbeiten, beispielsweise um weitere Spalten hinzuzufügen oder die verwendeten Abfragekriterien zu ändern, klicken Sie mit der rechten Maustaste in den Tabellenbereich und wählen den Eintrag TABELLE – ABFRAGE BEARBEITEN.... Damit wird der QUERY-ASSISTENT erneut geöffnet und Sie können die gewünschten Änderungen vornehmen.

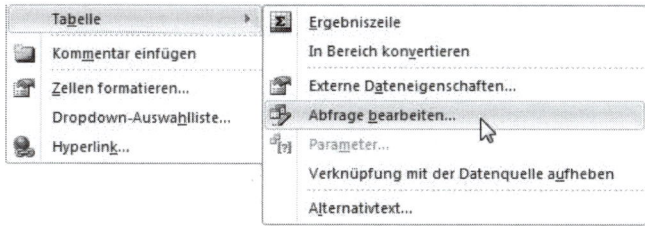

Eine andere Datenquelle verwenden

Wenn Sie Daten aus einer Access 2010 Datenbank mit der Erweiterung .accdb, einer Textdatei oder einer anderen, zunächst nicht verfügbaren Datenquelle benötigen, dann müssen Sie zuerst den entsprechenden Treiber hinzufügen. Wählen Sie in diesem Fall <NEUE DATENQUELLE> und klicken Sie auf OK. Das Dialogfenster NEUE DATENQUELLE ERSTELLEN wird geöffnet. Geben Sie einen Namen für die neue Datenquelle ein, z.B. Textdatei und wählen Sie den benötigten Treiber, für Textdateien benötigen Sie MICROSOFT TEXT TREIBER (*.TXT, *.CSV). Klicken Sie anschließend auf VERBINDEN. Damit steht dieser Dateityp ab sofort im Dialogfenster DATENQUELLE AUSWÄHLEN ebenfalls zur Verfügung.

 Treiber hinzufügen

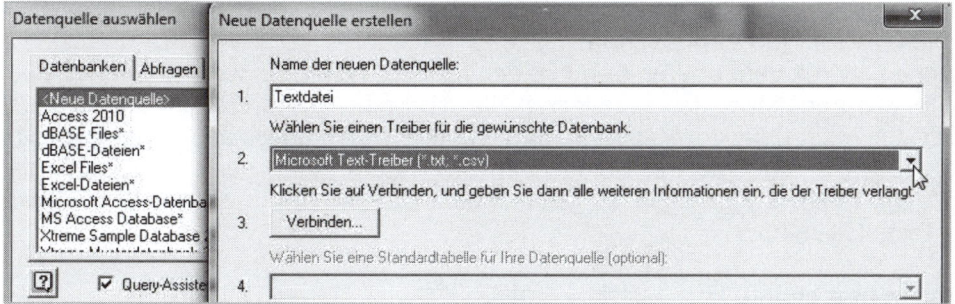

Abfrage mit Microsoft Query bearbeiten

Anstelle des Assistenten können Sie eine Abfrage auch mit Microsoft Query bearbeiten. Wählen Sie dazu im letzten Schritt des Assistenten die Option DATEN IN MICROSOFT QUERY BEARBEITEN ODER ANSEHEN. MS Query wird als Anwendung in einem eigenständigen Fenster geöffnet.

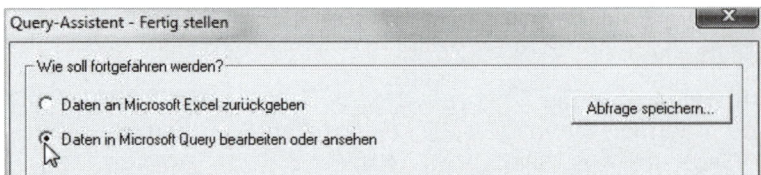

Das Abfragefenster weist drei horizontale Bereiche auf: Der obere Bereich enthält die ausgewählte Tabelle mit allen Spalten, im mittleren Bereich, dem Kriterienbereich bearbeiten Sie die verwendeten Abfragekriterien und der untere Bereich zeigt das Ergebnis, die Datentabelle an. Sollte der Kriterienbereich nicht sichtbar sein, so klicken Sie auf den Menübefehl ANSICHT – KRITERIEN.

Microsoft Query wird in einem eigenen Fenster geöffnet

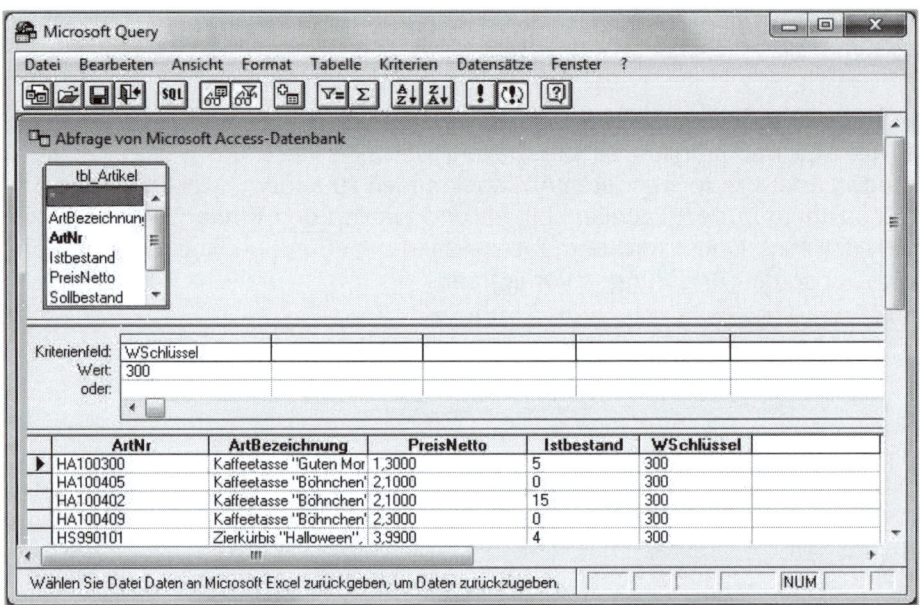

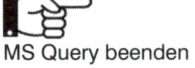

MS Query beenden

Wenn Sie MS Query beenden und zu Excel zurückkehren möchten, dann klicken Sie auf das Menü DATEI und auf DATEN AN MICROSOFT EXCEL ZURÜCKGEBEN.

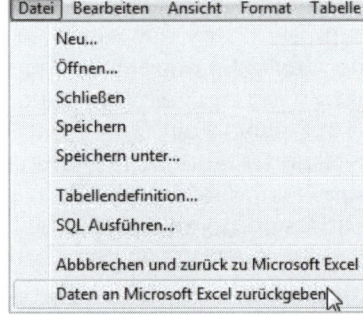

Spalten hinzufügen und löschen

Ziehen Sie die Spaltenbezeichnung in die Datentabelle

Beginnen wir mit dem oberen Bereich, der Tabelle. Wenn Sie weitere Spalten aus der Tabelle benötigen, dann markieren Sie die Spalte in der Tabelle und ziehen sie einfach mit gedrückter Maustaste in die untere Datentabelle an die gewünschte Position. Nicht benötigte Spalten löschen Sie, indem Sie in der Datentabelle die Spalte mit einem Mausklick in die Überschrift markieren und anschließend mit der Entf-Taste löschen.

Kriterien bearbeiten

Weitere Kriterien und Spalten hinzufügen

Im mittleren Bereich bearbeiten Sie die Abfragekriterien. Im unten abgebildeten Beispiel wird als Kriterium der Warengruppenschlüssel (WSCHLÜSSEL) 300 verwendet. Benötigen Sie in der Abfrage auch noch die Artikel der Warengruppe 400, so klicken Sie in der Spalte WSCHLÜSSEL in die Zeile WERT und ergänzen den Ausdruck: 300 Oder 400. Alternativ können Sie den zweiten Warengruppenschlüssel auch in der Zeile ODER darunter eingeben. Benötigen Sie weitere Spalten für Kriterien, so klicken Sie im Kriterienbereich auf den Dropdown-Pfeil einer leeren Spalte und wählen ein Feld aus oder ziehen Sie einfach das Feld aus der Tabelle in eine freie Spalte des Kriterienbereichs. Dann geben Sie darunter die Kriterien ein.

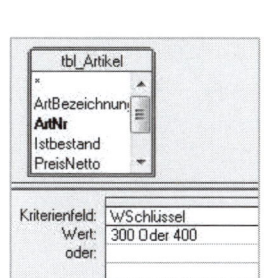

Zwei Kriterien

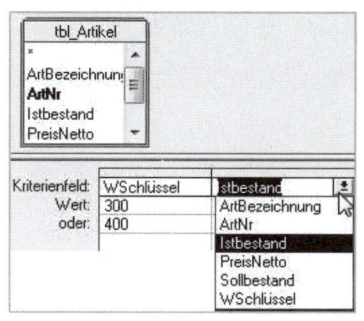

Ein weiteres Feld auswählen

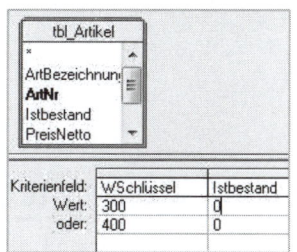

Mehrere Kriterien verwenden

Abfragen mit mehreren Tabellen

In manchen Fällen sind die Daten nicht in einer einzigen Tabelle enthalten, sondern auf mehrere Tabellen verteilt. Dann müssen Sie für die Abfrage zwei oder mehr Tabellen auswählen. Nehmen wir an, Sie wollen eine Auswertung über die Umsätze des letzten Monats erstellen. In der Tabelle RECHNUNGEN sind alle Rechnungen mit RECHNUNGSDATUM, RECHNUNGSNUMMER und KUNDENNUMMER gespeichert. Allerdings enthält diese Tabelle nicht die Artikel auf der Rechnung, diese befinden sich in der Tabelle RECHNUNGSPOSTEN. Hier finden Sie die Felder ARTIKEL-NUMMER und MENGE. Da Sie für jeden Artikel auch noch Preis und Warengruppe benötigen, müssen Sie diese Felder aus einer dritten Tabelle, der Tabelle ARTIKEL hinzufügen. Dies funktioniert aber nur, wenn zwischen den Tabellen eine Verknüpfung besteht.

Verknüpfung zwischen den Tabellen erforderlich

Verknüpfung zwischen Tabellen erstellen

Möglicherweise werden Sie bereits nach der Auswahl der Spalten darauf aufmerksam gemacht, dass die Tabellen nicht verknüpft werden konnten. Dann müssen Sie die erforderliche Verknüpfung manuell erstellen. Betrachten Sie die Tabellen in der Abfrage genauer: zwischen den Tabellen TBL_RECHNUNGEN und TBL_RECHNUNGSPOSTEN sehen Sie eine Linie, die die Felder RECHNUNGSNR und RECHNUNGSNR der beiden Tabellen verbindet. Dies bedeutet, dass zwischen diesen Tabellen eine Verknüpfung besteht.

Verknüpfungslinie

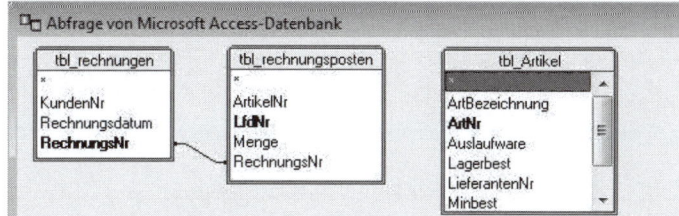

Zwischen den Tabellen TBL_RECHNUNGSPOSTEN und TBL_ARTIKEL besteht dagegen keine Verknüpfung, obwohl in beiden Tabellen ein Feld mit der Artikelnummer existiert. Die Verknüpfung konnte nicht automatisch erstellt werden, da die Namen der Felder nicht identisch sind. Um trotzdem eine Verknüpfung zu erstellen, markieren Sie die Artikelnummer in der einen Tabelle und ziehen sie mit gedrückter Maustaste auf das dazugehörige Feld der anderen Tabelle.

Mit der Maus eine Verknüpfung herstellen

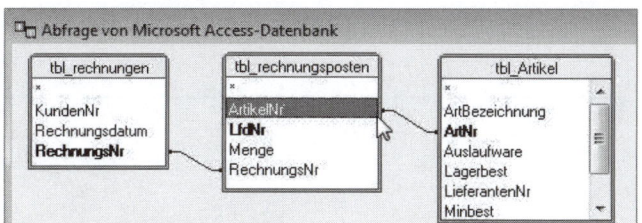

Die verknüpften Spalten müssen die gleichen Daten enthalten

MS Query stellt eine automatische Verknüpfung zwischen Tabellen nur zwischen zwei Feldern/Spalten mit gleichem Namen her, ggf. müssen Sie also die Verknüpfung manuell erstellen. Achten Sie darauf, dass beide Spalten die gleichen Daten enthalten.

7.4. Zusammenfassung

- Häufig wird Excel auch zur Auswertung von Datenbeständen verwendet, die mit anderen Anwendungen erstellt wurden. Grundsätzlich stehen zum Datenaustausch zwei Möglichkeiten zur Verfügung: Sie öffnen die Datei über den ÖFFNEN-Dialog oder Sie importieren die Daten aus einer externen Datenquelle über eine Verknüpfung.

- Textdateien mit der Dateinamenserweiterung .txt oder .csv sind ein wichtiges Zwischenformat zum Datenaustausch, sie enthalten allerdings keine Formatierungen. Anstelle von Spalten enthalten Textdateien Trennzeichen, meist Tabstopps oder Semikolon. Textdateien können normalerweise mit Excel problemlos geöffnet werden, die Daten werden konvertiert und in Spalten aufgeteilt.

- Im Gegensatz zum Datenaustausch über die Zwischenablage können die Daten über eine Verbindung jederzeit manuell oder automatisch aktualisiert werden. Die Verbindungsdaten werden gespeichert und können später auch in anderen Arbeitsmappen verwendet werden. Beachten Sie dabei die Sicherheitseinstellungen von Excel.

- Eine weitere Möglichkeit des Datenimports stellt die Verwendung von Microsoft Query dar. Microsoft Query ist eine eigenständige Anwendung, die Datenbankabfragen erlaubt. Dadurch werden ausschließlich die benötigten Daten aus einer externen Datenbank importiert, zudem können über Verknüpfungen auch Werte aus mehreren Tabellen in eine Datenbankabfrage einbezogen werden. Microsoft Query steht für die meisten gängigen Datenbanktypen, sowie wie für Textdateien zur Verfügung, allerdings muss eventuell zuvor der entsprechende Treiber installiert werden.

Bemerkungen:

_____

_____

_____

_____

_____

_____

_____

8. Makros

- Wie Sie einfache Makros aufzeichnen und ausführen
- Zellbezüge bei der Makroaufzeichnung berücksichtigen
- Sicherheitseinstellungen für Makros

- Umgang mit Tabellen und Arbeitsmappen
- Zellbezüge und Formeln

Obwohl Microsoft Excel ein sehr leistungsfähiges Programm mit umfangreichen Funktionen ist, werden häufig für spezielle Probleme Lösungen benötigt, die sich mit den Standardfunktionen von Excel nur sehr aufwändig oder überhaupt nicht realisieren lassen. Zu diesem Zweck entstand bereits in frühen Versionen von Excel eine Möglichkeit, Befehlsabläufe aufzuzeichnen und mit einem einzigen Befehl abzuspielen. Zu den wichtigsten Einsatzmöglichkeiten von Makros gehört die Ausführung von Routinetätigkeiten, beispielsweise Aufbereitung und Auswertung von Tabellen mit gleichbleibendem Aufbau, aber wechselnden Daten.

Routinetätigkeiten aufzeichnen

8.1. Grundlagen

Die Bezeichnung Makro stammt eigentlich aus der Programmierung und bezeichnet eine kurze Folge von Befehlen, formuliert in einer Programmiersprache. Diese Befehlsfolge wird unter einem Namen gespeichert und jedes Mal ausgeführt, wenn Sie das Programm aufrufen. In Excel lassen sich Makros mit Hilfe eines Makrorecorders auch ohne Programmierkenntnisse aufzeichnen. Während der Aufzeichnung werden alle Ihre Aktionen und Eingaben als Anweisungen der Programmiersprache VBA geschrieben und gespeichert. Ein Makro kann jederzeit nachträglich bearbeitet und beispielsweise um weitere Anweisungen ergänzt werden. Dazu sind allerdings VBA-Grundkenntnisse erforderlich, auf die in der nächsten Lektion näher eingegangen wird.

VBA = Visual Basic for Applications

siehe Lektion 8

Register Entwicklertools anzeigen
Zum Erstellen, Bearbeiten und Ausführen von Makros benötigen Sie im Menüband das Register ENTWICKLERTOOLS.

Siehe Lektion 1.5
Menüband anpassen

Arbeitsmappen und Makros speichern
Im Gegensatz zu früheren Versionen verwendet Excel 2010 einen eigenen Dateityp zum Speichern von Arbeitsmappen, die Makros enthalten.

Achten Sie beim Speichern darauf, den korrekten Dateityp, EXCEL ARBEITSMAPPE MIT MAKROS (.xlsm) auszuwählen, andernfalls erhalten Sie beim Speichern eine Warnung. Dies gilt nicht für das Dateiformat Excel-97-2003-Arbeitsmappe (.xls).

Achten Sie auf den korrekten Dateityp

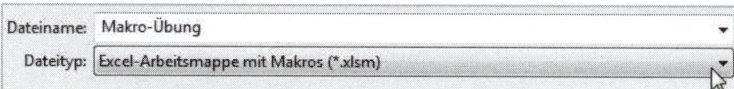

Speicherorte

Standardmäßig werden Makros zusammen mit derjenigen Arbeitsmappe gespeichert, in der sie erstellt wurden und stehen somit nur zur Verfügung, wenn die Mappe geöffnet ist. Soll ein Makro in allen Excel-Arbeitsmappen zur Verfügung stehen, so stellt Excel dafür die PERSÖNLICHE MAKROARBEITSMAPPE zur Verfügung. Diese Makroarbeitsmappe wird unter dem Namen PERSONAL.xLSB im Ordner App-Data\Local\Microsoft\Excel\XLStart zusammen mit den übrigen Benutzereinstellungen gespeichert, der genaue Speicherort ist abhängig vom Betriebssystem.

Hinweis: Wenn Sie als Speicherort die persönliche Makroarbeitsmappe gewählt haben, dann müssen Sie beim Beenden von Excel auch alle Änderungen an dieser Mappe speichern.

Sicherheitseinstellungen

Ein Office-Dokument kann Schadsoftware in Form von Makros enthalten

Die Programmiersprache VBA ist in allen Office-Anwendungen, also auch Word, PowerPoint oder Access integriert und stellt eine sehr leistungsfähige Sprache dar. Sie kann auch auf wichtige Funktionen Ihres Systems, beispielsweise die Dateiverwaltung zugreifen. Makros können daher auch eine Bedrohung für die Sicherheit Ihres PC darstellen, schädliche Makros sind als Makroviren bekannt. Im Gegensatz zu anderer Schadsoftware werden Makroviren zusammen mit Office-Dokumenten gespeichert und verbreitet. Beim Öffnen eines infizierten Dokuments wird auch das Makrovirus aktiviert. Makroviren werden von gängigen Antivirenprogrammen nicht immer erkannt, daher verfügt Excel über eigene Sicherheitseinstellungen zum Umgang mit Makros.

Zur Kontrolle der Sicherheitseinstellungen klicken Sie im Register ENTWICKLERTOOLS, Gruppe CODE auf die Schaltfläche MAKROSICHERH. und öffnen das SICHERHEITSCENTER.

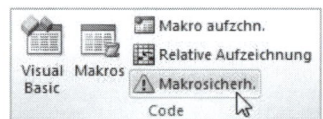

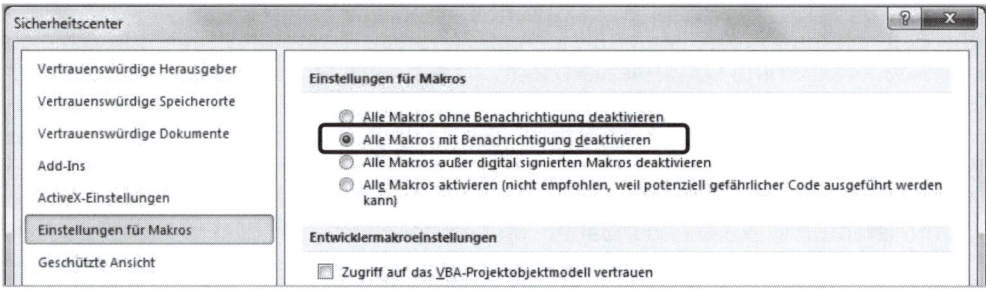

Zum Testen dürfen Makros nicht deaktiviert sein!

Damit Makros ausgeführt werden können, dürfen sie nicht deaktiviert sein, wählen Sie daher in der Kategorie EINSTELLUNGEN FÜR MAKROS unter EINSTELLUNGEN FÜR MAKROS die Option ALLE MAKROS MIT BENACHRICHTIGUNG DEAKTIVIEREN. Mit dieser Einstellung erhalten Sie beim Öffnen einer Arbeitsmappe, die Makros enthält, eine Sicherheitswarnung und können entscheiden, ob Sie die Makros aktivieren möchten. Klicken Sie dazu auf die Schaltfläche INHALT AKTIVIEREN....

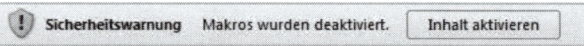

Wenn Sie beim Öffnen die Inhalte, bzw. Makros einer Arbeitsmappe aktiviert haben, dann wird diese Mappe künftig von Excel 2010 als vertrauenswürdiges Dokument eingestuft und die Inhalte werden beim nächsten Öffnen automatisch aktiviert.

8.2. Einfache Makros

Makro aufzeichnen

Um ohne Programmierkenntnisse ein Makro zu erzeugen, verwenden Sie den Makro-Recorder. Er zeichnet alle Anweisungen und Eingaben in Form von VBA-Befehlen auf, die Sie später bei Bedarf im VBA-Editor ansehen können. Zur Bearbeitung sind allerdings VBA-Kenntnisse erforderlich.

Siehe Lektion 9

Wie gehen Sie bei der Aufzeichnung vor?
Bevor Sie ein Makro erstellen, sollten Sie genau überlegen, welche Arbeitsschritte in welcher Reihenfolge erforderlich sind. Testen Sie die Schritte eventuell vorher.

Schritte planen

Beispiel: Sie zeichnen ein einfaches Makro auf, das den Text "Hallo" in eine zuvor markierte Zelle schreibt.

1. Markieren Sie eine Zelle, beispielsweise A1 und klicken Sie im Register ENT-WICKLERTOOLS, Gruppe CODE auf die Schaltfläche MAKRO AUFZCHN.

   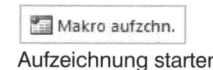

   Aufzeichnung starten

   Das Dialogfenster MAKRO AUFZEICH-NEN wird geöffnet: geben Sie einen Namen an, unter dem das Makro gespeichert und später aufgerufen werden soll, die Beschreibung des Makros ist optional.

   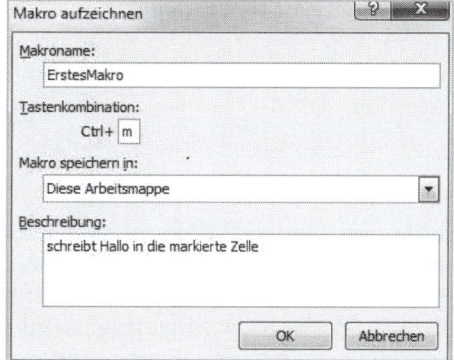

> Ein Makroname darf maximal 255 Zeichen lang sein, keine Leerzeichen und mit Ausnahme des Unterstrichs (_) auch keine Sonderzeichen enthalten, also auch keinen Bindestrich.

Regeln für Makrona-men beachten

2. Tastenkombination und Speicherort festlegen
   Falls Sie später das Makro über eine Tastenkombination starten möchten, so geben Sie die gewünschte Taste in Verbindung mit der Strg-Taste an. Sie können dem Makro aber auch nachträglich eine Tastenkombination zuweisen. Unter MAKRO SPEICHERN IN legen Sie den Speicherort des Makros fest, normalerweise die aktuelle Arbeitsmappe. Mit der Schaltfläche OK starten Sie die Makroaufzeichnung.

Wie soll das Makro gespeichert werden?

> Achten Sie bei der Vergabe einer Tastenkombination darauf, keine der Stan-dard-Tastenkombinationen wie beispielweise Strg+X (Ausschneiden) zu ver-wenden, da diese sonst mit dem Makro neu belegt wird.

3. Ab jetzt werden alle Ihre Befehle und Eingaben auf-gezeichnet. Da Sie die Zelle A1 bereits vor der Mak-roaufzeichnung markiert haben, tippen Sie das Wort "Hallo" in diese Zelle und drücken anschließend die Eingabe-Taste.

   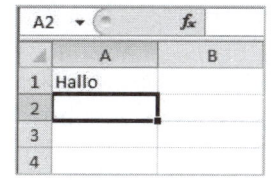

   Aufzeichnung wird gestartet

4. Zuletzt müssen Sie die Makroaufzeichnung been-den: klicken Sie dazu im Register ENTWICKLERREGIS-TERTOOLS, Gruppe CODE auf die Schaltfläche AUFZEICHNUNG BEENDEN. Als Alternative können Sie auch die Schaltfläche in der Statuszeile verwenden.

   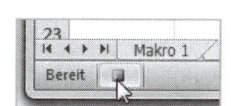

   Vergessen Sie nicht, die Aufzeichnung zu beenden!

Makro ausführen

Um das soeben aufgezeichnete Makro zu testen, markieren Sie eine beliebige Zelle Ihres Tabellenblattes.

Ausführung starten

- Haben Sie dem Makro eine Tastenkombination zugewiesen, so verwenden Sie zum Starten des Makros diese Tastenkombination.

- Andernfalls klicken Sie im Register ENTWICKLERREGISTERTOOLS, Gruppe CODE auf die Schaltfläche MAKROS. Markieren Sie das Makro, das Sie ausführen möchten und klicken Sie auf die Schaltfläche AUSFÜHREN.

Als Ergebnis schreibt das Makro das Wort "Hallo" in die markierte Zelle und markiert anschließend die Zelle B2.

Markieren Sie nun eine andere, beliebige Zelle und führen Sie das Makro nochmals aus.

Absolute Zellbezüge

Haben Sie bemerkt, dass beim Ausführen des oben beschriebenen Makros zwar der Text in die aktuell markierte Zelle geschrieben, anschließend aber immer die Zelle B2 markiert wird? Die Ursache liegt darin, dass bei der Makroaufzeichnung absolute Zellbezüge verwendet wurden. Im nächsten Abschnitt wird beschrieben, wie Sie ein Makro mit relativen Zellbezügen aufzeichnen.

Mögliche Probleme bei der Makro-Ausführung

Entwurfsmodus

- Beim Starten des Makros erscheint eine Meldung, die Sie darauf aufmerksam macht, dass Makros aufgrund der Sicherheitseinstellungen deaktiviert wurden. In diesem Fall ist gleichzeitig der Entwurfsmodus aktiviert. In diesem Fall müssen Sie die Mappe schließen und erneut öffnen und dann die Inhalte aktivieren.

- Als weitere mögliche Fehlerquelle haben Sie vielleicht vergessen, die Aufzeichnung zu beenden, bevor Sie das Makro ausführen. In diesem Fall erscheint meist eine Fehlermeldung, klicken Sie auf die Schaltfläche BEENDEN.

Makro löschen

Zum Löschen eines fehlerhaften oder nicht mehr benötigten Makros öffnen Sie über die Schaltfläche MAKROS das Dialogfenster MAKRO. Markieren Sie das Makro, das Sie löschen möchten und klicken Sie auf die Schaltfläche LÖSCHEN.

Bestehendes Makro ersetzen

Sie können aber auch ein fehlerhaftes Makro einfach neu aufzeichnen. Wenn Sie einen bereits verwendeten Makronamen vergeben, so erscheint eine Meldung, ob Sie das bestehende Makro ersetzen möchten. Bestätigen Sie mit OK.

8.3. Zellbezüge in Makros

Wie Sie bei Ihrem ersten Makro gesehen haben, unterscheidet Excel bei der Makroaufzeichnung zwischen relativen und absoluten Zellbezügen. Im ersten Beispiel haben Sie ein Makro mit absoluten Zellbezügen aufgezeichnet. Absolute Zellbezüge sind immer dann erforderlich, wenn eine Eingabe immer an der gleichen Position erfolgen soll. Soll dagegen die Eingabe beispielsweise immer am Ende einer Liste erfolgen, unabhängig davon, wie viele Zeilen die Liste umfasst, dann benötigen Sie bei der Aufzeichnung relative Zellbezüge.

Relative und absolute Zellbezüge beachten!

Über die Schaltfläche RELATIVE AUFZEICHNUNG im Register ENTWICKLERREGIS-TERTOOLS können Sie während der Aufzeichnung zwischen absoluten und relativen Zellbezügen wechseln.

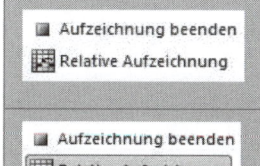

Bei deaktivierter Schaltfläche werden alle Eingaben mit absoluten Zellbezügen aufgezeichnet.

Zellbezüge wechseln

Relative Aufzeichnung bedeutet, Aktionen wie Markieren und Eingeben werden mit relativen Zellbezügen aufgezeichnet.

Beispiel: Als zweites Beispiel soll ein Makro erstellt werden, das in der oberen Tabelle in E3 den Gesamtpreis berechnet, anschließend die Werte der Zellen A3 bis E3 ausschneidet und immer am Ende der unteren Liste anfügt.

Unterschiedliche Zell-bezüge verwenden

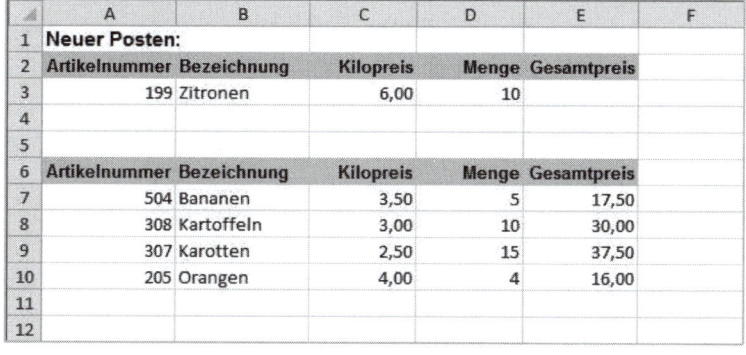

	A	B	C	D	E	F
1	Neuer Posten:					
2	Artikelnummer	Bezeichnung	Kilopreis	Menge	Gesamtpreis	
3	199	Zitronen	6,00	10		
4						
5						
6	Artikelnummer	Bezeichnung	Kilopreis	Menge	Gesamtpreis	
7	504	Bananen	3,50	5	17,50	
8	308	Kartoffeln	3,00	10	30,00	
9	307	Karotten	2,50	15	37,50	
10	205	Orangen	4,00	4	16,00	
11						
12						

www. bildner-verlag.de/video04

Starten Sie die Makroaufzeichnung und speichern Sie das Makro unter dem Namen ListeAnfügen.

1. Für die ersten Schritte benötigen Sie absolute Zellbezüge. Markieren Sie die Zelle E3 und geben Sie die Formel =D3*C3 ein.

2. Markieren Sie anschließend den Bereich A3 bis E3 und schneiden Sie mit den Tasten Strg+X den Zellbereich aus.

3. Im nächsten Schritt müssen Sie zunächst das Ende der Liste ermitteln. Markieren Sie dazu die Zelle A6 in der ersten Zeile der Liste. Diese Zelladresse bildet den festen Bezugspunkt der Liste, daher verwenden Sie auch hier einen absoluten Zellbezug.

4. Ab jetzt benötigen Sie relative Bezüge, klicken Sie also auf die Schaltfläche RELATIVE AUFZEICHNUNG. Um in der Spalte A die letzte Zeile der Tabelle zu markieren, verwenden Sie die Tastenkombination Strg+Pfeiltaste nach unten. Dann markieren Sie mit der Pfeiltaste die Zelle der darunterliegenden Zeile und drücken zum Einfügen aus der Zwischenablage die Tasten Strg+V.

Ab hier benötigen Sie Relative Aufzeichnung

5. Im letzten Schritt der Makroaufzeichnung deaktivieren Sie die relative Aufzeichnung wieder und markieren diejenige Zelle, in der Sie mit der Bearbeitung fortfahren möchten, beispielsweise die Zelle A3. Dann beenden Sie die Aufzeichnung.

8.4. Makroausführung starten

Tastenkombination

Tastenkombination nachträglich zuweisen

Wie Sie ein Makro über das Dialogfenster MAKRO starten, haben Sie bereits kennen gelernt. Wesentlich schneller starten Sie die Ausführung über eine Tastenkombination. Sie können einem Makro bereits vor der Aufzeichnung eine Tastenkombination zuweisen, dies ist aber auch noch nachträglich möglich.

Öffnen Sie dazu das Dialogfenster MAKRO, markieren Sie das Makro, dem Sie eine Tastenkombination zuweisen wollen und klicken Sie auf die Schaltfläche OPTIONEN. Geben Sie die gewünschte Tastenkombination an, ggf. können Sie hier auch die Beschreibung ändern, und bestätigen Sie mit der Schaltfläche OK.

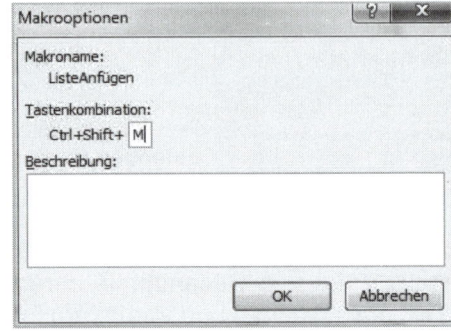

Der Makroaufruf über eine Tastenkombination bringt einige Nachteile mit sich:

Vorsicht bei bestehenden Tastenkombinationen

- Benutzer, die das Makro verwenden möchten, müssen sich die entsprechenden Tasten merken, dies dürfte für ungeübte Benutzer problematisch sein.

- Sie sollten bei der Festlegung der Tasten darauf achten, dass die Tastenkombination nicht bereits anderweitig belegt ist. Wichtige Tastenkombinationen wie beispielsweise Strg+C (Kopieren) werden sonst überschrieben.

Menüband

Siehe Lektion 1.5 Menüband anpassen

Eine andere Möglichkeit zum Starten eines Makros stellt das Menüband dar. Wie Sie das Menüband anpassen, bzw. benutzerdefinierte Register und Gruppen hinzufügen, wurde in Lektion 1.5 beschrieben. Fügen Sie entweder einem neuen Register und einem der Standardregister eine neue Gruppe hinzu. Klicken Sie dann auf den Dropdown-Pfeil BEFEHLE AUSWÄHLEN und wählen aus der Liste MAKROS. Ziehen Sie dann das Makro in die benutzerdefinierte Gruppe. Um das Symbol zu ändern, markieren Sie das Makro und klicken auf die Schaltfläche UMBENENNEN. Wählen Sie ein Symbol, bzw. geben Sie ein, mit welchem Text das Makro im Menüband angezeigt werden soll.

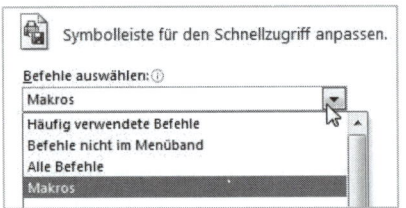 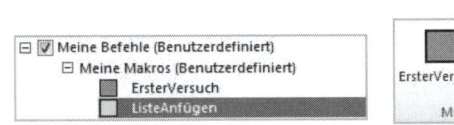 

Nur für Makros in allen Arbeitsmappen

Nachteil: Diese Möglichkeit sollte nur für Makros verwendet werden, die in allen Excel-Arbeitsmappen verfügbar sind.

Symbolleiste für den Schnellzugriff

Eine andere Möglichkeit besteht darin, ein Makro über ein Symbol in der SYMBOLLEISTE FÜR DEN SCHNELLZUGRIFF zu starten. So gehen Sie dabei vor:

1. Klicken Sie auf das Symbol SYMBOLLEISTE FÜR DEN SCHNELLZUGRIFF ANPASSEN und auf WEITERE BEFEHLE....

2. Klicken Sie dann auf den Dropdown-Pfeil BEFEHLE AUSWÄHLEN und wählen aus der Liste den Eintrag MAKROS. Markieren Sie darunter das gewünschte Makro und klicken Sie auf die Schaltfläche HINZUFÜGEN.

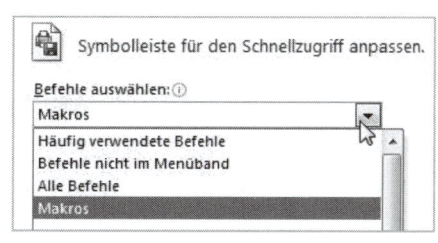

3. Zuletzt können Sie in der rechten Spalte noch wählen, ob sich die Änderung auf alle Dokumente (Standard) oder nur die aktuelle Arbeitsmappe auswirken soll.

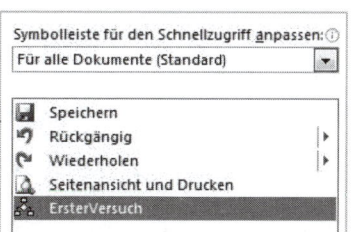

Aktuelle Mappe oder alle Dokumente?

4. Wenn Sie anschließend das Symbol ändern möchten, dann markieren Sie das hinzugefügte Makro und klicken auf die Schaltfläche ÄNDERN.

Markieren Sie ein Symbol.

Unter ANZEIGENAME können Sie einen Namen definieren der erscheint, sobald Sie mit der Maus darauf zeigen.

Befehlsschaltfläche

Sie können die Makroausführung auch per Mausklick auf ein beliebiges Grafikobjekt, beispielsweise ein Rechteck starten, das Sie direkt in das Tabellenblatt einfügen. Dies ist vor allem dann zu empfehlen, wenn Makros zusammen mit der Arbeitsmappe gespeichert werden und somit ausschließlich in dieser verfügbar sind.

Befehlsschaltflächen in das Tabellenblatt einfügen

1. Klicken Sie dazu im Register EINFÜGEN, Gruppe ILLUSTRATIONEN auf die Schaltfläche FORMEN und fügen Sie mit einem Mausklick das gewünschte Objekt in das Tabellenblatt an beliebiger Stelle ein.

Formen

2. Im nächsten Schritt weisen Sie dem Grafikobjekt das Makro zu: Klicken Sie mit der rechten Maustaste in das Objekt und wählen Sie MAKRO ZUWEISEN...

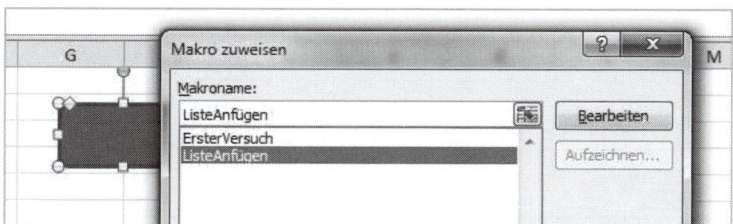

3. Beachten Sie, dass ab jetzt das Makro ausgeführt wird, wenn Sie auf die Schaltfläche klicken. Wenn Sie die Schaltfläche formatieren oder beschriften möchten, dann müssen Sie sie mit der rechten Maustaste markieren, bzw. bearbeiten. Dies gilt auch, wenn Sie die Schaltfläche verschieben möchten.

Bearbeitung mit der rechten Maustaste

Objekt formatieren

Zum Formatieren können Sie alle Befehle des Registers FORMAT verwenden. Zum Beschriften klicken Sie mit der rechten Maustaste auf die Schaltfläche und auf den Befehl TEXT BEARBEITEN.

8.5.   Zusammenfassung

- Makros werden für häufig benötigte Befehlsabläufe eingesetzt und können den Funktionsumfang von Excel erheblich erweitern. Die einzelnen Bearbeitungsschritte werden von einem Makrorecorder aufgezeichnet und in der Programmiersprache VBA gespeichert. Sie werden nacheinander ausgeführt, sobald das Makro gestartet wird.

- Vor der Aufzeichnung sollten Sie die erforderlichen Arbeitsschritte planen und relative und absolute Zellbezüge berücksichtigen. Jedes Makro wird unter einem eindeutigen Namen entweder zusammen mit der aktuellen Arbeitsmappe oder in der persönlichen Makroarbeitsmappe gespeichert. Im zweiten Fall steht das Makro in jeder Arbeitsmappe zur Verfügung.

- Die Ausführung eines Makros kann über eine Tastenkombination gestartet werden. Eine andere Möglichkeit ist die Ausführung über ein Symbol in der SYMBOLLEISTE FÜR DEN SCHNELLZUGRIFF oder das Menüband, als weitere Möglichkeit können Sie ein Grafikobjekt in das Tabellenblatt einfügen, dem Sie anschließend ein Makro zuweisen.

Bemerkungen:

_____

_____

_____

_____

_____

_____

_____

_____

9. Einführung in die VBA-Programmierung

- Arbeiten mit dem VBA-Editor

- Grundlegende Elemente der Programmiersprache VBA

- Umgang mit Excel-Objekten

- Makros aufzeichnen und ausführen

Das Erlernen einer Programmiersprache erfordert einige Übung. Zudem stellt die Programmiersprache VBA eine sehr komplexe Programmiersprache dar, so dass diese Lektion nur einen ersten Einstieg in die VBA-Programmierung vermitteln kann. Mit Kenntnissen der grundlegenden Sprachelemente von VBA und im Umgang mit den wichtigsten Excel-Objekten lassen sich jedoch auch von Programmier-Neulingen kleine Prozeduren schreiben oder Makros schnell an eigene Bedürfnisse anpassen.

Visual Basic for Applications

Was ist ein Programm?

Computerprogramme, auch als Prozeduren bezeichnet, sind eine Folge von Anweisungen, formuliert in einer Programmiersprache. Beim Starten werden die Befehle der Reihe nach ausgeführt. Programme sind unter einem eindeutigen Namen gespeichert und können über ihren Namen beliebig oft ausgeführt werden. Wie bei allen Programmiersprachen, so gelten auch für die Programmierung mit VBA feste Regeln für den Aufbau der Befehle, die so genannte Syntax.

Prozedur

Was versteht man unter objektorientierter Programmierung?

Objektorientierte Programmiersprachen, dazu zählt auch VBA, betrachten alle Dinge der realen Welt als Objekte. Jedes Objekt wird über eine Reihe von Eigenschaften beschrieben, viele Objekte können auch Aktionen ausführen, diese werden als Methoden bezeichnet. Manche Objekte verfügen auch noch über so genannte Ereignisse. Typische Excel-Objekte sind die Anwendung Excel selbst, eine Arbeitsmappe, das Tabellenblatt, Zellbereiche oder Diagramme.

9.1. Der VBA-Editor

Das Editor-Fenster

Für das Schreiben der Programmanweisungen steht in Excel und allen anderen Microsoft Office-Anwendungen der VBA-Editor zur Verfügung.

Alt+F11

Den VBA-Editor öffnen Sie entweder über die Registerkarte ENTWICKLERTOOLS, Gruppe STEUERELEMENTE, CODE ANZEIGEN oder verwenden Sie die Tastenkombination Alt+F11.

Der VBA-Editor (auch als VBA-Entwicklungsumgebung bezeichnet) ist eine eigenständige Anwendung mit eigenen Menübefehlen, Symbolleisten und Fenstern und unterstützt Sie unter anderem mit einer automatischen Syntaxüberprüfung und einer umfangreichen Hilfe. Der VBA-Editor verwendet anstelle des Menübands Menüs und Symbolleisten.

Menüs und Symbolleisten

VBA-Editor schließen

Mit der SCHLIEßEN-Schaltfläche des Fensters oder dem Menübefehl DATEI - SCHLIE-ßEN beenden Sie den VBA-Editor und kehren zur Excel Arbeitsmappe zurück. Um zwischen den beiden Anwendungen zu wechseln, verwenden Sie entweder die Taskleiste oder die Tasten Alt+F11.

Menü ANSICHT: Bereiche ein- und ausblenden

Normalerweise sind die folgenden Bereiche des VBA-Editors sichtbar; sollten Projektfenster und Eigenschaftsfenster nicht angezeigt werden, so klicken Sie zum Einblenden auf das Menü ANSICHT.

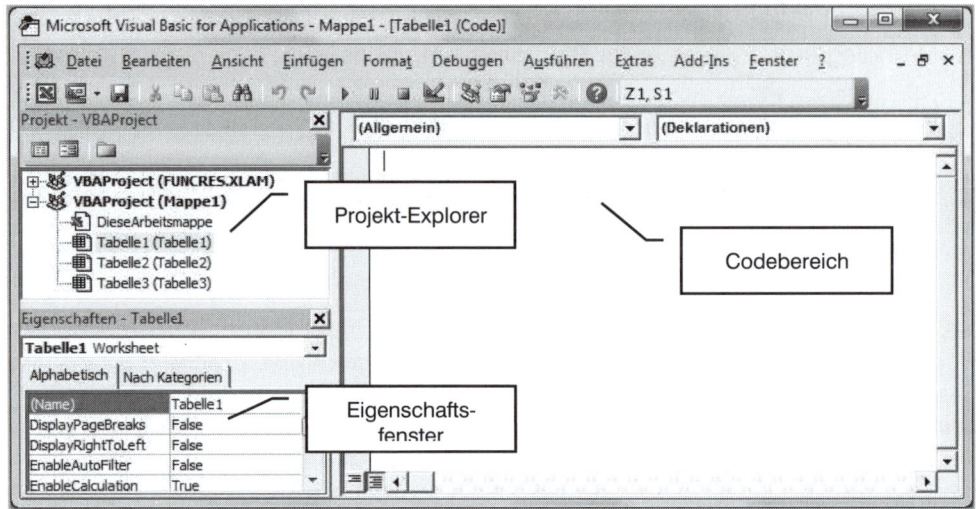

Projekt-Explorer

Alle aktuell geöffneten Dokumente

Der Projekt-Explorer ist vergleichbar mit dem Windows-Explorer und listet alle aktuell geöffneten Office-Dokumente mit den darin enthaltenen Objekten auf. So umfasst eine Excel-Arbeitsmappe normalerweise mehrere Arbeitsblätter sowie eventuell weitere Objekte wie benutzerdefinierte Dialogfenster oder Makros. Das oben abgebildete Fenster zeigt das Objekt DIESE ARBEITSMAPPE, sowie die Objekte TABELLE1, TABELLE2 und TABELLE3. Enthält die Arbeitsmappe Makros oder VBA-Prozeduren, so finden Sie diese unter MODULE. Im oberen Bereich des Projektfensters finden Sie eine Schaltfläche, über die Sie zusätzlich Ordner ein- und ausblenden können. Mit der Schaltfläche CODE ANZEIGEN wird im Codebereich ein Fenster mit den Programmanweisungen des markierten Objekts geöffnet.

Ordner anzeigen

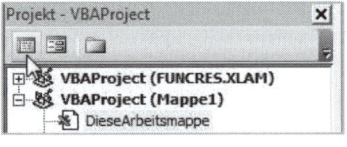

Code anzeigen

Eigenschaften

Objekteigenschaften

Unterhalb des Projekt-Explorers befindet sich das Eigenschaftsfenster. Hier können Sie die Eigenschaften eines Objekts kontrollieren und ändern. Um beispielsweise den Namen des Arbeitsblattes "Tabelle1" zu ändern, markieren Sie das Blatt im Projekt-Fenster, klicken im Eigenschaftsfenster in die Zeile NAME und tippen den neuen Namen ein. Das Projektfenster zeigt nun den Namen in Klammern an.

Codebereich

Der Codebereich ist der zentrale Bereich des VBA-Editors und dient zur Eingabe und Anzeige der eigentlichen Anweisungen. Jedes Modul oder Objekt verfügt über ein eigenes Codefenster das Sie entweder über die Schaltfläche CODE ANZEIGEN oder Doppelklick auf ein Modul öffnen, bzw. anzeigen.

Anweisungen eingeben

Befehlseingabe

Bei der Eingabe und Bearbeitung der Programmanweisungen können Sie alle in Windows üblichen Funktionen der Textbearbeitung und Markierung verwenden. So lassen sich markierte Textteile mit der Maus verschieben, in die Zwischenablage ausschneiden (Strg+X) oder kopieren (Strg+C) und an beliebiger Stelle wieder einfügen (Strg+V). Der VBA-Editor unterstützt keine Formatierungen, sondern verwendet einheitlich die Schriftart Courier.

Verwenden Sie die üblichen Funktionen der Textverarbeitung

Module und Prozeduren

Ein neues Modul einfügen

Makros oder manuell erstellter Programmcode werden in Modulen gespeichert. Um ein neues Modul zu erzeugen, verwenden Sie den Menübefehl EINFÜGEN – MODUL. Ein neues Modul mit dem Namen MODUL1 erscheint im Projektfenster. Markieren Sie das Modul und geben Sie im Eigenschaftsfenster unter NAME einen Namen ein. Mit einem Doppelklick auf das Modul erscheint das dazugehörige Code-Fenster, es ist zunächst noch leer.

Neues Modul

Regeln für Modulnamen beachten

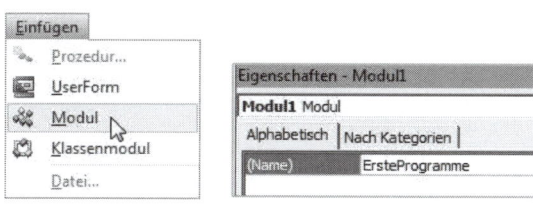

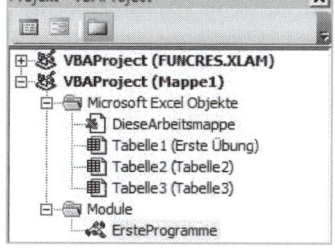

Modul einfügen   Namen des Moduls ändern   Das Modul im Projektfenster

Prozeduren

Prozeduren sind kleine, eigenständige Programmeinheiten innerhalb eines Moduls, wobei ein Modul üblicherweise gleich mehrere Prozeduren enthalten kann. Sie beginnen immer mit der Anweisung Sub, gefolgt vom eigentlichen Namen der Prozedur und enden mit End Sub. Die Argumentklammern sind in jedem Fall erforderlich. Beispiel:

```
Sub Beispiel()
    Anweisung1
    Anweisung2
    ...
End Sub
```

Regeln für Modul- und Prozedurnamen: Der Name darf maximal 255 Zeichen lang sein und mit Ausnahme des Unterstrichs keine Leerzeichen oder Sonderzeichen enthalten. Das erste Zeichen muss ein Buchstabe sein.

Vor der Anweisung Sub kann mit den Schlüsselwörtern Public oder Private der Geltungsbereich der Prozedur festgelegt werden:

Geltungsbereich

Public	Auf diese Prozedur können auch Prozeduren in anderen Modulen des Projekts zugreifen.
Private	Auf diese Prozedur können ausschließlich Prozeduren innerhalb des gleichen Moduls zugreifen.

Neue Prozedur

Prozedur einfügen

Markieren Sie im Projektfenster das Modul, in das die Prozedur eingefügt werden soll und klicken Sie auf die Schaltfläche CODE ANZEIGEN oder doppelklicken Sie auf das Modul.

Klicken Sie dann auf das Menü EINFÜGEN – PROZEDUR..., geben Sie einen Namen ein und wählen Sie den Gültigkeitsbereich.

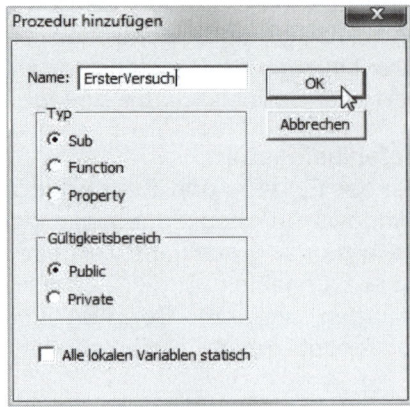

Klammern werden automatisch hinzugefügt

Sie können aber auch die erste Anweisung `Sub` gefolgt vom Prozedurnamen einfach über die Tastatur eintippen. `End Sub` und die Klammern werden nach dem Drücken der Eingabe-Taste automatisch hinzugefügt.

```
Sub ErstesBeispiel()

End Sub
```

Syntax

Anweisungszeilen

Manueller Zeilenumbruch mit _

Je Anweisung wird eine Programmzeile geschrieben. Möchten Sie eine Programmzeile zwecks besserer Lesbarkeit mit einem manuellen Zeilenumbruch teilen, so erfolgt dies durch ein Leerzeichen, gefolgt von einem Unterstrich "_" am Ende der Zeile. Sie dürfen auf diese Weise maximal 10 Zeilen Code trennen, die Trennung darf nicht innerhalb von Textteilen erfolgen. Ein automatischer Zeilenumbruch erfolgt dagegen erst nach 1024 Zeichen.

Allgemeine Schreibweise

Eigenschaften oder Methoden übernehmen

Objekte und deren Methoden oder Eigenschaften werden mit einem Punkt (.) voneinander getrennt. Sobald Sie ein Objekt, gefolgt von einem Punkt eingetippt haben, erscheint eine Liste mit allen für das Objekt verfügbaren Eigenschaften und Methoden. Durch Markieren und anschließenden Doppelklick, Tabulatortaste oder Eingabetaste wird die Auswahl in den Programmcode übernommen.

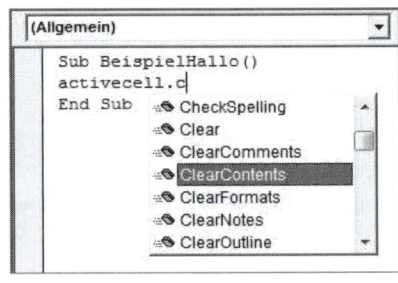

Syntaxüberprüfung

Kennzeichnung fehlerhafter Anweisungen

Sobald Sie eine Anweisungszeile beendet haben, erfolgt eine automatische Syntaxüberprüfung. Fehlerhafte Anweisungen werden automatisch mit roter Schrift gekennzeichnet. Dies ist allerdings auch der Fall, wenn eine Anweisung noch unvollständig ist. Die rote Schrift verschwindet wieder, sobald die Anweisung korrekt fertig gestellt, bzw. korrigiert wurde.

Argumente in Funktionen und Methoden

Auch bei der Eingabe von Funktionen unterstützt Sie der VBA-Editor mit einem Hilfstext. Dieser listet die Namen und Reihenfolge aller unterstützten Argumente auf, das aktuell benötigte Argument ist fett hervorgehoben.

```
Sub BeispielHallo()
msgbox
MsgBox(Prompt, [Buttons As VbMsgBoxStyle = vbOKOnly], [Title], [HelpFile], [Context]) As VbMsgBoxResult
```

- Beachten Sie, dass in VBA mehrere Argumente mit Komma getrennt werden, anstelle des Semikolon in Excel.

- Argumente werden immer dann in Klammern gesetzt, wenn sie einen Wert zurückgeben, also rechts vom Gleichheitszeichen stehen, andernfalls folgen sie auf ein Leerzeichen.

- Gehören zu einer Funktion mehrere Argumente, so sind zwar nicht immer alle Argumente erforderlich, die Kommata müssen allerdings trotzdem angegeben werden. Als Alternative können Sie nur bestimmten Argumenten Werte zuweisen. Dann verwenden Sie anstelle des Gleichheitszeichens den Operator:=. In diesem Fall müssen Sie nicht auf die korrekte Reihenfolge der Argumente achten. Beide Beispiele unten liefern das gleiche Ergebnis, nämlich die Meldung "Hallo" mit dem Titel "Beispiel".

Argumente werden mit Komma getrennt

```
MsgBox "Hallo", , "Beispiel"
MsgBox "Hallo", Title:="Beispiel"
```

Beispiel Argumente

Kommentare

Sie können innerhalb einer Prozedur jederzeit Kommentare einfügen. Kommentare beginnen immer mit einem Hochkomma ', das am Anfang oder innerhalb einer Zeile stehen kann, sie werden automatisch mit grüner Schrift gekennzeichnet.

```
Sub BeispielHallo()
'Meine erste Prozedur
MsgBox "Hallo", , "Beispiel"
End Sub
```

Kommentare mit Erklärungen erleichtern bei späterer Bearbeitung die Übersicht und sollten deshalb grundsätzlich bei wichtigen Punkten eingefügt werden.

Verwenden Sie Kommentare

Die VBA-Hilfe

Nützliche Dienste leistet die VBA-Hilfe. Sie rufen die allgemeine Hilfe mit einem Mausklick auf das Symbol der Symbolleiste auf. Am besten verwenden Sie die EXCEL 2010-ENTWICKLERREFERENZ und klicken Sie dann auf VORGEHENSWEISEN IN EXCEL 2010. Hier finden Sie grundlegende Themen sowie Lösungen zu häufigen Aufgabenstellungen bei der Programmierung mit Excel. Eine vollständige Übersicht über alle Excel-Objekte und deren Elemente erhalten Sie in der EXCEL-OBJEKTMODELLREFERENZ.

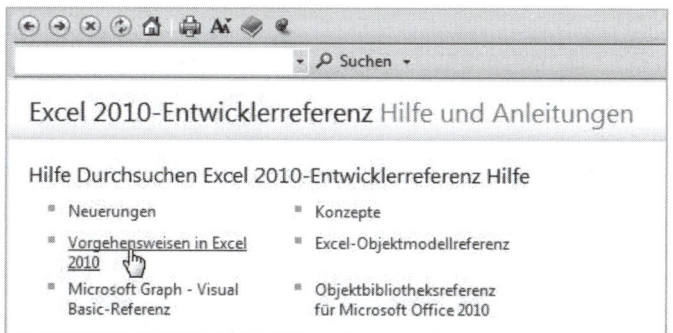

VBA-Hilfe
F1

Tipp: Benötigen Sie während der Eingabe Hilfe zu bestimmten Objekten, Eigenschaften oder Funktionen, so klicken Sie in den Ausdruck und drücken F1.

Prozeduren ausführen

Siehe Lektion Makro-
ausführung starten

Im Tabellenblatt unterscheidet sich das Starten der Ausführung von Prozeduren nicht von der Makroausführung und wird daher hier nicht mehr näher beschrieben. Um eine Prozedur aus dem VBA-Editor heraus auszuführen, klicken Sie an eine beliebige Stelle der Prozedur und verwenden die Schaltflächen in der Symbolleiste des VBA-Editors.

▶	Startet die Ausführung der aktuellen Prozedur
❚❚	Ausführung unterbrechen
■	Ausführung abbrechen/beenden

Siehe Lektion 9.7

Der VBA-Editor erlaubt zum Testen einer Prozedur auch noch die schrittweise Ausführung, Näheres dazu am Ende dieser Lektion.

9.2. Grundlegende Sprachelemente von VBA

Variablen

Variablen speichern
Zwischenergebnisse

Variablen sind in der Programmierung Platzhalter oder Behälter für Daten, denen erst während der Ausführung ein Wert zugewiesen wird, sie dienen meist zur Aufnahme von Zwischenergebnissen.

Datentypen
Jede Variable gehört normalerweise zu einem bestimmten Datentyp, der gleichzeitig auch die zulässigen Operationen festlegt. VBA unterscheidet die folgenden Datentypen:

Typ	Bereich	Beispiel
Byte	Ganze Zahlen von 0 bis 255	3
Integer	Ganze Zahlen von -32.769 bis 32.768	12.345
Long	Ganze Zahlen von -2.147.483.648 bis 2.147.483.648	123.458
Single	Dezimalzahlen mit 8 Stellen Genauigkeit	0,22
Double	Dezimalzahlen mit 16 Stellen Genauigkeit	0,1457003598112
Currency	Festkommazahl mit 15 Stellen vor und 8 Stellen hinter dem Komma	12,90
Date	Datum und Uhrzeit	15.03.2009
String	beliebige Zeichenfolge, alphanumerisch	"Feldweg 7a"
Variant	beliebige Zeichenfolge, Zext oder Zahlen	"Frieda" oder 999
Boolean	Wahr oder Falsch, True / False	True
Object	alle Objektreferenzen	Workbook

Variablennamen

Variable deklarieren
mit Dim

Jede verwendete Variable sollte vor der Verwendung mit einem eindeutigen Namen und einem Datentyp deklariert werden. Dies geschieht meist zu Beginn einer Prozedur mit der Anweisung Dim. Folgende Regeln sind bei Variablennamen zu beachten:

- Ein Variablenname muss mit einem Buchstaben beginnen und darf max. 255 Zeichen lang sein.

- Ein Variablenname muss innerhalb des Gültigkeitsbereichs eindeutig sein

- Ein Variablenname darf keinen Punkt und keine Sonderzeichen enthalten

- Optional sollte aus dem Variablennamen der Datentyp über ein Präfix ersichtlich sein

Mit dem Datentyp wird jeder Variablen automatisch ein Anfangswert zugewiesen, String-Variablen erhalten einen Leerstring, numerische den Wert 0. Hier ein Beispiel, bei dem zuerst die Variablen deklariert werden, und anschließend den Variablen ein Wert zugewiesen wird. Beachten Sie, dass VBA bei Dezimalzahlen den Punkt als Dezimaltrennzeichen verwendet.

Punkt als Dezimalzeichen!

```
Dim intAlter as integer
Dim dblBetrag as Double
Dim strName as String
intAlter = 21
strName = "Otto"
dblBetrag = 125.33
```

Variablendeklaration erzwingen

Die Deklaration von Variablen ist nicht zwingend erforderlich, sollte aber unbedingt vorgenommen werden. Nicht deklarierte Variablen sind automatisch vom Typ VARIANT. Dies kann während der Laufzeit zu Fehlern führen, beispielsweise wenn für Berechnungen als Eingabe eine Zahl erforderlich ist, vom Benutzer jedoch Text eingegeben wird. Mit der Anweisung `Option Explicit` zu Beginn eines Moduls erzwingen Sie eine Deklaration aller verwendeten Variablen. Dadurch werden auch Tippfehler bei der Eingabe von Variablennamen in einer Prozedur schnell erkannt, da bei Verwendung einer nicht deklarierten Variablen eine Fehlermeldung erscheint.

Variablendeklaration erforderlich

Über das Menü EXTRAS – OPTIONEN, Register EDITOR können Sie festlegen, dass diese Anweisung automatisch zu Beginn jedes neuen Moduls eingefügt wird.

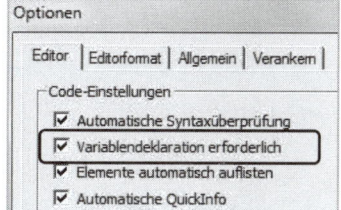

Geltungsbereich von Variablen

Auf Prozedurebene mit dem Schlüsselwort `Dim` deklarierte Variablen besitzen nur innerhalb der Prozedur Gültigkeit und werden deshalb auch als lokale Variablen bezeichnet. Um den Geltungsbereich zu erweitern, können Variablen auch auf Modulebene deklariert werden. Die Deklaration muss dann zu Beginn des Moduls, im so genannten Deklarationsbereich erfolgen. Mit dem Schlüsselwort `Private` besitzt eine Variable Gültigkeit innerhalb des Moduls, mit dem Schlüsselwort `Public` ist sie global, d.h. in allen Modulen eines Projekts gültig. Beispiele:

```
Private strBenutzer as String
Public gstrBenutzer as String
```

Auf Modulebene erfolgt die Variablendeklaration immer am Beginn des Moduls, im so genannten Deklarationsbereich.

Auf Prozedurebene sollten Sie ebenfalls alle benötigten Variablen zu Beginn der Prozedur deklarieren. Dies ist zwar nicht zwingend erforderlich, verschafft aber einen besseren Überklick.

Wo werden Variablen deklariert?

Konstanten

Konstanten speichern feste Werte

Konstanten sind feste Werte, die während der Ausführung nicht geändert werden. Die Deklaration und die Wertzuweisung von Konstanten erfolgt entweder am Beginn einer Prozedur und beginnt dort mit dem Schlüsselwort `Const` oder im Deklarationsbereich eines Moduls. Auf Modulebene wird der Geltungsbereich wieder über Schlüsselwörter festgelegt. Verwenden Sie `Public` für globale Konstanten oder `Private`, wenn die Konstanten nur innerhalb des Moduls zur Verfügung stehen. Für Namen von Konstanten gelten die gleichen Regeln wie für Variablennamen, als Typ sind alle zulässigen VBA-Datentypen möglich. Beispiele:

```
Const intWert as Integer = 100
Public Const strBenutzer as String = "Karl-Theodor"
```

Zusätzlich verfügt VBA über integrierte Konstanten, an der Vorsilbe erkennen Sie die Herkunft.

Integrierte VBA-Konstanten

Vorsilbe	Zugehörigkeit	Beispiel	
vb	VBA	vbRed	Farbe Rot
xl	Excel	xlNone	keine Farbe
Mso	MS Office	msoSortOrder	Sortierreihenfolge

Operatoren und Ausdrücke

Operatoren verknüpfen und vergleichen Variablen, Werte oder Ausdrücke. VBA unterscheidet die folgenden Operatoren, bzw. vier Grundtypen:

Typ	Beschreibung	Zeichen
Arithmetische Operatoren	Addition	+
	Subtraktion	-
	Division	/
	Multiplikation	*
	Ganzzahlige Division	\
	Potenz	^
	Modulo	Mod
Text verketten	Zeichenfolgen anfügen	&, +
Logische Operatoren	Und	AND
	Oder	OR
	Nicht	NOT
Vergleichsoperatoren	Gleich	=
	kleiner als	<
	kleiner oder gleich	<=
	Größer als	>
	Größer oder gleich	>=
	Ungleich	<>
Vergleichsoperatoren für Text	entspricht	LIKE
Vergleichsoperatoren für Objekte	entspricht	IS

Verkettungsoperatoren werden verwendet, um mehrere Zeichenfolgen miteinander zu verketten. Das folgende Beispiel gibt eine persönliche Begrüßung aus.

Beispiel Verkettungs-operatoren

```
Sub Begruessung()
Dim strName as String
strName = "Karl-Heinz"
MsgBox "Guten Morgen " & strName
End Sub
```

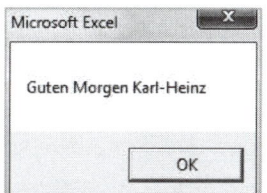

9.3. Einfache Dialoge

Während des Programmablaufs ist es häufig erforderlich, Meldungen an den Benutzer auszugeben oder Eingaben des Benutzers einzulesen. Dazu können entweder benutzerdefinierte Dialoge erstellt oder die Dialogfunktionen von VBA eingesetzt werden. Für einfache Dialoge stellt VBA die Funktionen `MsgBox` und `InputBox` zur Verfügung.

Eingabe und Ausgabe

Eine Meldung ausgeben

`MsgBox` ist eine Funktion, die eine Meldung ausgibt und den Programmablauf solange unterbricht, bis auf eine Schaltfläche geklickt wird. Die Syntax:

Gibt eine Meldung aus und unterbricht den Programmablauf

```
MsgBox(prompt[,buttons] [,title] [,helpfile],[context])
```

Prompt	Geben Sie den eigentlichen Meldungstext ein, maximale Länge 1024 Zeichen.
Buttons	Damit legen Sie fest, welche Schaltflächen das Dialogfenster enthalten soll.
Title	Legt den Titel des Meldungsfensters fest.
Helpfile/Context	Definiert die kontextbezogene Hilfedatei und das Hilfethema für das Dialogfenster.

In der einfachsten Form benötigen Sie nur das Argument `Prompt`, z.B.

```
MsgBox "Falsche Eingabe"
```

Schaltflächen verwenden

Wird das Argument `Buttons` nicht angegeben, so enthält das Meldungsfenster nur die Schaltfläche OK. Mit dem Argument `Buttons` können Sie dagegen angeben, welche Schaltflächen das Dialogfenster anzeigen soll. Eine Liste der verfügbaren Möglichkeiten erscheint, sobald Sie nach dem Argument `Prompt` das Komma eingegeben haben. Die Bedeutung der Schaltflächen, sowie die dazugehörigen Werte finden Sie in der VBA-Hilfe. Klicken Sie dazu in das Wort `MsgBox` und drücken Sie die Taste F1.

Welche Schaltflächen sollen angezeigt werden?

F1 - VBA-Hilfe

Jede Schaltfläche gibt beim Anklicken einen bestimmten Wert als Zahl vom Typ Integer zurück. Um auszuwerten, welche Taste angeklickt wurde, müssen Sie den

Rückgabewert der Funktion einer Variablen zuweisen. Die folgende Anweisung erzeugt ein Meldungsfenster mit den Schaltflächen OK und Abbrechen.

```
Dim intTaste As Integer
intTaste = MsgBox("Wollen Sie fortfahren?", vbOKCancel)
```

Siehe nächster Abschnitt

Die weitere Vorgehensweise ist abhängig von der gedrückten Taste, wobei OK den Wert 1 und ABBRECHEN den Wert 2 zurückgibt. Sie kann beispielsweise in Form einer `If` Anweisung realisiert werden.

```
If intTaste = 1 Then
      Anweisung1
      Anweisung2
      ...
Else
    Exit Sub        'Prozedur verlassen
End If
```

Benutzereingaben mit InputBox

Benutzereingaben

Für Benutzereingaben stellt VBA mit der Funktion `InputBox` ein Dialogfenster zur Verfügung. Die Syntax ist ähnlich der Funktion `MsgBox` und lautet:

```
InputBox(prompt[,title] [,default] [,xpos] [,ypos])
```

Die Argumente `Prompt` und `Title` werden wie in der Funktion `MsgBox` verwendet.

Default	gibt einen Standardwert vor. Wird nichts angegeben, so ist das Eingabefeld leer.
xpos/ypos	gibt die x- bzw. y-Position im Verhältnis zur oberen linken Bildschirmecke als Zahl an. Wird nichts angegeben, so erscheint das Dialogfenster zentriert.

Die folgende Anweisung gibt das abgebildete Dialogfenster aus, für die weitere Auswertung müssen Sie den Eingabewert wieder einer Variablen zuweisen.

```
strName = InputBox("Bitte geben Sie Ihren Namen ein", "Hallo")
```

Argumente in ()

Beachten Sie, dass die Funktion `InputBox` einen Wert, nämlich die Benutzereingabe zurückgibt, die Argumente müssen daher in Klammern gesetzt werden.

9.4.   Kontrollstrukturen

Programmablauf steuern

In der einfachsten Form enthält eine Prozedur Anweisungen, die der Reihe nach ausgeführt werden. Oft ist es jedoch auch erforderlich, Anweisungen entweder mehrmals zu wiederholen oder die Ausführung von einer Bedingung abhängig zu machen. Dazu verwendet man in der Programmierung Kontrollstrukturen.

Verwenden Sie Einrückungen

Tipp: Rücken Sie alle Anweisungen innerhalb von Kontrollstrukturen mit der Tab-Taste ein. Dies ist zwar nicht zwingend erforderlich, erhöht aber die Lesbarkeit und Übersichtlichkeit.

Entscheidungsstrukturen oder Verzweigungen

Einseitige Auswahl

Entscheidungsstrukturen machen die Ausführung eines Anweisungsblocks von einer Bedingung abhängig. Die Bedingung ist ein Ausdruck, der als Ergebnis die Werte True oder False liefert, vergleichbar der WENN-Arbeitsblattfunktion von Excel. Die allgemeine Syntax lautet: Bedingung überprüfen

```
If Bedingung = True Then
        Anweisung 1
        Anweisung 2
        Anweisung ...
End If
```

Ist die Bedingung nicht erfüllt, so werden alle Anweisungen zwischen If und End If ignoriert und die Programmausführung mit den Anweisungen nach End If fortgesetzt. Die folgende Prozedur als Beispiel berechnet einen Rabatt von 5% nur dann, wenn der Rechnungsbetrag 100 Euro oder mehr beträgt. If...
End If

```
Sub RabattBerechnen()
Dim dblRabatt As Double
Dim dblBetrag As Double
dblRabatt = 0.05
dblBetrag = 120
If dblBetrag >= 100 Then
    dblBetrag = dblBetrag - (dblBetrag * dblRabatt)
End If
MsgBox "Der endgültige Betrag beträgt " & dblBetrag
End Sub
```

Zweiseitige Auswahl

Die zweiseitige Auswahl bietet zwei Alternativen: der erste Anweisungsblock wird ausgeführt, wenn die Bedingung das Ergebnis True liefert, der zweite Block (Else) wird ausgeführt, wenn das Ergebnis False lautet. Die Syntax lautet dann: If...
Else
End If

```
If Bedingung = True Then
        Anweisung1
        Anweisung2
        Anweisung ...
Else
        Anweisung3
        Anweisung...
End If
```

Mehrstufige Auswahl

Lässt eine Bedingung mehrere Möglichkeiten zu, dann verwenden Sie eine mehrstufige Auswahl. Die allgemeine Syntax lautet: If...
ElseIf...
ElseIf...
End If

```
If Bedingung1 Then
        Anweisungsblock1
ElseIf Bedingung2 Then
        Anweisungsblock2
ElseIf Bedingung3 Then
        Anweisungsblock3
Else
        AnweisungsblockN
End If
```

Sobald eine Bedingung erfüllt ist, wird der darauffolgende Anweisungsblock ausgeführt und anschließend die Auswahl verlassen. Die letzte Stufe Else wird ausgeführt, wenn keine der zuvor definierten Bedingungen zutreffend war. Das folgende Beispiel liefert anhand der Schulnote den dazugehörigen Notentext.

Beispiel Schulnoten

```
Sub Noten()
Dim intNote As Integer
Dim strNotenText As String
' Note einlesen
intNote = InputBox("Bitte die Note eingeben")
If intNote = 1 Then
    strNotenText = "Sehr gut"
ElseIf intNote = 2 Then
    strNotenText = "Gut"
ElseIf intNote = 3 Then
    strNotenText = "Befriedigend"
ElseIf intNote = 4 Then
    strNotenText = "Ausreichend"
ElseIf intNote = 5 Then
    strNotenText = "Mangelhaft"
Else
    strNotenText = "Nicht Ausreichend"
End If
'Notentext als Meldung ausgeben
MsgBox strNotenText
End Sub
```

Select Case...
End Select

Fallauswahl

Für die Überprüfung sehr vieler Bedingungen eignet sich auch die Fallauswahl Select Case. Sie beginnt mit der Anweisung `Select Case` und endet mit `End Select`. Die Syntax lautet:

```
Select Case Variable
        Case Wert1
                Anweisungsblock1
        Case Wert2
                Anweisungsblock2
        Case Wert3
                Anweisungsblock3
        Case Else
                AnweisungsblockN
End Select
```

Der Teil `Case Else` ist optional und wird nur dann ausgeführt, wenn zuvor keine der angegebenen Bedingungen zutreffend war. Beispiel:

```
Sub ZahlenBeispiel()
Dim intZahl As Integer
Dim strText As String
intZahl = InputBox("Geben Sie eine Zahl zwischen 10 und 50 ein!")
Select Case intZahl
    Case Is > 50
        strText = "Die Zahl ist zu groß!"
    Case Is < 10
        strText = "Die Zahl ist zu klein!"
    Case Else
        strText = "Gratulation - Sie haben es geschafft!"
End Select
MsgBox strText
End Sub
```

Achten Sie auf Über-
sichtlichkeit

Verschachtelte Bedingungen

Auswahlstrukturen und Bedingungen können natürlich auch beliebig verschachtelt werden. Achten Sie in diesem Fall darauf, dass jede Auswahl auch wieder beendet werden muss. Hier einige Tipps:

Einrückungen

- Einen besseren Überblick erhalten Sie auch hier wieder durch Einrücken der Anweisungsblöcke mit der Tab-Taste.

- Schreiben Sie nach der Anweisung `If` sofort die `End If` Anweisung, so vermeiden Sie das lästige Vergessen von Zeilen.

```
If ... Then
    If ... Then
        If ... Then
        End If
    End If
End If
```

Wiederholungsschleifen

Bei zahlreichen Problemstellungen müssen Anweisungen mehrmals ausgeführt werden. Jede Programmiersprache kennt Strukturen, die einen bestimmten Anweisungsteil wiederholen, sie werden als Wiederholungsschleifen bezeichnet. Jede Schleife besteht aus einer Schleifensteuerung, die festlegt, wie oft die Schleife durchlaufen wird und dem eigentlichen Anweisungsteil, dem Schleifenkörper.

Anweisungen mehrmals wiederholen

> Achten Sie unbedingt darauf, dass eine Schleife mit einer entsprechenden Anweisung oder Bedingung auch wieder verlassen wird. Eine Schleife kann sonst zur Endlosschleife werden und nur noch über die Tastenkombination Strg+Alt+Entf oder Strg+Pause abgebrochen werden.

Schleife verlassen

Zählergesteuerte Schleifen
For ... Next Schleife

Bei einer zählergesteuerten Schleife steuert der Wert einer Variablen, der Zählervariablen die Anzahl der Wiederholungen. Die `For...Next` Schleife benötigt eine Zählervariable vom Typ Integer, die bei jedem Schleifendurchlauf automatisch um die angegebene Schrittweite erhöht wird. Diese Variable muss wie alle Variablen zuvor deklariert werden. Mit der Anweisung `Exit For` kann die Schleife vorzeitig verlassen werden. Die allgemeine Syntax lautet:

For...
Next

Zählervariable erforderlich

`For` Zählervariable = Startwert `To` Endwert `Step` Schrittweite
    Anweisung1
    Anweisung2
    Anweisung…
`Next`

Das folgende Beispiel berechnet für alle geraden Zahlen von 2 bis 20 das Quadrat und gibt das Ergebnis als Meldung aus. Der Wert der Zählervariablen wird automatisch um die angegebene Schrittweite 2 erhöht.

```
Sub QuadratzahlenBerechnen()
Dim N As Integer
Dim intZahl As Integer
For N = 2 To 20 Step 2
   intZahl = N ^ 2
   MsgBox "Das Quadrat von " & N & " beträgt " & intZahl
Next
End Sub
```

> Bei der `For ... Next` Schleife wird der Wert der Zählervariablen mit jedem Schleifendurchlauf automatisch um die angegebene Schrittweite erhöht. Wird keine Schrittweite angegeben, so gilt Schrittweite 1.

Zählervariable wird automatisch erhöht

For Each Schleife

Für Objektauflistungen, also mehrere gleichartige Objekte stellt VBA eine besondere Form einer Zählerschleife zur Verfügung, die `For Each ... Next` Schleife. Mit der Anweisung `Exit For` kann die Schleife verlassen werden. Die Syntax lautet:

For Each…
Next

```
For Each Element in Gruppe
        Anweisungen...
        (Exit For)
Next
```

Siehe 9.5 Auflistungen Das folgende Beispiel benennt die ersten drei Arbeitsblätter der aktiven Arbeitsmappe um in Beispiel 1, Beispiel 2, ...

```
Sub BlattBenennen()
Dim NR As Integer
Dim Blatt As Worksheet
NR = 1
For Each Blatt In Worksheets
    Blatt.Name = "Beispiel " & NR
    NR = NR + 1
    If NR = 4 Then
        Exit For
    End If
Next
End Sub
```

Bedingungsschleifen
Bedingungsschleifen führen einen Anweisungsblock abhängig von einer Bedin-
gung aus. Die Schleife wird so oft durchlaufen, solange die Bedingung den Wert
True zurückgibt.

Zählervariable muss
per Anweisung erhöht
werden

> Im Gegensatz zu Zählerschleifen müssen Sie bei Bedingungsschleifen den Wert
> einer Zählervariablen per Anweisung erhöhen.

While-Schleife

While...
Wend

Viele Schleifenstrukturen basieren auf einer `While...Wend` Schleife. In dieser
Schleife wird die Bedingung am Anfang der Schleife geprüft und der Schleifenkörper nur dann ausgeführt, wenn die Bedingung das Ergebnis True liefert. Beim
Ergebnis False wird dagegen die Prozedur mit den Anweisungen nach `Wend` fortgesetzt. Die allgemeine Syntax lautet:

```
While Bedingung
        Anweisungen
        ...
Wend
```

Do...Loop Anweisung

Do While...
Loop

Solange Bedingung
erfüllt ist

Diese Anweisung existiert in verschiedenen Varianten, mit der Anweisung `Exit Do`
kann die Schleife vorzeitig verlassen werden. Die Bedingung wird zu Beginn der
Schleife vor jedem Durchlauf überprüft und der Anweisungsblock ausgeführt, solange die Bedingung erfüllt ist. Die allgemeine Syntax lautet dann:

```
Do While Bedingung
        Anweisungen
Loop
```

Beispiel

Vielleicht kennen Sie dieses Rechenbeispiel: Eine Schnecke klettert eine Mauer
hoch. Tagsüber klettert sie 50 cm nach oben, in jeder Nacht rutscht sie 10 cm
nach unten, die Mauer ist 4 m hoch. Nach wie vielen Tagen ist sie oben?

```
Sub Schnecke()
Dim intTage As Integer
Dim dblMorgen As Double
Dim dblAbend As Double
intTage = 0
dblMorgen = 0
Do While dblAbend < 4
```

```
    intTage = intTage + 1
    dblAbend = dblMorgen + 0.5
    dblMorgen = dblAbend - 0.1
Loop
MsgBox "Die Schnecke benötigt " & intTage & " Tage."
End Sub
```

Die Bedingung für die Schleife kann anstelle von While auch mit Until formuliert werden. Dann werden die Anweisungen solange ausgeführt, bis die Bedingung erfüllt ist, die Syntax lautet dann:

Do Until...
Loop

Bis Bedingung erfüllt ist

```
Do Until Bedingung
        Anweisungen
Loop
```

Auf das Schneckenproblem oben abgewandt, müsste die Schleife dann so lauten:

```
Do Until dblAbend >= 4
    intTage = intTage + 1
    dblAbend = dblMorgen + 0.5
    dblMorgen = dblAbend - 0.1
Loop
```

Eine weitere Möglichkeit besteht darin, die Bedingung erst am Ende der Schleife zu prüfen. Dies bedeutet allerdings, dass die Schleife mindestens einmal durchlaufen wird. Dann würde die Bedingung lauten:

Schleife wird mindestens 1 Mal durchlaufen

```
Do
    intTage = intTage + 1
    dblAbend = dblMorgen + 0.5
    dblMorgen = dblAbend - 0.1
Loop Until dblAbend >= 4
```

Die Formulierung While ist ebenfalls am Schleifenende zulässig und würde lauten:

```
Loop While dblAbend < 4
```

Die With-Anweisung
Diese Anweisung ist eigentlich keine Schleife, da sie nur einmal durchlaufen wird. Sie erlaubt es, gleich mehrere Eigenschaften eines Objekts zu ändern, der Objektname muss dabei nur ein einziges Mal angegeben werden. Die Syntax:

Weist mehrere Eigenschaften zu

```
With Objekt
        Anweisungen
End With
```

Beispiel: Sie möchten einem markierten Zellbereich gleich mehrere Formatierungen zuweisen.

With...
End With

```
Sub ZellbereichFormatieren()
ActiveSheet.Range("B5").Select
With ActiveCell
    .Font.Bold = True
    .Font.Size = 14
    .Borders.ColorIndex = 5
End With
End Sub
```

9.5. Die Excel-Objekte

Siehe Lektion 9.1
VBA-Hilfe

Microsoft Excel kennt mehr als 200 Objekte. Das gesamte Excel-Objektmodell finden Sie in der VBA-Hilfe, klicken Sie dazu auf EXCEL- OBJEKTMODELLREFERENZ. Hier nur einige der wichtigsten:

Application	Die Anwendung Excel selbst bzw. das Excel-Fenster
Workbook	Excel Arbeitsmappe
Worksheet	Tabellenblatt
Range	Zellbereich

Die Objekte stehen in hierarchischer Abhängigkeit zueinander: die oberste Ebene stellt das Application-Objekt dar, also die Anwendung Excel selbst. Die Abbildung unten stellt nur einen kleinen Ausschnitt dar, die gesamte Objekthierarchie ist wesentlich umfangreicher.

Hierarchie der Excel
Objekte

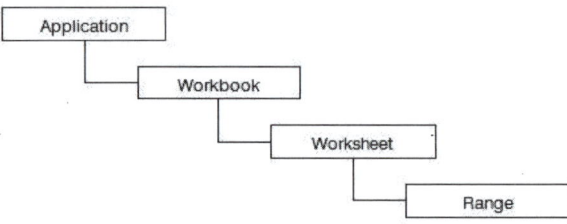

Eine besondere Form von Objekten bilden die Auflistungen (collections). Sie fassen mehrere gleichartige Objekte zusammen, so umfasst beispielsweise die Auflistung `Worksheets` alle Tabellenblätter einer Arbeitsmappe.

Zugriff auf Objekte

Die Objekthierarchie regelt den Zugriff auf Objekte. Möchten Sie auf ein bestimmtes Objekt zugreifen, beispielsweise die Zelle A3 des Blattes Tabelle1, so ist dazu die folgende Anweisung erforderlich, anstelle `Worksheets` kann auch die Auflistung `Sheets` verwendet werden:

```
Worksheets("Tabelle1").Range("A3") = "Hallo"
Sheets("Tabelle1").Range("A3") = "Hallo"
```

Ohne die Angabe des Arbeitsblattes würde sich die Anweisung immer auf eine Zelle des gerade aktuellen Blattes beziehen.

Eigenschaften

Objektbeschreibung

Eigenschaften sind Attribute, die Aussehen und Zustand eines Objekts bestimmen. Die verfügbaren Eigenschaften sind abhängig vom Objekt, sie lassen sich abfragen und einige Eigenschaften können auch per Programmanweisung verändert werden. Einige der häufig verwendeten Eigenschaften:

Eigenschaft	Beschreibung
Caption	Beschriftung eines Objekts.
Name	Die Bezeichnung, unter der ein Objekt angesprochen wird.
Value	Wert oder Inhalt eines Objekts, Zellinhalt.

Beispiel: Die folgende Anweisung weist im Arbeitsblatt Tabelle1 der Zelle A3 den Wert 999 zu. Da die Eigenschaft `Value` gleichzeitig die Standardeigenschaft des Range-Objekts darstellt, kann diese auch weggelassen werden.

```
Worksheets("Tabelle1").Range("A3").Value = 999
Sheets("Tabelle1").Range("A3") = 999
```

Methoden

Neben den Eigenschaften verfügen Objekte auch über Methoden. Darunter versteht VBA Aktionen, die an einen Objekt ausgeführt werden können. So verfügt beispielsweise ein Arbeitsblatt über die Methoden Einfügen, Verschieben oder Löschen. Häufig verwendete Methoden sind:

Aktionen, die an einem Objekt ausgeführt werden

Methode	Beschreibung	Beispiel
Select	wählt ein Objekt aus	`Worksheets("Tabelle1").Select`
Activate	aktiviert ein Objekt	`Worksheets("Tabelle1").Activate`
Delete	löscht ein Objekt	`Worksheets("Tabelle1").Delete`
ClearContents	löscht den Inhalt eines Zellbereichs, Formate bleiben erhalten	`Range("A1:D5").ClearContents`
Clear	Löscht Inhalte und Formatierungen	`Range("A1:D10").Clear`
Open	öffnet ein Objekt (Arbeitsmappe)	`Workbook("Beispiel.xls").Open`
Close	schließt ein Objekt (Arbeitsmappe)	`Workbook("Beispiel.xls").Close`

Der Objektkatalog

Eine Übersicht über alle verfügbaren Objekte, sowie deren Eigenschaften und Methoden erhalten Sie im Objektkatalog. Öffnen Sie den Objektkatalog im VBA-Editor entweder mit der Taste F2, per Mausklick auf das Symbol OBJEKTKATALOG in der Symbolleiste oder den Menübefehl ANSICHT – OBJEKTKATALOG. Über die Schließen-Schaltfläche des Objektkatalogs kehren Sie wieder zurück in die VBA-Entwicklungsumgebung.

Objektkatalog anzeigen

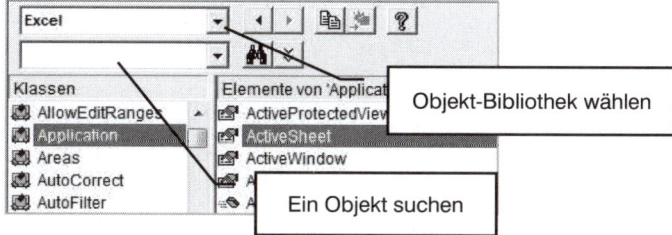

Unterhalb der Auswahl einer Objektbibliothek kann über ein Eingabefeld gezielt nach einzelnen Objekten, Methoden oder Eigenschaften gesucht werden. Geben Sie einen Suchbegriff ein (auch unvollständige Angaben sind möglich) und klicken Sie auf die SUCHEN-Schaltfläche rechts daneben. Das Suchergebnis erscheint in einem weiteren Teilfenster. Anhand der Symbole können Sie erkennen, ob es sich um eine Eigenschaft, eine Methode oder ein Ereignis handelt.

Objekt suchen

Symbol	Typ	Beispiel	
🔲	Objekt	Worksheet	Arbeitsblatt
🔲	Eigenschaft	Name	Name
🔲	Methode/Funktion	Delete	Löschen
🔲	Ereignis	Activate	Aktivieren

9.6. Adressierung

Zugriff auf Tabellenblätter

Die Auflistungen `Worksheets` und `Sheets` enthalten alle Excel-Arbeitsblätter der aktuellen Arbeitsmappe. Ein bestimmtes Blatt wählen Sie entweder über den Namen oder die Position (Indexwert) aus. Beispiele:

Name	`Worksheets("Tabelle1").Select` `Sheets("Tabelle1").Activate`
Indexwert	`Worksheets(1).Select` `Sheets(5).Select`

Vorsicht beim Zugriff über den Indexwert, da dieser von der relativen Position innerhalb der Arbeitsmappe abhängig und somit veränderbar ist.

Ist ein Arbeitsblatt bereits ausgewählt, dann verwenden Sie `ActiveSheet`, beispielsweise um dem Blatt einen Namen zuzuweisen.

```
ActiveSheet.Name = "Januar"
```

Wichtige Methoden und Eigenschaften in Zusammenhang mit Arbeitsblättern:

Beschreibung	Anweisung
Ein neues Arbeitsblatt einfügen	`Worksheets.Add`
Ein Arbeitsblatt auswählen	`Worksheets("Tabelle1").Select` `Worksheets("Tabelle1").Activate`
Ein Arbeitsblatt löschen	`Worksheets("Tabelle1").Delete` `ActiveSheet.Delete`
Die Anzahl aller Arbeitsblätter ermitteln	`Worksheets.Count`
Einem Arbeitsblatt einen Namen zuweisen	`Worksheets("Tabelle1").Name = "Test"` `ActiveSheet.Name = "Test"`

Zugriff auf Arbeitsmappen

Wechseln zwischen geöffneten Arbeitsmappen

In der Regel beziehen sich alle Anweisungen auf die aktuelle Arbeitsmappe. Sind mehrere Arbeitsmappen geöffnet, so verwenden Sie die Auflistung `Workbooks`, um zwischen den Arbeitsmappen zu wechseln. Diese Auflistung erlaubt die Auswahl über den Namen oder den Indexwert, beachten Sie aber, dass der Indexwert die Reihenfolge wiedergibt, in der die Arbeitsmappen geöffnet wurden. Verwenden Sie also am besser eine Anweisung in dieser Form:

```
Workbooks("Mappe1.xls").Worksheets("Tabelle2").Activate
```

Arbeitsmappe öffnen

Zum Öffnen einer Excel-Arbeitsmappe verwenden Sie eine Anweisung in der folgenden Form:

```
Workbooks.Open "D:\Daten\Uebung.xls"
```

Eine neue Arbeitsmappe erstellen Sie mit der Anweisung:

```
Workbooks.Add
```

Dateinamenserweiterung angeben

Achten Sie darauf, dass Dateinamenserweiterung und vollständiger Suchpfad immer mit angegeben werden müssen!

Zellen und Zellbereiche ansprechen

Das Range Objekt

Das Range Objekt wird verwendet, um in Excel eine Zelle oder einen Zellbereich mit absoluter Zelladresse anzusprechen. Die Methoden `Activate` und `Select` entsprechen dem Aktivieren, bzw. Markieren und lassen sich sowohl auf Arbeitsblätter, als auch auf Zellen und Zellbereiche anwenden. Die folgende Anweisung markiert im aktuellen Arbeitsblatt die Zelle A5.

Verwendet absolute Zelladressen

```
Range("A5").Select
```

Befindet sich die gewünschte Zelle in einem anderen Arbeitsblatt, so muss zuerst dieses Arbeitsblatt mit `Select` oder `Activate` ausgewählt werden.

```
Worksheets("Tabelle3").Select
Range("D10").Select
```

Beispiele zum Auswählen und Bearbeiten von Zellen und Zellbereichen:

Beschreibung	Anweisung
Eine Zelle im aktuellen Arbeitsblatt markieren/ auswählen	`Range("A5").Select`
	`Range("A5").Activate`
Einen Zellbereich im aktuellen Arbeitsblatt markieren (B2 bis B10)	`Range("B2", "B10").Select`
	`Range("B2:B10").Select`
Den Inhalt der aktiven Zelle löschen	`ActiveCell.Clear`
Den Inhalt des markierten Zellbereichs löschen	`Selection.Clear`

Die Cells Eigenschaft

`Cells` ist eine Eigenschaft des `Range` Objektes. Mit dieser Eigenschaft werden die Zeilen- und Spaltenwerte in der Schreibweise Cells(Zeile, Spalte) als Zahlen angegeben. Die allgemeine Schreibweise lautet:

```
Cells(Zeile, Spalte)
```

Achten Sie auf die Schreibweise!

Zeile, Spalte

Die folgende Anweisung markiert im aktuellen Arbeitsblatt die Zelle B7.

```
Cells(7, 2).Select
```

Um mit Cells einen Zellbereich, beispielsweise A1 bis C5 zu markieren, müssen Sie diese Eigenschaft in Verbindung mit dem Range Objekt verwenden:

```
Range(Cells(1, 1), Cells(5, 3)).Select
```

Position berechnen

> Ein wichtiger Vorteil bei der Verwendung der `Cells` Eigenschaft liegt darin, dass sich die Zeilen- und Spaltenwerte berechnen lassen.

Die Offset Methode

Mit der `Offset` Methode wird die Markierung um die angegebene Zeilen- und Spaltenzahl verschoben, sie entspricht der Funktion BEREICH.VERSCHIEBEN. Die Syntax:

Markierung verschieben

```
ActiveCell.Offset(Zeilen, Spalten)
```

Dieses Beispiel markiert zuerst die Zelle B10 und verschiebt anschließend die Markierung um 5 Zeilen, markiert also die Zelle B15.

```
Range("B10").Select
ActiveCell.Offset(5, 0).Select
```

Negative Angaben können ebenfalls verwendet werden, die folgende Anweisung verschiebt die Markierung um 1 Zeile nach oben und 3 Spalten nach links.

```
ActiveCell.Offset(-1, -3).Select
```

Werte in Zellen eintragen

Die Eingabe von Werten in eine Zelle erfolgt über die `Value` Eigenschaft. Da diese Eigenschaft die Standardeigenschaft von Zellen ist, kann sie auch weggelassen werden. Hier einige Beispiele:

```
ActiveCell.Value = 125
ActiveCell.Value = "Musterbeispiel"
ActiveCell = 999
Range("A3") = 5
```

Bereich muss nicht markiert sein

Sie können einer Zelle des aktuellen Arbeitsblattes aber auch eine Eigenschaft oder einen Wert zuweisen, ohne die Zelle zu markieren. Die folgende Anweisung weist der Zelle B5 die Zahl 100 zu.

```
Range("B5").Value = 100
```

Befindet sich die Zelle in einem anderen Arbeitsblatt, so müssen Sie zunächst das Arbeitsblatt aktivieren oder folgende Anweisung verwenden

```
Worksheets("Tabelle1").Range("E1") = 99
```

Ausschneiden, Kopieren und Einfügen

Die Zwischenablage verwenden

Zum Ausschneiden, Kopieren und Einfügen über die Zwischenablage verwenden Sie die folgenden Methoden:

Befehl	Beispiel
Ausschneiden	`Range("A5").Cut`
Kopieren	`Range("A5").Copy`
Einfügen	`ActiveSheet.Paste Destination:=Range("B25")`

Soll der ausgeschnittene oder kopierte Inhalt in einer einzigen Anweisung wieder eingefügt werden, so wird die Angabe `Destination` benutzt. Sie können aber auch eine kürzere Schreibweise verwenden. Zum Einfügen von Zellbereichen kann die obere linke Ecke als Zielangabe verwendet werden. Einige Beispiele:

```
Range("A1").Copy Destination:=Range("B25")
Range("A1").Copy Range("B25")
Range("A1:B8").Copy Range("D1")
```

Eventuell vorhandene Inhalte der Zielzellen werden wie auch bei manuellen Kopiervorgängen überschrieben.

Beachten Sie, dass in VBA der Inhalt der Zwischenablage nach dem Einfügen leer ist, zum mehrmaligen Einfügen müssen Sie Wiederholungsschleifen verwenden.

Formeln und Funktionen eintragen

Zellbezüge in Formeln

Bei der Eingabe von Formeln unterscheidet VBA zwischen relativen und absoluten Zellbezügen und verwendet dazu folgende Eigenschaften:

`Formula`	absolute Bezüge
`FormulaR1C1`	relative Bezüge

Absolute Zellbezüge

Formula = absolute Zellbezüge

Die Eingabe von Formeln mit absoluten Zellbezügen erfolgt über die `Formula` Eigenschaft. Die eigentliche Formel beginnt mit dem Gleichheitszeichen und muss in Anführungszeichen gesetzt werden. Einige Beispiele für Formeln mit absoluten Zellbezügen:

```
Range("B5").Formula = "= B3 + B4"
Cells(1, 3).Formula = "= A1 * B1"
Worksheets("Tabelle2").Range("A5").Formula = "= A3 / A4"
```

Beachten Sie bei der Eingabe von Funktionen, dass Excel in der VBA-Programmierung für Funktionen die englischen Bezeichnungen verwendet. Hier ein Beispiel für die Funktion Summe

```
ActiveSheet.Range("A7").Formula = "= Sum(A1:A6)"
```

Häufige Funktionen

Funktionen

Excel-Funktion	VBA-Funktion	Beschreibung
SUMME	Sum	Summe berechnen
MITTELWERT	Average	Durchschnitt (Mittelwert)
ANZAHL	Count	Anzahl der Werte
MIN	Min	Niedrigster Wert
MAX	Max	Höchster Wert
RND	Rnd	Zufallszahl (Random)

Relative Zellbezüge

Wenn Sie für eine Formel relative Zellbezüge benötigen, beispielsweise um eine Formel mit Hilfe einer Wiederholungsschleife in mehrere Zeilen einzufügen, so geschieht dies über die Eigenschaft `FormulaR1C1`. Mit dieser Eigenschaft geben Sie einen relativen Verweis in Zeilen (R = Row) und Spalten (C = Column) an. Beachten Sie auch hier wieder bei der Schreibweise die Reihenfolge Zeile, Spalte. Der folgende Ausdruck verweist auf die Zelle, die sich in der gleichen Zeile links von der aktuellen Zelle befindet:

FormulaR1C1 = relative Zellbezüge

```
ActiveCell.FormulaR1C1 = "=RC[-1]
```

Der Wert der jeweiligen Differenz muss in eckigen Klammern angegeben werden, befindet sich die Zelle in der gleichen Zeile oder Spalte, so ist für die Zeile oder Spalte keine Angabe erforderlich. Weitere Beispiele:

Schreibweise beachten

```
ActiveCell.FormulaR1C1 = "=R[-5]C[-1]+R[-4]C[-1]"
ActiveCell.FormulaR1C1 = "=Sum(R[-10]C:R[-1]C)"
```

Im folgenden Beispiel sollen in der Spalte C die Werte aus den Spalten A und B multipliziert werden. Da die Formel über mehrere Zeilen berechnet werden muss, ist außerdem eine Wiederholungsschleife erforderlich.

	A	B	C
1	Wert1	Wert2	Ergebnis
2	100	5	
3	150	25	
4	360	100	
5	275	68	
6	428	7	
7	815	16	
8			

```
Sub WerteBerechnen()
Dim Z As Integer
'Tabelle auswählen
Sheets("Tabelle1").Select
For Z = 2 To 7
    Cells(Z, 3).FormulaR1C1 = "=RC[-2]*RC[-1]"
Next
End Sub
```

Beispiel: Formel für einen Zellbereich berechnen

Position ermitteln

Um die aktuelle Position, beispielsweise die markierte Zelle oder das aktive Arbeitsblatt zu ermitteln, können die folgenden Anweisungen verwendet werden:

Beschreibung	Anweisung
Die Adresse der aktuell markierten/ aktiven Zelle des aktuellen Arbeitsblattes	`Position = ActiveCell.Adress`
Die Zeilennummer der aktiven Zelle	`Position = ActiveCell.Row`
Die Spaltennummer der aktiven Zelle	`Position = ActiveCell.Column`
Name der aktuellen Tabelle	`Position = ActiveCell.Parent.Name`
Name der Arbeitsmappe	`Position = ActiveSheet.Parent.Name`

Zellbereiche ermitteln

Zusammenhängende Liste ermitteln

Auch in der VBA-Programmierung ist Excel in der Lage, zusammenhängende Listen zu erkennen. Häufig geht es darum, einen Zellbereich auszuwerten, dessen Umfang nicht bekannt ist. Hier hilft Ihnen die Eigenschaft `CurrentRegion`, die ein `Range` Objekt zurückgibt.

	A	B	C
1	**Nachname**	**Vorname**	
2	Jäger	Kurt	
3	Löbnitz	Jens	
4	Klauber	Kevin	
5	Moser	Otto	
6	Tannenbaum	Nadine	
7	Fröhlich	Frieda	
8			

Beispiel: Sie möchten innerhalb der Liste alle Zellen mit Schriftgröße 8 formatieren. Die Liste beginnt in Zelle A1:

Mit der ersten Anweisung wählen Sie mit der Zelle A1 die linke obere Ecke als festen Bezugspunkt aus. Die zweite Anweisung markiert den gesamten Zellbereich der Liste. Da nun mehr als eine Zelle markiert ist, verwenden Sie die Eigenschaft `Selection`, um die Schriftgröße festzulegen.

```
Worksheets("Namensliste").Range("A1").Select
ActiveCell.CurrentRegion.Select
Selection.Font.Size = 8
```

Anzahl der Zeilen und Spalten

Anzahl der Zeilen und Spalten einer Liste ermitteln

Die Eigenschaft `count` liefert sowohl die Anzahl der Zeilen (`rows.count`) als auch der Spalten (`columns.count`) der aktuellen Liste. Damit können Sie beispielsweise für jede Zeile einer Liste Formeln berechnen, auch wenn die Anzahl der Zeilen vorher nicht bekannt ist. Die Anzahl der Wiederholungen wird über die Eigenschaft `rows.count` festgelegt.

Dazu wird wieder das Beispiel der vorhergehenden Seite verwendet. Allerdings kann diese Tabelle nun beliebig viele Zeilen enthalten.

	A	B	C
1	**Wert1**	**Wert2**	**Ergebnis**
2	100	5	
3	150	25	
4	360	100	
5	275	68	
6	428	7	
7	815	16	
8			

Beispiel

```
Sub WerteBerechnen2()
Dim Z As Integer
' Tabelle und Zellbereich auswählen
Sheets("Tabelle1").Select
Range("A2").Select
' Formel eintragen
```

```
For Z = 2 To ActiveCell.CurrentRegion.Rows.Count
    Cells(Z, 3).FormulaR1C1 = "=RC[-2]*RC[-1]"
Next
End Sub
```

Beispiel: Jede zweite Zeile mit einer Füllfarbe formatieren

Beispiel: Jede zweite
Zeile formatieren

An dieser Stelle als Beispiel eine Prozedur, die in zahlreichen Varianten existiert. In dieser Prozedur geht es darum, jede zweite Zeile des markierten Zellbereichs mit einer Füllfarbe zu formatieren, in diesem Beispiel hellgelb.

- Zunächst muss der markierte Zellbereich ermittelt werden. Die Eigenschaften `Selection.Row` und `Selection.Column` liefern den Beginn der Markierung, in diesem Beispiel Zeile 4 und Spalte 1.

	A	B	C	D	E	F	G
1	Aufträge						
2							
3	Jahr	Kunden-Nr	Firma	Land	Modell-Nr	Auftragsmenge	
4	2007	45	Hügli & Brettschneider	Schweiz	300	9	
5	2008	233	ELCOG	Deutschland	450	25	
6	2010	971	BRAIN	Österreich	100	22	
7	2009	233	ELCOG	Deutschland	100	17	
8	2008	971	BRAIN	Österreich	100	24	
9	2007	1019	WGT GmbH	Deutschland	450	34	
10	2008	233	ELCOG	Deutschland	209	3	
11	2009	45	Hügli & Brettschneider	Schweiz	200	12	
12	2008	1019	WGT GmbH	Deutschland	100	14	
13	2010	45	Hügli & Brettschneider	Schweiz	300	3	
14	2009	233	ELCOG	Deutschland	304	7	
15	2008	971	BRAIN	Österreich	304	6	
16	2010	233	ELCOG	Deutschland	304	33	
17							

- Über die Eigenschaft `Selection.Columns.Count` wird anschließend die Anzahl der markierten Spalten (6) ermittelt. Wenn Sie nun beide Werte addieren, um die letzte markierte Spalte zu berechnen, dann erhalten Sie nicht das korrekte Ergebnis, da die erste markierte Spalte doppelt einbezogen wird. Daher müssen den Wert korrigieren, indem Sie 1 subtrahieren. Das Gleiche gilt auch für die Zeilen. Der zu formatierende Zellbereich ist somit Z4, S1 bis Z16, S6.

- Da mit der Anzahl der Zeilen auch die Anzahl der Wiederholungen feststeht, kann im nächsten Schritt eine Zählerschleife verwendet werden (`For ... Next`).

- Um die nächste Zeile zu adressieren, wird innerhalb der Wiederholungsschleife einfach die Zählervariable zur Zeile addiert.

- Nun muss nur noch mit einer einfachen Bedingung (`If ... Then ... Else`) überprüft werden, ob die Zählervariable gerade, also durch 2 teilbar ist.

- Die Eigenschaft `.Interior.ColorIndex` weist einer Zelle ein bestimmte Farbe anhand der Nummer zu. (19 = hellgelb), `xlNone` = keine Füllung.

Die komplette Prozedur:

```
Public Sub ZeilenFuellen()
Dim Zeile As Integer
Dim Spalte As Integer
Dim AnzSpalten As Integer
Dim AnzZeilen As Integer
Dim Zaehler As Integer              'Zählervariable

Zeile = Selection.Row               'Beginn der Markierung Zeile
Spalte = Selection.Column           'Beginn der Markierung Spalte

AnzSpalten = Selection.Columns.Count - 1
AnzZeilen = Selection.Rows.Count - 1

For Zaehler = 0 To AnzZeilen
    With Range(Cells(Zeile + Zaehler, Spalte), Cells(Zeile + _
```

```
                                            AnzZeilen, Spalte + AnzSpalten))
        If Zaehler Mod 2 = 0 Then
                .Interior.ColorIndex = 19
        Else
                .Interior.ColorIndex = xlNone
        End If
        End With
Next
End Sub
```

9.7. Prozeduren testen

F8 = Ausführung in
Einzelschritten

Einzelschritte ausführen

In komplexen Prozeduren sind Fehler oft nur schwer zu finden. In solchen Fällen können Sie die Prozedur auch schrittweise ausführen lassen. Drücken Sie die Funktionstaste F8 um die Ausführung zu starten, die jeweils aktuelle Anweisungszeile ist gelb markiert. Drücken Sie nun für jede weitere Anweisung die Taste F8. Um einzelne Anweisungen zu überspringen, bzw. zu wiederholen, ziehen Sie mit der Maus den Pfeil in der grauen Spalte links neben der Anweisungszeile einfach an die gewünschte Stelle.

```
    Sheets("Tabelle4").Select
 ⇨  Range("A2").Select
    ' Formel eintragen
    For Z = 2 To ActiveCell.CurrentRegion.Rows.Count
        Cells(Z, 3).FormulaR1C1 = "=RC[-2]*RC[-1]"
    Next
    End Sub
```

Haltepunkte verwenden

Prozedur unterbrechen

Haltepunkte unterbrechen die Prozedurausführung an einer bestimmten Stelle. Anschließend kann beispielsweise die weitere Ausführung schrittweise erfolgen. Um einen Haltepunkt zu setzen, klicken Sie mit der Maus in die graue Spalte links neben der entsprechenden Anweisung. Haltepunkte sind braun gekennzeichnet. Um einen Haltepunkt wieder zu entfernen, klicken Sie einfach nochmals auf den Punkt.

Haltepunkt setzen

```
    Sheets("Tabelle4").Select
    Range("A2").Select
    ' Formel eintragen
●   For Z = 2 To ActiveCell.CurrentRegion.Rows.Count
        Cells(Z, 3).FormulaR1C1 = "=RC[-2]*RC[-1]"
    Next
    End Sub
```

Variablen überwachen

Während der schrittweisen Ausführung einer Prozedur lassen sich auch die Inhalte von Variablen überwachen: im einfachsten Fall zeigen Sie einfach mit der Maus auf die entsprechende Variable, der Inhalt wird als Infotext eingeblendet.

```
    For Z = 2 To ActiveCell.CurrentRegion.Rows.Count
⇦       Cells(Z, 3).⌐ActiveCell.CurrentRegion.Rows.Count = 10 ⌐"
    Next
    End Sub
```

Inhalte von Variablen
kontrollieren

Überwachungsfenster

Wenn Sie den Inhalt einer Variablen ständig beobachten möchten, dann verwenden Sie dazu das Überwachungsfenster. Allerdings müssen Sie für jede Variable die Überwachung explizit festlegen. Klicken Sie mit der rechten Maustaste auf die Variable und wählen Sie den Befehl ÜBERWACHUNG HINZUFÜGEN. Bestätigen Sie anschließend mit OK. Beachten Sie aber, dass die Inhalte von Variablen nach Beenden einer Prozedur leer sind.

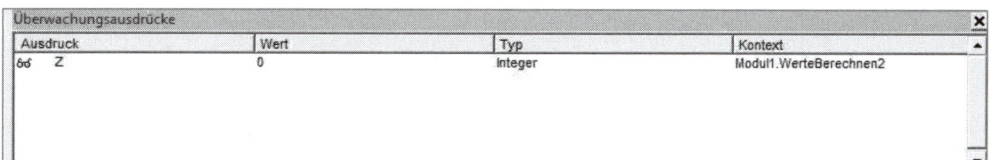

Überwachungsfenster

Fehlerbehandlung

Häufige Fehlerursachen während der Programmausführung sind falsche oder fehlende Benutzereingaben. Haben Sie beispielsweise eine Variable vom Typ Integer deklariert und weisen über `InputBox` dieser Variablen einen Wert zu, so erscheint eine Fehlermeldung, wenn anstelle einer Zahl versehentlich Text eingegeben wird. Um solche Fehlermeldungen während der Laufzeit zu vermeiden, können Sie für Laufzeitfehler eine so genannte Sprungmarke definieren, die im Fall eines Fehlers mit der folgenden Anweisung angesteuert wird:

Programm ab der Sprungmarke fortsetzen

```
On Error GoTo Sprungmarke
```

Bei einem Laufzeitfehler wird die Ausführung mit den Anweisungen ab der Sprungmarke fortgesetzt, Sprungmarken sollten sich daher immer am Ende der Prozedur eingefügt befinden. Aus diesem Grund sollten Sie auch nicht vergessen, die Prozedur bei normalem Ablauf mit der Anweisung EXIT SUB oberhalb der Sprungmarke zu beenden.

Das folgende Beispiel multipliziert zwei Zahlen. Bei einer fehlerhaften Eingabe wird die Prozedur am der Sprungmarke mit dem Namen `Fehler` fortgesetzt.

Beispiel: Fehlerhafte Eingabe

```
Sub Fehlertest()
On Error GoTo Fehler
Dim Zahl1 as Integer
Dim Zahl2 as Integer
Dim Ergebnis as Integer
Zahl1 = InputBox("Geben Sie die erste Zahl ein")
Zahl2 = InputBox("Geben Sie die zweite Zahl ein")
Ergebnis = Zahl1 * Zahl2
MsgBox "Das Ergebnis lautet " & Ergebnis
Exit Sub


    ' ab hier beginnen Anweisungen, die im Fall eines Fehlers
    ' ausgeführt werden
Fehler: MsgBox "Sie haben keine gültige Zahl eingegeben"
End Sub
```

Soll bei einem Laufzeitfehler die Programmausführung einfach fortgesetzt werden, so verwenden Sie die folgende Anweisung:

Progammausführung fortsetzen

```
On Error Resume Next
```

9.8.   Benutzerdefinierte Funktionen

Benutzerdefinierte Funktionen erstellen

Häufig verwendete Berechnungen, für die Excel keine integrierte Funktion zur Verfügung stellt, lassen sich mit VBA erstellen und als benutzerdefinierte Funktionen speichern. Sie sollten am besten in einem eigenen Modul gespeichert werden. Funktionen beginnen immer mit dem Schlüsselwort `function`, gefolgt vom Funktionsnamen, die benötigten Argumente stehen dahinter in Klammern. Darunter folgen die Anweisungen, mit der Sie die Formel berechnen. Auch bei Funktio-

Function ...
End Function

nen sollten Sie wieder `Public` voranstellen, wenn Sie die Funktion im gesamten Projekt verwenden möchten. Der allgemeine Aufbau einer benutzerdefinierten Funktion:

`Public Function` Funktionsname (Argument1, Argument2, ...)
          Anweisungen
`End Function`

Beispiel: Eine benutzerdefinierte Funktion zur Prozentrechnung
Die folgende Funktion rechnet auf Hundert und kann verwendet werden, um aus einem Betrag die enthaltene Mehrwertsteuer herauszurechnen. Sie benötigt als Argumente zur Berechnung den Bruttobetrag und den Prozentsatz.

```
Public Function INBETRAG(Brutto As Double, PROZENT As Double)
     INBETRAG = Brutto / (1 + PROZENT) * PROZENT
End Function
```

Debuggen

Zum Testen von Funktionen eignet sich das AUSFÜHREN-Symbol nicht. Als Abhilfe verwenden Sie den Menübefehl DEBUGGEN – KOMPILIEREN. Damit wird zwar die Funktion nicht ausgeführt, aber auf Fehler überprüft.

Benutzerdefinierte Funktionen verwenden

Funktion einfügen

Kategorie Benutzerdefiniert

Benutzerdefinierte Funktionen können aus VBA-Prozeduren heraus aufgerufen werden, oder als Excel Arbeitsblatt-Funktionen verwendet werden. Im Tabellenblatt können Sie die Funktion einfach über die Tastatur eingeben, Wenn Sie den Funktionsassistenten verwenden, dann finden Sie Ihre Funktionen in der Kategorie BENUTZERDEFINIERT.

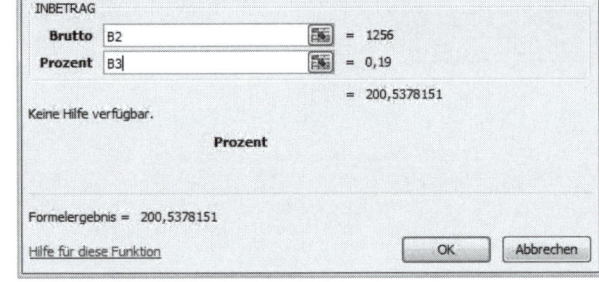

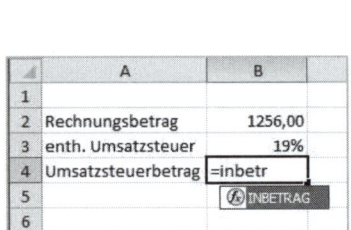

Funktion über die Tastatur eingeben   Funktionsassistent verwenden

Als Add-In speichern

Als Add-In speichern

Genau wie VBA-Prozeduren werden auch benutzerdefinierte Funktionen meist zusammen mit der jeweiligen Arbeitsmappe gespeichert. Möchten Sie eine benutzerdefinierte Funktion allen Arbeitsmappen zur Verfügung stellen, dann sollten Sie die Mappe als Add-In (*.xlam) speichern.

1. Öffnen Sie über das Register DATEI das SPEICHERN-Dialogfenster. Wählen Sie als Dateityp EXCEL-ADD-IN (*.xlam) und geben Sie einen Dateinamen ein. Das Add-In wird standardmäßig im Ordner AddIns gespeichert, der genaue Suchpfad hängt vom verwendeten Betriebssystem ab.

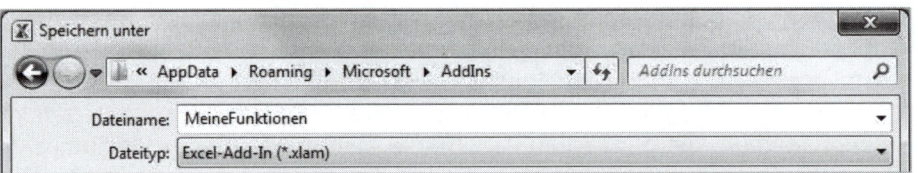

2. Anschließend können Sie Ihr Add-In laden. Klicken Sie auf die OFFICE-Schaltfläche, EXCEL-OPTIONEN und wählen Sie die Kategorie ADD-INS.

Sollten das Add-In hier nicht aufge-führt sein, dann wurde es in einem anderen Ordner gespeichert. Verwenden Sie in diesem Fall die Schaltfläche DURCHSUCHEN.

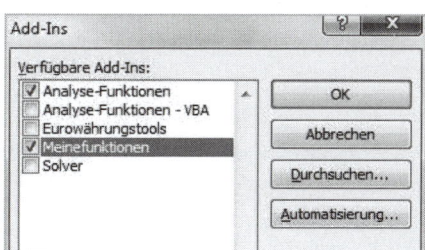

Add-In laden, siehe Lektion 1.1

9.9.   Zusammenfassung

- Zum Eingeben und Bearbeiten von VBA-Prozeduren verwenden Sie den VBA-Editor. Sie öffnen den VBA-Editor über das Register ENTWICKLERTOOLS, CODE ANZEIGEN oder mit den Tasten Alt + F11. Der VBA-Editor ist eine eigenständige Anwendung, die Sie mit einer umfangreichen Hilfe, Eingabehilfen und einer automatischen Syntaxüberprüfung bei der Befehlseingabe unterstützt. Die Hilfe können Sie kontextbezogen mit der Taste F1 aufrufen.

- Einzelne Programme werden als Prozeduren bezeichnet und in Modulen ge-speichert. Jede Prozedur beginnt mit dem Schlüsselwort `Sub` und endet mit `End Sub`. Mit `Public` oder `Private` legen Sie den Geltungsbereich fest. Variablen dienen zur Zwischenspeicherung von Daten, ihnen wird erst während der Laufzeit ein Wert zugewiesen. Um Fehler zu vermeiden, sollten alle Variablen mit Name und Typ zu Beginn der Prozedur deklariert werden. Im Gegensatz zu Variablen wird Konstanten ein fester Wert zugewiesen, der zur Laufzeit nicht verändert wird.

- Excel-Elemente wie Arbeitsmappen oder Tabellenblätter stellen in der VBA-Programmierung Objekte dar. Die Objekthierarchie legt fest, wie ein Objekt, beispielsweise eine Zelle oder ein Arbeitsblatt adressiert wird.

- Kontrollstrukturen sind wichtige Elemente der Programmierung. Entschei-dungsstrukturen oder Verzweigungen machen die Ausführung von Anweisun-gen von Bedingungen abhängig und sind vergleichbar mit der Funktion WENN. Wiederholungsschleifen wiederholen Anweisungen entweder zähler-gesteuert oder bedingungsabhängig.

- In VBA können auch benutzerdefinierte Funktionen erstellt werden. Sie begin-nen mit dem Schlüsselwort FUNCTION und stehen anschließend sowohl in Pro-zeduren, als auch in Tabellenblättern verwendet zur Verfügung.

Bemerkungen:

_____

_____

_____

_____

_____

10. Glossar

.csv	Comma separated values, diese Dateinamenserweiterung wird für Textdateien verwendet, in denen die Werte anstelle von Spalten mit Semikolon (;) getrennt sind.
.odc	Office Data Connection. Mit dieser Dateinamenserweiterung speichert Excel Verbindungsdaten zu einer externen Datenbank, beispielsweise einer Access-Datenbank oder einer Textdatei.
.xlsb	Die persönliche Makroarbeitsmappe wird im Ordner XLSTART gespeichert und enthält alle Makros, die in allen Excel-Mappen verfügbar sind.
.xlsm	Excel-Arbeitsmappen mit Makros werden als gesonderter Dateityp mit der Erweiterung .xlsm gespeichert
Add-In	Als Add-In bezeichnet Excel Programmerweiterungen, die nachträglich geladen werden können. Dazu zählen der Solver, Analyse-Funktionen, aber auch benutzerdefinierte Funktionen. Add-Ins werden mit der Dateinamenserweiterung .xlam gespeichert.
Debugger	Ein Debugger ist ein Werkzeug zum Auffinden und Beheben von Fehlern in einem Computerprogramm. Auch der VBA-Editor verfügt über einen Debugger.
Drilldown	Als Drilldown bezeichnet man ganz allgemein die Navigation in hierarchischen Systemen. Eine Excel Pivot-Tabelle kopiert beim Drilldown per Doppelklick auf einen Wert alle entsprechenden Einzeldatensätze in ein gesondertes Tabellenblatt.
Fehlerindikatoren	Fehlerindikatoren oder Fehlerbalken visualisieren in Diagrammen die auf systematischen oder statistischen Fehlern beruhenden Abweichungen von Messwerten gegenüber dem tatsächlichen Wert.
Kompilieren	Beim Kompilieren wird ein Computerprogramm aus einer Programmiersprache in Maschinensprache übersetzt, also in Befehle, die von der CPU ausgeführt werden können. Dies geschieht während der Ausführung mit Hilfe eines so genannten Compilers.
Konsolidieren	Als Konsolidieren bezeichnet Excel das Zusammenfassen und Auswerten von Daten aus mehreren Arbeitsblättern oder Arbeitsmappen.
Konstanten	Konstanten stellen in der Programmierung feste Werte dar, die während der Ausführung nicht verändert werden. Sie werden mit Namen und Datentyp, sowie dem entsprechenden Wert deklariert.
Makro	Makros dienen dazu, häufig wiederkehrende Befehlsfolgen zu speichern und schnell auszuführen. Sie können auch ohne Programmierkenntnisse mit Hilfe eines Makrorecorders aufgezeichnet werden. Die einzelnen Makro-Befehle werden in der Programmiersprache VBA formuliert.
Matrix	Als Matrix bezeichnet man eine Tabelle oder einen rechteckigen Zellbereich, der sich über mehrere Zeilen und Spalten erstreckt.
Microsoft Access	Access ist eine Anwendung zur Erstellung und Verwaltung von Datenbanken und gehört neben Excel und Word zu den Microsoft-Office Anwendungen.
Modul	Makros und VBA-Prozeduren werden in Modulen gespeichert.
Objekte	In der VBA-Programmierung stellen alle Excel-Elemente, z.B. Arbeitsblätter oder Arbeitsmappen, Objekte dar. Objekte werden über Eigenschaften näher beschrieben, die meisten Objekte verfügen auch noch über genau festgelegte Methoden und Ereignisse.
Pivot-Tabelle	Engl. Pivot = Dreh- oder Angelpunkt. Pivot-Tabellen fassen Daten aus umfangreichen Tabellen zusammen, wobei die Daten beliebig angeordnet und interaktiv gefiltert werden können.

Query	Der englische Begriff query (Suchen) wird für Abfragen in Datenbanken verwendet.
Regression	Als Regression bezeichnet man ein statistisches Analyseverfahren, mit dem sich Abhängigkeiten zwischen zwei oder mehreren Variablen ermitteln lassen.
Seriendruck	Mit Microsoft Word können Briefe oder Adressetiketten an einen größeren Personenkreis individuell adressiert werden, die Adressen befinden sich häufig in einer Excel- oder Access-Datenbank.
Solver	Der Solver (engl. to solve = auflösen) verändert unter Berücksichtigung von Nebenbedingungen Werte, um ein bestimmtes Formelergebnis zu erzielen.
Streuung	Die Streuung ist ein Maß für die Abweichung der Einzelwerte vom Mittelwert. Excel verfügt über mehrere Funktionen zur Berechnung der Streuung, die bekannteste ist die Standardabweichung.
Syntax	Als Syntax bezeichnet man die "Rechtschreib- und Grammatikregeln" einer Programmiersprache.
Variablen	Als Variablen bezeichnet man in der Programmierung Platzhalter oder Behälter für Werte, denen erst während der Programmausführung ein fester Wert zugewiesen wird. Variablen sollten mit Namen und Datentyp deklariert werden.
VBA	Visual Basic for Applications ist eine Programmiersprache, die in allen Microsoft-Office Anwendungen, also auch Word, Outlook, Access und PowerPoint verfügbar ist. VBA ist eng angelehnt an Visual Basic (VB).
VBA-Editor	Der VBA-Editor ist eine eigenständige Anwendung mit der Sie Makros und Prozeduren erstellen und bearbeiten. Zu den weiteren Aufgaben des Editors gehören Unterstützung bei der Eingabe von VBA-Prozeduren, sowie beim Testen von Prozeduren. Zum Öffnen des VBA-Editors verwenden Sie die Tasten Alt+F11.
XML	Extensible Markup Language, eine Auszeichnungssprache zur Darstellung hierarchisch strukturierter Daten in Textdateien. XML eignet sich in erster Linie zum Datenaustausch.

11. Stichwortverzeichnis

W

X

Z